아동 청소년 문학과 상호문화교육

아동 청소년 문학과 상호문화교육

초판 1쇄 인쇄 2017년 6월 25일
초판 1쇄 발행 2017년 6월 30일

지은이 김정용
펴낸이 성낙인
펴낸곳 서울대학교출판문화원

출판등록 제15-3호

주소 08826 서울 관악구 관악로 1
대표전화 02-880-5252 | 팩스 02-888-4148
전략기획팀(출판상담 및 홍보) 02-880-5217
출판관리팀(주문상담) 02-889-4424, 02-880-7995
이메일 snubook@snu.ac.kr
홈페이지 www.snupress.com

ISBN 978-89-521-1924-7 93800

이 저서는 2012년 정부(교육부)의 재원으로 한국연구재단의 지원을 받아 수행된 연구임
(NRF-2012S1A6A4019599)

아동 청소년 문학과
상호문화교육

김정용 지음

서울대학교출판문화원

머리말

현재 한국은 독일과 비슷하게 급속히 다민족, 다언어 사회로 진입하고 있는 상황이다. 지난 2009년 8월 행정안전부가 발표한 자료에 따르면 국내의 외국인 수는 총 1,106,884명으로, 이는 직전년도인 2008년에 비해 24.2% 늘어난 것이며 국내 총인구의 2.2%에 해당하는 비율이다. 이들 중 52%인 575,657명은 경제적인 이유로 한국에 온 외국인 근로자이며 11.4%에 해당하는 125,673명은 결혼 이민자인 것으로 나타났다. 2010년과 2012년에는 〈표 1〉에서 알 수 있듯이 체류 외국인 수와 총인구 대비 비율이 더 증가한 것으로 조사되었다.[1] 그리고 2015년 현재 국내 체류 외국인 수는 1,899,519명으로 이는 총인구 대비 3.7%에 해당한다.

교육부의 최근 자료에 따르면 2015년 현재 우리나라의 초중고교에 다니는 다문화 가정 학생은 82,536명인데, 국제결혼이 늘고 다문화 가정도 증가하면서 2011년 38,000여 명이던 다문화 학생이 4년 만에 2배 이상으로 늘어난 것이다. 교육부는 앞으로 3년 내 국내의 다문화 학생이 10만 명을 넘어설 것으로 전망하면서 국내 교육

1 출입국 · 외국인정책본부 통계, 2012. 8.

〈표 1〉 연도별 체류 외국인 현황

(단위: 명)

연도	1990년	2000년	2005년	2008년	2010년	2012년 8월
체류 외국인 수	49,507	491,324	747,467	1,158,866	1,261,415	1,437,576
총인구 중 비율	0.11%	1.07%	1.53%	2.34%	2.5%	2.83%

환경에 적응하지 못해 학업을 중단하는 다문화 학생 비율도 해마다 증가할 것으로 보고 있다.[2] 다문화 사회 현상이 가장 뚜렷하게 목격되는 곳은 이주자 가정, 이주자 학급, 이주자 노동자의 작업장 등인데, 문화적·언어적 갈등과 충돌 등 다문화 현상의 문제점은 이미 상당 부분 알려졌고 이에 대한 정책적 차원의 연구도 많이 진척된 상황이다.

그러나 지금까지 보고된 정책적 차원의 연구는 다문화 사회의 문제점을 해결하기 위해 미국과 유럽 등 다른 국가의 다문화정책 사례를 연구하고 이를 우리나라에 적용하려는 사회과학적 시도에만 머물러 있다. 이러한 연구결과는 대부분 다문화 사회 현상과 문제점의 진단, 다른 국가 다문화정책의 적용과 정책적 차원의 제안의 순서로 대부분 끝을 낸다. 혹은 시민교육과 평화공존을 위해 소수민족을 위한 "교육기회의 보상적 배분"과 모든 사회 구성원을 대상으로 하는 "다문화 이해 교육의 시행"[3]을 제안하지만, 어떻게 구체적

2 동아일보, 2015. 10. 8.

3 오성배, 137-157.

으로 다문화교육이 의식과 시각의 변화 차원까지 나아갈 수 있는가에 대해서는 침묵할 수밖에 없는 한계를 지닌다.

자국민과 외국인의 의식과 시각의 차원에서 다문화 현상의 문제점을 진단하고 해결책을 모색하려는 연구는 아직은 매우 미미한 실정이다. 다문화 사회에서 우리가 궁극적 목표로 삼는 것은 다양한 문화에 대한 이해와 다양한 문화권 사람들의 평화적 공존이다. 이러한 최종 목표에 다다르기 위해서는 문화적 다양성과 이질성에 대한 개방적 태도와 인정, 배려와 관용이 중요하다. 정책적인 차원에서 펼치는 공존과 이해를 위한 다양한 이벤트성 활동은 대부분 일회성에 그치면서 결국 자국민과 타국민의 의식과 시각을 궁극적으로 변화시키는 데는 한계를 보일 수밖에 없다. 예를 들어 우리 사회에는 외국인 노동자가 우리의 일자리를 빼앗고 이들의 저급한 문화와 관습이 우리의 미풍양속을 해치기 때문에, 외국인이 우리의 언어와 문화를 철저하게 습득하게 하여 우리 사회에 완벽하게 동화시키는 정책이 필요하며 이것이 최상이라고 주장하는 사람들이 여전히 지배적이다. 그러나 다문화 현상의 다양한 문제를 해결하기 위해서는 이주자들이 지배문화의 언어와 문화에 적응하는 것뿐만 아니라, 현 주민들이 타민족, 타 문화에 대해 갖는 의식과 시각도 매우 중요하다. 왜냐하면 자국민이 타민족, 타 문화에 대해 기존에 갖고 있는 왜곡된 의식을 상대화하고 시각의 변화를 거쳐 실천의 단계로 나아가야만 진정한 의미의 상호문화적 이해와 평화공존이 가능하기 때문이다.

자국민이 타민족, 타 문화에 대해 갖는 의식과 시각의 변화에 대해서는 문학이, 특히 상호문화적 문학이 큰 역할을 할 수 있다. 문학은 결국 낯선 타자, 타 문화와의 만남이기 때문에 이미 상호문화적 속성이 내재해 있다고 볼 수 있다. 문학에서의 타자는 다름의 구체화로서 변화를 위한 계기가 될 수 있다. 즉, 문학은 독자 자신의 시각을 낯선 타자의 다른 시각이나 사고방식, 태도방식과 만나게 하고 수용하게 하여 자신의 의식과 시각을 상대화할 수 있는 것이다. 이 점은 특히 아동과 청소년에게 중요하게 다가오는데, 이들의 의식과 시각은 고착되어 있지 않고 형성 중이어서 변화에 대해 민감하기 때문이다. 아동과 청소년기에 갖게 되는 의식과 시각은 성인이 되어서도 그대로 각인될 가능성이 매우 높다. 그리고 아동과 청소년이 이주자 자녀와 우선적으로 접하고 있기 때문에, 이들이 이주자 자녀에 대해 어떠한 생각을 하고 있는가는 장차 문화갈등과 문화공존, 자민족 중심주의와 상호문화주의의 경계 속에서 분수령의 역할을 할 것이다. 이에 따라 아동 청소년의 관심과 욕구를 반영하면서 이들의 의식과 시각을 변화시킬 수 있는 아동 청소년 문학의 역할은 매우 지대하다고 할 수 있다. 요컨대 아동 청소년 독자는 상호문화적 아동 청소년 문학작품을 통해 편협한 고정된 시각에서 시작하여 다양한 시각을 접하게 되고, 아울러 시각의 비교를 통해 자신의 시각을 교정함으로써 시각의 변화를 경험하게 된다. 그 결과 타자, 타 문화에 대한 편견을 극복하고 이해하며 톨레랑스(Toleranz)를 함양함으로써 다문화, 다언어 시대에 상호문화적 이해와 평화공존의 목표를 이룰 수 있게 된다.

그러나 우리의 경우 아동 청소년 문학을 통한 다문화 현상 연구는 아직 매우 미진한 실정이다. 우리의 교육과정과 교과서에서는 여전히 단일민족, 단일문화가 강조되고 있다. 사회과 교과에서는 다문화 사회, 다문화교육이 적은 분량이나마 다루어지고 있으나 국어나 문학 교과에서는 아직 이에 대한 언급이나 인식이 전혀 없거나 매우 부족한 상태이다. 또한 다문화, 상호문화를 주제로 삼고 있는 아동 및 청소년 문학의 창작과 번역 출간도 국내에서는 아직 부족한 상황이며, 최근 인권동화의 차원에서 외국인 문제를 다루는 아동 및 청소년 문학이 창작되고 있지만 그 내용과 문학적 수준이 아직은 낮은 편이다. 대부분의 아동 및 청소년 문학이 국내에 사는 외국인 노동자와 이들 자녀의 고통과 아픔을 그리면서 독자의 동정을 유발하는 차원에 그치는 경우가 많다. 독일의 경우처럼 타자 및 타 문화에 대해 동등한 지위를 인정하면서 지배적 고유 문화에 대해 비판적 성찰까지 나아가는 작품은 드물다.

아동 청소년 문학을 통한 상호문화교육 연구는 더욱 가속화되는 다문화 사회 현상 속에서 편견 극복과 상호문화적 이해, 톨레랑스와 평화적 공존을 추구하기 위해 매우 시급하고 절실한 과제이다. 아동 청소년 문학을 통한 상호문화교육 연구는 이주자 자녀와 가장 가깝게 생활하면서 문화적·언어적 충돌과 갈등을 직접적으로 경험하는 아동 및 청소년을 대상으로 의식과 시각의 차원에서 다문화 현상을 진단하고 고찰하며 그 해결점을 모색하는 것을 주된 목표로 삼고 있다. 이 책은 사회적 정책의 필요성만 강조하는 현 상황에서 고착화된 시각-새로운 시각의 수용-시각의 변화-실천의 단계로 나아가는 것이 상호문화적 교육과 학습의 가장 효과적이고 최상의 방법이라는 점에서 출발하고 있다. 타 문화권의 음식을 먹어 보고 이국적인 옷을 교환해서 입어 보며 타 문화권의 지역적 사정과 독특한 문화를 조사해 발표해 보는 것만으로 다문화 현상의 문제점을 해결하기에는 한계가 있을 수밖에 없다는 입장을 취한다. 즉, 지역적 사정과 문화에 대한 지식습득과 정보교환의 차원에서 벗어나 문학 텍스트를 읽으면서 또 다른 시각을 마주하고 비판적으로 수용해서 자신의 편협한 시각을 확대하여 시각의 변화로 나아가는 것만이 진정한 상호문화적 이해와 소통으로 받아들여질 수 있는 것이다. 따라서 이 책은 그 의의가 문학연구에만 한정되는 것은 아니며, 문학연구를 넘어서 소수자의 인권과 다양한 문화의 평화로운 공존을 위해서도 매우 중요한 시도라고 평가될 수 있다.

끝으로 독일 프랑크푸르트 괴테 대학에서의 연구활동을 통해 이 책을 완성할 수 있도록 지원해 준 청소년도서연구소의 에버스 교수와 데트마 교수에게 감사를 전하고 싶다. 아울러 독일 아동 청소년 문학, 다문화 시대의 문학교육에 관한 대학원 세미나에서 함께 발표하고 심도 깊게 논의하면서 이 책에 많은 도움을 준 대학원생 김소현, 박유미, 배가빈, 최영은, 한지선에게도 감사의 마음을 전한다.

2017년 4월

김정용

차례

아동 청소년 문학과
상호문화교육

제1장

상호문화교육

최근 독일 동부 드레스덴에서 극우 성향의 반이슬람 단체인 '페기다(PEGIDA)'가 주도한 시위에 17,500명이 참여해 독일 내 극우 민족주의와 외국인 혐오에 대한 우려가 확산되는 사건이 있었다. '서양의 이슬람화에 반대하는 애국적 유럽인(Patriotische Europäer gegen die Islamisierung des Abendlandes)'의 약자인 페기다는 "독일은 이민자들의 나라가 아니다"고 말하며 독일에서 살고자 하는 사람은 "기독교-유대교에 기초한 문화" 가치와 인본주의를 고수할 것을 요구했다. 이에 맞서 4,500명의 시위대가 "나치 없는 드레스덴"이라는 구호를 외치며 인종차별주의와 외국인 혐오증에 반대하는 시위를 벌이기도 했다. 또한 이날 페기다 집회를 지켜본 오페라 하우스의 관리부는 건물의 조명을 모두 소등하고 "눈을 떠라", "마음을 열어라", "문을 열어라", 그리고 독일 헌법 제1조인 "인간 존엄성은 신성불가침이다" 등의 내용이 적힌 깃발을 날림으로써 페기다 시위에 대해 강력하게 반대의사를 표시했다.

독일 사회에서 외국인 이주자에 대한 적대감은 특히 2010년 연방은행 이사였던 틸로 사라친(Thilo Sarrazin)이 『사라지는 독일(*Deutschland schafft sich ab*)』이라는 책을 통해 이주자들이 독일을 망가트리고 있다고 주장하면서 강하게 표출되었다.[1]

그는 여기서 자신의 손자나 증손자의 나라는 상당 부분 무슬림화되고 곳곳에서 터키어와 아랍어를 쓸 것이라고 우려하며 특히 아랍과 터키계의 이주자들에 대한 이주정책이 실패하였다고 비판하고 있다. 이에 대해 정치권과 언론에서는 한편으로는 사라친의 근거 없는 주장으로 외국인 적대적인 분위기가 확산되었다고 비난하였고, 다른 한편으로는 사라친의 주장에 편승하여 이주정책을 엄격하게 강화하여 외국인 이주를 통제해야 한다고 주장하면서, 독일 사회는 현재까지 외국인 이주문제에 대해 서로 극단적인 입장과 대책을 제시하고 있는 실정이다. 또한 최근에는 2013년에 창당된 극우성향의 '독일을 위한 대안(Alternative für Deutschland)'당이 몇몇 연방주의회선거에서 제3당으로 지지를 받기도 했다. 많은 전문가들은 그러나 이 정당이 정치적으로 극우적·인종주의적·외국인 적대적 경향을 보인다고 심각한 우려를 표방하고 있다.

이러한 독일의 이주자에 대한 양극단의 사회적 반응은 우리나라 사회에 많은 시사점을 주고 있다. 우리나라도 이미 다문화 사회에 진입했다고 볼 수 있다. 이에 병행하여 여전히 문화적·민족적 갈등과 충돌, 언어적 소통의 어려움, 소외, 배척, 폭력 등의 문제가 가정과 학교 그리고 사회 속에서 다양하게 표출되고 있으며, 이러한 갈등과 문제점을 해결하기 위해 정책적인 차원에서 다양한 시도가

1 한영빈, 64.

이루어졌지만 문제점은 여전히 남아 있는 실정이다. 경제가 좋아질 경우 타민족에 대해 넉넉한 자세를 가지다가도 경제가 나빠질 경우 그들이 일자리를 빼앗아간다고 생각하거나 외국인에 대한 복지 혜택이 남용된다고 판단하는 등 외국인 혐오 현상이 증가하고 있음을 이미 독일, 프랑스, 스웨덴 등 유럽의 선진 복지국가에서도 자주 목격할 수 있다.

다문화 사회 문제와 타자이해의 문제를 해당 문화에 대한 지역사정적 지식습득이나 음식문화 체험 등의 표면적인 문화 개념에만 초점을 맞추어서는 해결하기 어렵다는 지적은 이미 동서양의 여러 석학들이 제기한 바 있다. 이들의 주장은 한결같이 자국민과 외국인이 서로 상대방에 대해 갖고 있는 의식과 시각의 변화 없이는 진정한 상호 소통과 이해가 불가능하다는 것이다.

예를 들어 2011년 11월 부산에서 개최된 제1회 세계인문학포럼에서 프레드 달마이어(Fred R. Dallmayr) 교수와 김우창 교수의 대담은 이러한 점을 극명하게 보여 준다. 미국, 유럽은 물론 한국도 급속히 다문화 사회로 가고 있는 상황에서 지혜로운 대처 방법에 대한 질문에 달마이어 교수는 주류 민족과 소수 민족 사이의 상호 이해가 중요하며 이를 해결하기 위한 방법으로 잘못된 시각, 편견을 없애는 인문교육의 중요성을 강조하고 있다.[2]

> 최근 유럽에서는 다문화정책을 실패로 규정짓고 비판한다. 다시 신민족주의가 발흥하고 있다. 하지만 그것은 다문화 사회를 실행하는 방식이

---

2 제1회 세계인문학포럼 중 김우창 · 달마이어 교수 대담, 조선일보, 2011. 11 25.

잘못되었기 때문이다. 이민자를 받고서도 상호 통합 노력은 게을리 하니까 문제가 생기는 것이다. 통합은 소수를 주류 문화에 복속시키는 것이 아니다. 국가 차원에서 주류 민족과 소수 민족이 서로를 이해할 수 있게 축제 같은 만남의 장을 마련해야 하고 이민족에 대한 편견과 적대감을 해소하기 위해 인문교육을 강화해야 한다.

한국의 석학 김우창 교수의 주장도 달마이어 교수의 답변과 일맥상통한다. 즉, 그 역시 법적·제도적 정책뿐 아니라, 개개인 상호간의 인격 존중도 중요하다는 점을 강조하고 있다.

전통적으로 갈등해결에 있어 유럽은 법적으로 접근했고 한국은 인간적인 방식으로 접근했다. 두 가지가 상호 보완적이어야 한다. 서양의 법·제도적 방식을 통한 성과를 참조하는 동시에 유교적인 인간 존중의 전통도 살려 나가면 보다 나은 다민족공동체의 길이 열릴 것이다. 성숙한 사회일수록 권리 주장을 통한 갈등해소보다 상호 인격 존중이 중시된다.

한국에 자주 왕래하면서 한국 문제에도 관심이 많은 노벨문학상 수상작가 장-마리 귀스타브 르 클레지오(Jean-Marie Gustave Le Clézio) 역시 타자에 대한 이해에서 정책적인 측면보다는 내면적인 이해가 더 우선임을 강조하면서, 특히 문학작품을 통해 타자를 이해하면서 동시에 우리 자신도 인격성숙을 경험할 수 있는 기회를 갖는다고 말한다.

나는 문학을 통한 세계 이해를 사랑한다. 과학 서적을 통해 세계를 이해할 때와는 달리 우리는 문학 서적을 읽으면서 타자를 받아들이게 되고, 타자의 목소리에 귀를 기울임으로써 인격의 변화를 일으킨다.[3]

우리나라에도 르 클레지오와 비슷한 생각을 공유하는 작가가 있다. 가령 공지영 작가는 문학은 "공감이며 이는 나와 타인의 차이를 줄이려는 인간의 노력"[4]으로 이해될 수 있으며 타인에 대한 공감, 정서적 감정이입이 타인과의 소통에서 가장 핵심적인 요인임을 언급하고 있다.

이미 과거 1950-60년대에 인문과학과 자연과학의 통합을 주장했던 찰스 스노우(Charles P. Snow) 역시 지식을 통한 타자이해 이전에 공감과 상호협력의 자세, 시각의 차원에서의 타자이해가 진정한 소통이자 협력임을 밝힌 바 있다.

다른 사람을 이해하기 위해서는 우리의 머리에 정보를 주는 것으로 충분하지 않다. 우리가 서로 배우고, 우리의 시각을 벗어나서 바라보고 다른 사람의 처지를 공감함으로써 우리의 마음에 가르침을 주고 만남과 상호협력을 위해 열린 자세를 취할 때에만 비로소 이 사회에서의 삶이 시작된다.[5]

---

3 2008 노벨문학상 수상 르 클레지오 인터뷰, 조선일보, 2008. 12. 8.

4 서울대학교 대학신문, 2010. 10. 10.

5 재인용 Castelli, 218. "Um andere Menschen zu verstehen, genügt es nicht, unseren Kopf zu informieren. Nur wenn wir auch unser Herz informieren und zur Begegnung und zur Zusammenarbeit öffnen, indem wir lernen, aus uns herauszublicken und die Lage anderer Menschen nachzuempfinden, erst dann beginnt unser Dasein in der Gesellschaft."

머리에 정보를 주는 것이 아니라, 자신의 시각을 벗어나서 바라보고 다른 사람의 처지를 공감하는 것이 타자이해와 상호협력의 전제이자 기본이라는 스노우의 견해는 이 책의 출발점이자 핵심적인 아이디어를 제공한다.

다문화 사회에서 진정으로 타자를 이해하고 타 문화를 이해하는데 타자나 타 문화에 대한 객관적인 지식이나 표면적인 문화가 아니라, 타자나 타 문화를 향한 심성, 태도, 시각 등이 중요한 요인임을 알게 된다면, 다문화정책의 패러다임의 전환이 필요함을 깨닫게 된다. 즉, 타자와의 갈등 문제가 증폭되고 외국인 혐오 현상이 지속되고 있는 실정이라면, 타자인 소수자에만 포커스만 맞추고 있는 다문화정책은 타자를 바라보고 있는 자국민 쪽으로 방향을 전환해야 할 것이다. 아울러 타자나 타 문화에 대한 지식을 머리에 쌓아 두는 것에서 타자의 상황과 처지를 마음으로 이해하고 공감하며 타자를 바라보는 시각을 바꾸는 방향으로 전환해야 할 것이다.

이러한 문제의식하에 유럽에서는 '다문화'라는 용어 대신에 '상호문화'라는 용어를 선호하는 현상을 읽어낼 수 있다. 독일과 프랑스를 비롯한 대부분의 유럽 국가에서는 우리나라에서 일반적으로 사용되는 다문화라는 용어 대신 상호문화라는 용어를 사용하는데, 주로 미국에서 사용하는 다문화라는 개념은 다양한 문화라는 의미로 상황적인 사실만을 뜻하기 때문에, 다민족, 다문화 시대를 살아가는 방법적 태도를 기르는 교육적 의미를 담기에는 충분치 못하다는 판단이 주된 이유이다.[6]

독일은 다문화교육에서 상호문화교육으로 패러다임 전환을 시도한 대표적인 국가이다. 그 결과 현재는 외국어 교육을 포함한 교육학, 철학, 인류학, 사회학, 심리학, 문학 등의 학문 분야에서 다양한 시각의 상호문화적 교육에 대한 논의 전개가 이루어지고 있다. 이 다양한 분야의 공통점은 아마도 다름과 차이의 인정과 이를 기반으로 한 편견의 극복, 고유 사고의 한계와 상대성 인식, 다양한 민족과 문화 간의 상호문화적 이해와 평화적인 공존을 목표로 삼고 있다는 것이다. 따라서 이전 다문화교육이 타자의 일방적인 동화를 지향하고 있다면, 상호문화교육에서는 일방적인 동화에서 상호적인 통합으로 목표를 수정한다.

> 통합은 동화가 아니다. 즉, 통합은 (대상들의) 모든 차이를 줄이는 것에 목표를 두지 않는다. 통합은 편입이 아니다. (…) 통합은 보편 민주적인 문화를 형성하고 보장하기 위한 책임 있는 의지와 그것을 위한 상호적 노력뿐만 아니라 다양성에 대해 개방적인 태도를 필요로 한다.[7]

통합은 다수에 수용되기 위해 소수의 개인적 정체성을 포기하는 것을 요구하는 동화에 대한 대안으로 간주된다. 통합은 상이한 가치와 사고체계 그리고 시각방식에 대한 상호 간의 비판적 대결이자 성찰적 수용을 전제로 한다. 그러므로 통합은 동화와는 달리 각 대상들의 고유한 속성을 완전히 박탈하여 용해하는 것이 아니라, 서로의 차이와 이질성을 수용하여 다양한 생활양식을 통해 더 나은 상호공존의 사회를 만드는 것이다.

---

6 이경수, 104.
7 이경수, 45.

1. 독일의 경우: 외국인교육학에서 상호문화 교육으로 방향전환

독일은 과거 1960-70년대 경제발전 시기에 주로 터키와 그리스 출신의 외국인 노동자가 많이 이주해 왔는데 최근에는 시리아, 아프가니스탄, 아프리카 지역에서 많은 난민들이 유입되고 있다. 독일은 2011년 기준으로 유럽연합국 중 거주하는 외국인의 수가 가장 많은 국가로서 외국인 수가 대략 740만 명으로 독일 전체 국민의 약 9%인 것으로 나타났다(〈표 2〉 참조). 독일에 거주하는 외국인의 출신국가를 보면 터키, 폴란드, 이탈리아, 그리스, 루마니아, 크로아티아 등의 순으로 조사된다.

독일 내 외국인의 증가로 독일의 교육과 교육정책은 이주배경을 지닌 학령기 아동에 대해 이미 오래전부터 주목하기 시작했다. 2012년 독일 통계청에 따르면 10세 미만 아동 중 이주배경을 지닌 아동의 비율은 베를린, 바덴-뷔르템베르크, 노르트라인-베스트팔렌 연방주의 대부분 지역에서 35% 이상을 차지하는 것으로 조사되었다. 구동독 지역을 제외한다면 독일의 대부분 지역에서 이주자 아동의 비율이 25%가 넘는 것으로 나타난다.[8]

또한 독일 통계청의 2014년 자료에 따르면 독일은 전체 인구 80,716,000명 가운데 약 20%가 이주배경이 있고 그중 10-15세 미만은 30%, 5-10세 미만은 34%가 이주배경이 있는 것으로 나타나 학령기 인구 가운데 이주배경이 있는 학생의 비율이 점차 높아지고

8 Statisches Bundesamt, 2012.

〈표 2〉 독일 총인구와 체류 외국인(1951-2011)

연도	총인구(만 명)	체류 외국인(만 명)	외국인 비율(%)
1951	5,080	50	1.0
1961	5,617	68	1.2
1967	5,993	180	3.0
1968	6,035	192	3.2
1969	6,107	238	3.9
1970	6,065	298	4.9
1971	6,150	344	5.6
1975	6,175	409	6.6
1980	6,165	457	7.4
1985	6,102	448	7.3
1990	6,373	558	8.8
1995	8,182	734	9.0
2000	8,226	727	8.8
2005	8,244	729	8.8
2011	8,184	741	9.1

1991년 이전의 통계자료는 구서독만을 고려한 수치이며, 1991년 이후의 통계자료는 독일 통일 후 구서독과 구동독 모두를 고려한 수치임.
출처: Statisches Bundesamt, 2011.12. 재인용 박경숙, 44.

있는 추세이며 특히 대도시의 경우 학생의 절반 가량이 이주배경이 있는 것으로 조사되고 있다.[9]

이에 따라 독일은 지난 2006년 연방정부, 주정부, 지역기관, 시민단체, 언론매체, 이주자단체 등과 함께 독일에 거주하는 이주민의 사회적 통합을 목적으로 하는 '국가통합계획(Nationaler Integrationsplan)'의 수립을 결의하게 되었다. 국가통합계획에 따르면 독일은 이주배

9 교육정책네트워트정보센터: 기획기사: 해외교육동향. 독일의 초 · 중등학교 다문화가정 학생의 기초학력 지원 현황, 2015. 1. 28.(Online)

경을 지닌 아동 청소년들의 잠재력을 필요로 하고 이들의 교육적 성공은 독일의 미래에 대한 투자로 직결되어 있다.[10] 또한 교육은 이주배경 자녀의 사회적·문화적·경제적 통합에서 핵심적인 역할을 하고 이들의 잠재능력을 개발하며 장차 직업생활과 사회생활을 준비하는 것이기 때문에, 독일은 교육을 통한 이주자들의 사회통합을 해당 유관단체 모두의 시급한 공동 과제로 삼고 있다.

교육학 영역에서 '외국인교육학(Ausländerpädagogik)'은 1960년대 독일 사회로의 외국인 노동자 유입과 이로 인한 학교 내 외국인 학생들의 증가와 관련하여 외국인 학생들의 원활한 적응과 통합을 위한 목적으로 생겨난 개념이다. 그렇기 때문에 외국인교육학은 우선적으로 독일 학생이 아닌 이주해 온 외국인 학생들에 초점이 맞추어져 있다. 외국인교육학이 바탕을 두고 있는 두 가지 큰 테제는 결핍 테제와 문화갈등의 테제이다. 우선 결핍 테제에 따르면 지배문화권으로 이주해 온 다른 문화권의 아이들은 사회적·언어적 결핍 상황에 처해 있어 도움이 필요한 존재로 인식된다. 특히 이들은 언어적·문화적·사회적으로 취약한 계층이기 때문에, 지배문화권에 적응하기 위해서는 독일어를 배우고 독일 문화에 대한 지식을 습득해서 독일 사회에 일방적으로 동화되어야 한다는 것이다. 그 와중에 이주자 학생이 사용했던 모국어와 모국 문화 그리고 고유 정체성의 완벽한 상실에 대해서는 어떤 의문점도 제기되지 않았다. 외국인교육학이 바탕을 두고 있는 두 번째 테제는 문화갈등의 테제이다. 여기서 문화는 단일하고 동질적이며 정적인 속성의 것으로 문화의 역

10 참조 Die Bundesregierung: Der Nationale Integrationsplan.

동성과 과정성, 혼종성은 전혀 고려되지 않는다. 이 테제에 따르면 독일 내 지배적인 문화와 이주자 학생들이 속해 있는 소수자 문화는 필연적으로 갈등 관계로 빠져들 수밖에 없고 그 결과로 소수 문화권의 학생들은 무능함과 실패를 반복할 수밖에 없다고 본다. 따라서 소수 문화권의 자녀들이 지배문화권에 일방적으로 적응하고 동화되는 것을 당연시한다.

1980년대 들어 외국인 학생들의 독일 사회로의 적응과 동화 정책이 실패로 귀결되면서 일방적인 동화정책과 외국인교육학에 대한 비판이 제기되자, 외국인교육학은 상호문화교육(interkulturelle Erziehung)으로 방향을 전환한다. 상호문화교육은 외국인교육학이 추구했던 첫 번째 테제인 결핍 테제 대신에 차이의 테제를 전면에 내세운다. 상호문화교육은 우월과 결핍의 양극적인 관점에서 벗어나 다양한 문화권에 속한 사람들의 문화적 차이, 생활방식 및 사고방식의 차이를 인정하고 이를 존중하는 점에서 출발한다. 이에 따라 상호문화교육은 이주자 학생들에만 초점을 맞추는 것이 아니라, 학급 내 모든 학생들을 대상으로 한다. 차이의 테제를 바탕으로 지배사회에 대한 이주자 학생들의 태도와 시각뿐만 아니라, 지배문화권 학생들이 소수 문화권 이주자 학생들에 대해 갖는 태도와 시각도 동등하게 고려되어야 한다. 지배사회의 학생들도 이주자 학생들의 문화와 생활방식에 대하여 이해하고 이를 바탕으로 문화와 생활방식의 차이를 인정하고 존중하게 한다는 것이다. 결론적으로 외국인교육학과 달리 상호문화교육에서는 차이와 다양성의 인정, 문화적 정체성의 유지, 고유 문화와 타 문화 사이의 상호작용과 상호학습이 핵심적인 목표로 부각되고 있는 것이다.

외국인교육학에서 상호문화교육으로의 전환은 일방적인 동화정책에 대한 비판뿐만 아니라 사회의 급속한 변화를 반영한 결과이기도 하다. 60-70년대에만 해도 독일 내 외국인 노동자의 유입이 시작되었더라도 전체적으로 사회는 아직 동질성을 유지하고 있다고 판단되었다. 그러나 80년대 들어서 외국인 노동자의 급격한 증가와 유럽 내 자유로운 이주물결 등으로 동질적인 사회나 문화는 더 이상 유지되지 못하였고 이와 병행하여 다문화, 상호문화 개념이 빈번하게 사용되기 시작했다. 상호문화교육은 이러한 사회모델의 변화를 교육학적으로 반영한 것으로 판단된다.

외국인교육학과 상호문화교육의 차이를 교육학자 이사벨 딤(Isabell Diehm)과 프랑크-올라프 라트케(Frank-Olaf Radtke)는 〈표 3〉과 같이 명확하게 제시하고 있다.[11]

여기서 다문화 개념과 상호문화 개념을 다시 한 번 살펴볼 필요가 있다. 연구자에 따라 다문화 개념을 상호문화 개념과 혼동하여 사용하는 경우도 있지만 다문화 개념은 다양한 문화들이 존재하는 사회구조를 지칭하는 반면에, 상호문화 개념은 이러한 다문화 사회 속에 속하는 다양한 문화적 구성원 사이의 역동적인 상호적 작용을 강조하고 있는 개념이다. 즉, 다문화가 다양한 문화의 실재적인 현상을 지칭한다면, 상호문화는 이러한 실재 현상 속 구성원 상호 간의 지속적인 작용, 관계를 의미한다고 본다. 현재 독일 내 상호문화적 소통 분야에서 가장 대표적인 연구자로 평가받고 있는 예나 대학 교수 위르겐 볼텐(Jürgen Bolten) 역시 이 두 개념의 차이를 다음

11 Diehm/Radke, 128.

〈표 3〉 외국인교육학과 상호문화교육

시기/구상	분석	수신자	실행	목적	사회모델
외국인교육학	결핍	이주자 자녀	보상/ 장려조치	귀환/동화	동일 문화
상호문화교육	차이	모든 학생	다중시각/ 문화상대주의	인정/문화적 정체성 유지	다문화 사회

과 같이 정리하고 있다.

> 라틴어 표현 'multus'가 '많은, 다수의'의 의미를 지니고 있으므로 '다문화적'이란 단지 여러 문화의 사람들로 구성되어 있는 그런 생활세계를 나타낸다. 따라서 여기서 해당되는 것은 사회적 조직구조이다. 그러나 상호문화성(Interkulturalität)의 라틴어 전철 'inter'는 '사이에'를 뜻하는 것으로 이런 생활세계들 사이의 관계를 지칭하는 것이다. 그러므로 여기서는 사회적 구조가 아니라, 본질적으로 다양한 생활세계 사람들 서로의 관계와 상호작용에 바탕을 둔 상호공존의 역동성과 관계 있는 과정을 의미하는 것이다.[12]

그러므로 다양한 문화권에 속한 사람들 상호 간의 관계와 작용을 통해 생겨나는 상호문화는 정적인 상태가 아니라 항상 역동적인 과정인 것이다. 그것은 다양한 생활세계 사이에서 "생겨남(Sich-Ereignen)"의 표현이다. 상호문화는 가령 A의 생활세계와도 B의 생활세계와도 일치하지 않는 제3의, 사이의 세계인 C의 의미로 항상

12 Bolten (2012), 39.

새롭게 생겨나는 것이다. 그러므로 상호문화는 50:50이라는 의미의 A와 B의 정적인 "통합(Synthese)"이 아니라 완전히 "새로운 질"이자 "시너지(Synergie)"인 것이다.[13]

독일의 문화비교와 상호문화소통 분야 연구자인 알렉산더 토마스(Alexander Thomas)는 상호문화를 문화적 중첩상황으로 설명한다.[14] 문화적 중첩상황은 낯선 것이 고유의 것에 의미를 갖게 되고 낯선 것과 고유의 것이 상호적인 관계를 이룰 때 생겨난다. 상호적인 소통과 작용 속에 생겨난 중첩된 이 새로운 제3의 문화공간은 불분명함과 모호함 그리고 새로움의 특성을 보이는 사이의 공간으로서 매력적이거나 위협적일 수 있다. 제3의 문화공간인 이 문화적 중첩상황이 위협이나 풍요의 요인이 될 수 있는 것은 오로지 이를 대하는 주체와의 관계에 달려 있다. 토마스는 문화적 중첩상황을 〈그림 1〉과 같이 제시하고 있다.

문학이론가가 바라보는 상호문화성 개념도 앞서 제시한 상호문화성 개념과 별반 차이가 나지 않는다. 가령 안드레아 레스코벡(Andrea Leskovec)과 같은 상호문화적 문학이론가는 광의의 상호문화성은 다양한 문화권 출신의 개개인이나 그룹이 다양한 시간적 상황에서 참여하게 되는 만남 속에서 상호 이해를 지향하는 실제적, 혹은 서술된 인간태도를 의미한다고 보고 있다.[15] 이에 비해 협의의 상호문화성은 문화 사이에 위치하는 사고규범과 행위규범으로서의

13 Bolten (2012), 40.

14 Thomas (2005), 46.

15 Leskovec (2011), 44.

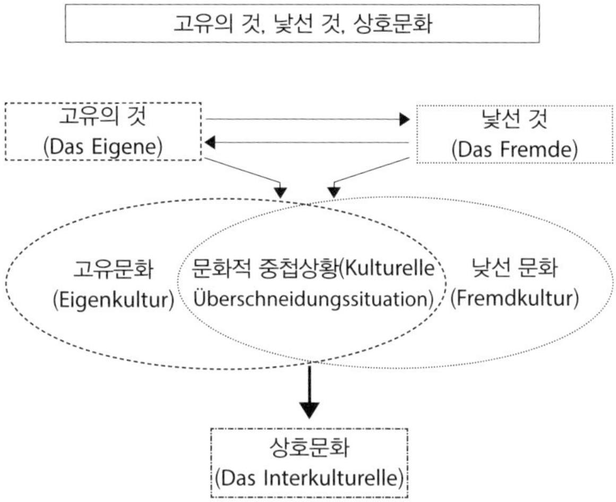

〈그림 1〉 문화적 중첩상황의 역동성

상호문화성, 두 문화권 사람들의 관습적 시각이 수정되는 행위의 질로서의 상호문화성, 두 문화 간의 중첩의 위치를 생산해 내는 상호작용 형태, 문화교류와 문화변동에 관한 인식을 통한 민족중심주의 극복 과정과 상태를 의미한다.

상호문화교육은 이러한 문화적 중첩상황인 사이의 공간을 위협이 아닌, 매력적인 요인으로 바꾸려는 시도로 이해될 수 있다. 그러므로 상호문화교육은 타자, 타 문화에 대한 이해만으로는 부족하다. 타자, 타 문화와 함께 서로 협력하는 상호작용으로까지 나아가야 한다. 그래서 서로 중첩되는 공통분모의 크기를 확대해 가면서 공통분모를 바탕으로 또 다른 새로운 성격과 질의 공동영역이 지속적으로 생겨나야 한다. 즉, 타자, 타 문화에 대한 이해를 넘어서서 타자를 통해 배우고 자아도 발전해 나가면서 공존을 위한 적극적인 상호협력과 상호작용의 단계까지 진행되어야만 진정한 상호문화교육이 이루어질 수 있는 것이다.

상호문화교육은 이런 점에서 다양한 문화권 학생들 상호 간의 작용과 관계를 강조한다. 그러므로 상호문화교육은 차별과 배제를 지양하고 문화 간 차이의 인정과 문화 간 갈등해결과 협력, 배려와 소통을 강조한다. 이에 따라 소수 문화권의 학생들은 지배문화에 일방적으로 동화되는 것이 아니라, 자신의 언어를 사용하고 자신의 정체성과 문화를 유지하면서 새로운 언어와 새로운 문화를 배워 또 다른 융합된 정체성과 문화를 창출해 내는 것이다.

그렇다면 상호문화교육에서 추구하는 문화는 어떻게 정의될 수 있는가? 문화기호학자이자 언어학자인 로란트 포스너(Roland Posner)에 따르면 문화 개념은 세 가지 차원에서 정의될 수 있다(〈그림 2〉 참조).[16]

1) 물질적 차원 = 텍스트와 가공품

2) 사회적 차원 = 사회 및 기관들

3) 정신적 차원 = 심성, 사고

이러한 다양한 층위의 문화 개념은 상호문화적 소통 이론가인 옌스 로엔호프(Jens Loenhoff)나 안테 숄츠(Antje Scholz)의 개념정의에서도 유사하게 드러난다. 이들은 문화 개념을 다음의 세 가지 차원에서 정의하고 있다.

---

16 재인용 Hallet, 38.

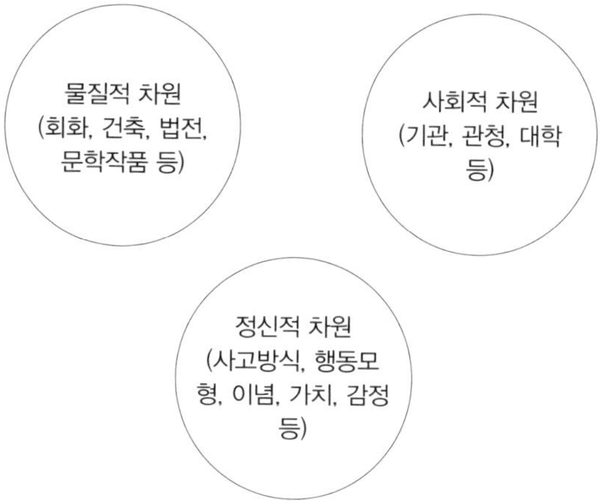

〈그림 2〉 문화의 세 가지 차원

1) 정신적 차원: 문화는 공동체 구성원에 사고, 인지 및 행위의 구조를 제공한다.
2) 물질적 차원: 문화는 예술품 전체 속에 대상물로서 구체화된다.
3) 상황적 차원: 문화는 행위와 소통 같은 구체적인 실제 활동 속에 이루어진다.[17]

앞서 언급한 볼텐 역시 문화를 "표층구조(Perceptas)"와 "심층구조(Conceptas)"로 구분하면서 문화의 표층구조는 인지될 수 있는 영역인 반면, 심층구조는 집단에 공통적으로 관계되는 인지될 수 없는 해석모형의 특성을 지니고 있다고 언급한다. 이에 따르면 건축, 음식습관, 의복양식 등과 같은 물질적 요소와 언어, 사회적 구조, 관례 등

17 Scholz, 19.

과 같은 사회적 요소는 문화의 표층구조에 해당하고, 입장, 세계관, 가치 등과 같은 내면화된 요소는 문화의 심층구조에 해당한다.[18]

그러나 현재까지 다문화정책이나 다문화교육에서는 문화라는 개념을 이해할 때 포스너나 로엔호프, 숄츠 등과 같은 문화연구가가 말하는 문화 개념 중 정신적 차원의 심성이나 사고, 그리고 볼텐이 말하는 문화의 심층구조에는 충분하게 주목하지 못했다. 즉, 외형적으로 드러난 문화에만 초점을 맞추었지 내재되어 있어 보이지 않지만 상당한 부분의 문화 개념인 심성과 사고는 지나쳐 버린 것이다. 빙산의 일각처럼 문화에서 인지되는 부분은 일부이고 문화의 상당한 부분은 인지되지 못한 채 숨겨져 있는 속성을 지닌다(〈그림 3〉 참조).

"문화를 이해한다는 것은 지식을 축적한다는 것이 아니라, 인간에 의한 인간의 상호인정, 움직임, 절차를 실행하는 것이다. 그리고 그것은 타인을 무시하거나 지배 논리에 빠지지 않으면서 타인을 생각하는 것을 배우는 것이다."[19] 또한 다른 문화권의 사람들을 만나서 상호문화적으로 학습한다는 것은 "그들의 인지, 사고, 평가, 행위의 특수한 정향체계를 이해하는 것이고 이것을 고유 문화적 정향체계에 통합하는 것이며 타 문화적 상황에서 자신의 사고와 행위에 적용하는 것이다".[20] 그러므로 타자와 타 문화를 동등하게 인정하고 상호 간의 평화공존을 도모하려는 상호문화교육에서는 문화 개념

18 Bolten (2015), 88 이하.

19 장한업 역, 80.

20 Thomas (1993), 382.

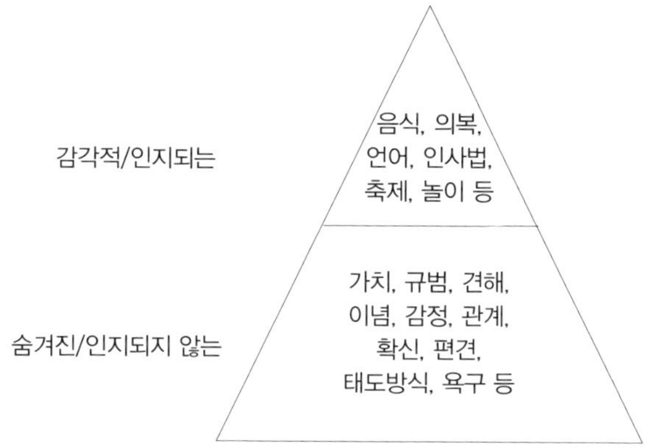

〈그림 3〉 빙산모델의 문화

이 외적인 유형에서 진정한 의미에서의 문화 개념인 심성, 정신, 규범, 사고방식과 가치로 확대되어야 한다.

이처럼 상호문화교육에서의 문화 개념은 인간의 정신과 행위가 창조해 낸 감각적·인지적 문화 산물을 넘어 인간의 사고, 규범, 가치체계 등 인지되지 않는 개념까지 확장된다. 아울러 문화는 근본적으로 동종의 것이 아니라 다양하다는 점에서 출발하고, 문화는 사회, 시대와 무관한 불변의 정태적인 속성이 아니라 역사적으로 변화하는 역동적인 속성을 지니고 있으며, 모든 문화들은 원칙적으로 서열이 있는 것이 아니라 동등하다는 인식에 토대를 두고 있다.[21]

상호문화교육은 문화에 대한 개념에서뿐만 아니라 타자에 대한 연구에서도 기존 연구와는 다른 방향을 모색한다. 우선 사회학자 게오르크 짐멜(Georg Simmel)은 타자를 "오늘 와서 내일 가는 방랑자

21 Zojer, 50.

가 아니라, 오늘 와서 내일 머무는 방랑자" 또는 "멀리 있는 자가 가까이 와 있음"이라는 말로 규정하며, 이들 존재는 "가까움과 멂의 종합(Synthese von Nähe und Ferne)"을 이루고, 그것이 "타자의 공식적인 입지"라 말한다.[22] 짐멜은 그러나 타자의 특성인 "가까움과 멂의 종합"으로부터 두 가지 중요한 장점을 도출해 낸다.[23] 첫째, 타자는 거리두기로부터 객관성을 획득할 수 있다. 타자는 자유로운 사람으로서 모든 상황을 편견 없이 조망할 수 있고 보편적·객관적으로 평가하며 그의 행동 역시 어떤 관습이나 선례에 얽매여 있지 않다. 이를 통해 타자는 비성찰적인 인종중심주의에 빠져 자국문화를 모든 사물의 중심이자 척도로 보려는 유혹에서 벗어날 수 있다. 둘째, "가까움과 멂의 똑같은 비율"로부터 우리는 모든 인류를 포괄하는 보편성을 자아발견의 계기로 바라볼 수 있게 된다. 모든 인간관계는 지속적으로 오직 가까움으로만 혹은 멂으로만 이루어질 수 있는 것은 아니다. 그래서 다른 그룹을 배타적으로 거부하고 인류의 보편성을 침해하는 그룹은 고유한 독자성, 즉 자기 자신을 상실하게 된다. 자아 구성에는 가까움과 멂이 필수적이기 때문이다.

한편 이렇게 "멀리 있는 자가 가까이" 온 타자는 그를 마주하는 사람들에게 부정적인 또는 긍정적인 반응을 불러일으킨다. 낯선 타자와 고유한 자아의 관계에 관해서는 여러 학자의 다양한 견해가 있는데, 우선 상호문화적 독어독문학 연구를 주장한 알로이스 비어라허(Alois Wierlacher)는 "경계짓기(Grenzziehung)"로 자아와 타자

22 Simmel, 764 이하.

23 Sölter, 29 이하.

의 관계를 설명한다.[24] 그는 우선 낯섦이 그 자체로 멀리 있는, 미지의 그리고 위협적인 속성을 갖는 것이 아니라, 한 주체가 경험과 인식의 대상과 맺고 있는 관계, 연관의 속성이라고 설명한다. 그러므로 우리가 다른 사람, 다른 것에 대해 낯설다고 생각할 때에는 우리의 시각이 항상 포함되어 있다. 그런데 다른 것을 낯설다고 해석하고 낯설다는 프로필을 부여하는 것은 일종의 사회적 행위로서 개인의 정체성뿐만 아니라, 우리의 그룹 정체성에 안전장치를 부여하는 "경계짓기"의 기능을 갖는다는 것이다. 이런 "경계짓기"의 차단기능을 통해 경계 안에 위치한 고유의 정체성이나 문화적 규범이 손상되거나 침해받지 않은 채 유지되고 전승되는 것이다.

경계짓기를 통한 우리 그룹과 타자 그룹 사이의 구분과 대립은 이미 오래전에 사회학자 윌리엄 섬너(William G. Sumner)에 의해서도 확인되었는데, 그는 자아는 자기 자신만의 사고와 행위의 절대적인 가치기준으로 타자와 타 문화를 재단하기 때문에 타자와 타 문화를 수용하기가 더더욱 어렵다는 주장을 한다. 우리에 속하는 그룹은 그렇지 않은 그룹과 차이를 두기 때문에, 두 그룹 사이의 존재론적인 갈등은 언제나 존재한다는 것이다.

> 모든 그룹은 자부심과 허세를 갖고 있으면서 우월하다고 과시하며 자신만의 신성을 찬미하고 자신의 그룹에 속하지 않는 사람들을 경멸하며 내려다본다. 모든 그룹은 자신의 관습을 유일하게 옳다고 간주하고 다

---

24 Wierlacher/Albrecht, 282 이하; Wierlacher (2011), 139.

른 그룹들이 다른 관습을 갖고 있다는 사실은 경멸을 불러일으킨다.[25]

다른 한편 코리나 알브레히트(Corinna Albrecht)나 앞서 언급한 비어라허는 다름과 낯섦을 경험하는 것은 위험한 요인이지만 기회도 된다고 평가하면서, 화석화되지 않기 위해서는 인간에게 낯섦의 자극이 필요하다고 본다.[26] 이들의 주장에 따르면 이 낯섦의 자극은 우리의 삶에 있어서 매우 중요한데, 낯섦의 효소와 같은 힘이 새로움 속에 있기 때문이다. 그리고 이 낯섦의 힘은 우리를 당황하게 하고 불안하게 하지만 오히려 이 당황스러운 불안함 때문에 우리를 생생하게 하며 다른 사고와 견해, 확신과 만나게 한다는 것이다. 낯선 타자와 타 문화를 통해 마주치게 되는 문화적 다양성 역시 풍요와 자극으로 평가되어야 하지, 혼돈과 무질서, 잡다함이 아니다. 낯섦이 가져다주는 새로움과 촉매 역할은 문화사회학자 알로이스 한(Alois Hahn)이 말하는 "유혹, 짐스러운 관습과 반복적인 틀로부터의 일탈, 풍요와 자극, 긴장과 흥분, 모험과 매혹"과 같은 의미로 해석될 수 있는데, 이를 통해 우리는 마치 "축제와 같은 매력"처럼 "권태와 일상으로부터 기분전환"을 경험하게 되는 것이다.[27]

독일의 대표적인 상호문화적 문학교육 전문가인 영문학자 로타르 브레델라(Lothar Bredella)가 주장하는 낯선 것과 고유의 것의 관계 역시 이와 비슷하다. 브레델라에게 있어서 '낯설다'는 것은 어떤

25 재인용 Schäfer, 76.
26 Wierlacher/Albrecht, 298.
27 Hahn, 144.

것이 그 자체로 그런 것이 아니라, 항상 우리와의 연관 속에서만 그러하다.[28] 그는 낯선 것을 이해한다는 것은 낯선 것이 고유의 것으로 환원되거나 종속되어 그 속성이 완전히 박탈되는 것이 아니라, 고유의 것과의 연관 속에서, 고유의 것과 낯선 것과의 대화의 관계 속에서만 가능하다고 주장한다. 이해의 과정 속에 낯선 것은 우리와의 연관관계를 통해 보다 친숙하게 다가옴으로써 변하게 된다. 뿐만 아니라 우리 역시 낯선 것과의 연관 속에 자신의 사고방식과 시각에 대해 성찰하게 됨으로써 고유의 것 역시 변하게 된다. 이러한 배경 속에서 브레델라는 "고유의 것이 무엇인지 경험하기 위해서는 낯선 것이 필요하며" 낯선 다른 사람을 이해하려면 낯선 것이 고유의 것에 대해 도전으로 다가오지만, "낯선 것에 다가갈 때에만 고유의 것이 변화될 수 있고" 우리가 낯선 사람의 눈으로 세상을 바라볼 때, 우리의 경험지평과 이해지평을 개별화하고 확대할 수 있다는 상호문화적 이해의 핵심적인 테제를 주장한다.[29]

교육학 분야에서도 고유의 것과 낯선 것의 현상에 주목을 하면서 두 사이의 관계를 설명해 주는 다양한 모델을 제시한다. 가령 학습영역에서도 예술이 갖는 낯선 시각, 낯설게 하기를 강조하는 호르스트 룸프(Horst Rumpf)와 같은 교육학자는 고유의 것과 낯선 것 사이의 관계 설정에 대해 중립화(neutralisieren), 포괄화(subsumieren), 동화(assimilieren), 수용화(akkommodieren)의 네 가지 방식을 제시한

28 Bechtel, 65 이하.

29 Bredella (2011), 134 이하.

다.[30] 중립화 방식에서는 "낯선 것이 객관적으로 전달된 정보" 수준으로 무뎌져 낯선 것에 대한 태도는 "유사 친밀함과 무관심"으로 이어진다. 포괄화 방식에서는 낯선 것의 고유한 특성이 제거되고 잘 알려지고 친숙한 개념이나 범주 속에 포괄되어 버린다. 그 결과 시간을 잡아먹고 위험요소가 많은 낯선 요소와의 대결은 필요 없어지게 된다. 동화 방식에서는 "숭고한 것, 보편적인 것, 인류의 이념"이라는 명목하에 낯선 것이 고유의 것에 완전하게 조정되어 차이는 사라져 버리게 된다. 마지막으로 수용화 방식에서는 "새로운 것, 호기심을 불러일으키는 것, 매력적인 것"을 경험하게 되어 고유의 것과 낯선 것 양쪽에서 변화가 이루어지고 상호 간 풍요의 결과를 획득하게 된다. 이 수용화 방식에서는 "포괄화 방식의 그리고 동화 방식의 흡수"로 이어지지 않으며 용해하여 평준화하려는 감정과 사고 대신에 낯선 것에 대한 새로움과 놀라움이 생긴다. 즉, 고유의 것과 낯선 것 사이에서 경험한 차이를 견디어 내야 하기 때문에 어느 정도 혼돈과 놀라움이 있지만, 이 놀라움은 "감동적인 관용의 놀라움"인 것이다. 룸프는 낯선 것을 통해 고유의 것이 변화될 수 있는 이 마지막 수용화 방식만이 현재 다문화 사회 내에 상호문화적 이해를 도모하는 유일한 방식이라고 보고 있다.

앞에서 언급한 내용을 정리해 보면 상호문화교육은 타자에 대한 다음과 같은 세 가지 기본적 전제에서 출발한다.[31]

---

30 Rumpf, 339 이하.

31 Ansgar Nünning/Vera Nünning, 281.

1) 문화의 대립이 아니라, 고유의 것과 낯선 것 사이의 상호의존이 인류학적 존재방식이다.
2) 다름과 낯섦에 대한 견해는 문화특수적인 성격이 있다. 특히 현대 사회에서는 누구나 타자였고 누구나 타자가 될 수 있다. 예를 들어 학교 신입생으로서, 신입사원으로서, 혹은 이직자로서 등.
3) 다름과 타자성의 경험은 위험만 내포하는 것이 아니라, 새로운 기회도 포함한다.

앞서 언급한 상호문화교육의 문화 및 타자이해를 바탕으로 독일 상호문화교육 전문가인 마리안네 크뤼거-포트라츠(Marianne Krüger-Potratz) 교수는 교육현장과 연관지어 상호문화교육은 이주자 자녀에만 해당되는 것이 아니라, 이주배경과 관계없이 모든 아동 청소년 및 성인 그리고 학습자뿐만 아니라 교수자 모두에게 해당된다는 점을 우선적으로 강조하고 있다. 즉, 외국인 학생 중심의 외국인교육학과는 달리 상호문화교육은 외국인과 독일 아동 및 청소년 모두를 교육대상으로 삼는다. 또한 이는 새로운 추가적인 교육내용이나 방법이 아니라, 지금까지의 태도, 사고와 지각유형, 자명하고 익숙한 것들에 대한 비판적 검토를 의미한다.[32] 또 그녀는 상호문화교육은 어느 특정한 과목에서만 이루어지는 것이 아니라, 모든 교육적 영역에서 달성되어야 할 핵심적인 교육으로 평가하고 있다. 더불어 상호문화교육은 외국어 교육 과목이나 사회, 역사, 지리 등의 과목에서 종종 행해지고 있는 타 문화권 지역에 대한 지식습득과는

32 Krüger-Potratz, 30 이하.

전혀 별개의 차원임을 강조하고 있다. 상호문화교육이 타 문화권에 대한 객관적인 지식을 넘어서 타 문화권에 대한 생각, 입장, 태도를 포함하고 있기 때문에, 타 문화권을 대하는 학습자 자신의 시각을 의문시하고 상대화하며 자신의 입장과 태도를 바꿀 수 있는 자세가 중요하게 평가되는 것이다. 다양한 민족과 문화와 접하면서도 사람들은 일반적으로 자신의 시각과 입장만이 정상적이고 당연하다고 생각하고 다른 사람의 시각과 입장을 자신만의 잣대로 재단하는 경향이 있기 때문이다. 끝으로 상호문화교육은 언어적·문화적·인종적 동질성을 규범으로 관철하려는 이념에 대항하여 배척하고 차별하는 모든 구조를 바꾸려는 의도까지 확장될 수 있다. 그러기 위해서는 타자 및 타 문화에 대한 존중과 톨레랑스, 반인종주의 교육, 편견 의식적인 교육이 학교현장에서 구체적으로 실현되어야 한다.

2. 상호문화교육의 목표 및 단계

그러면 1980-90년대 이후 교육학뿐만 아니라 타자, 타 문화, 이주문화를 다루는 모든 학문분야에서 추구하는 상호문화교육의 목표는 무엇인가?

우선 1996년 독일 연방주 교육부장관협의회에서 결의한 '학교에서의 상호문화적 교양 및 교육(Interkulturelle Bildung und Erziehung in der Schule)'에 따르면 상호문화교육은 학교법에 구체화되어 있는 모든 인간은 동등하고 모든 인간의 가치표상과 문화적 방향설정은 존중되어야 한다는 점에서 출발한다. 이를 토대로 상호문화교육은 휴머니즘이라는 윤리적 기본원칙과 자유와 책임, 연대성과 민족 간의 이해, 민주주의와 톨레랑스의 원칙에 입각한 입장과 태도방식을 발전시켜 나가야 한다.[33] 특히 여기서 우리가 주목할 점은 이 결의에서 상호문화교육이 가장 강조하고 있는 키워드가 시각의 변화라는 것이다. 이에 따르면 낯섦과 친숙함 사이의 만남에서 자신의 인지를 확대하고 다른 사람의 시각을 수용하려는 시각변화는 자신에 대한 신뢰와 성찰적인 타자인지에 핵심적인 역할을 함으로써 결국은 사회적 통합에 기여한다.

다음으로 아동 청소년 문학과 상호문화교육의 대표적인 연구자인 엘렌 슐테-부너트(Ellen Schulte-Bunert)는 상호문화교육의 목표를 자아와 타자와의 관계설정과 이를 통해 배우는 학습의 측면에서 다음과 같이 설명하고 있다.[34]

1) 다른 사람에 대해 배우기(그의 출신국가, 독일 사회에서의 그의 상황과 이주에 대한 정보를 획득하기)
2) 다른 사람으로부터 배우기(그의 삶의 방식과 사고방식 등 그의 시각에 대한 정보를 획득하기)
3) 다른 사람과 함께 배우기(다문화적 사회에서 평화로운 공존을 위해 공통적으로 행동하는 방식을 발전시키기)
4) 자기 자신에 대해 배우기(잘 알려지지 않은 다른 사람과의 만남을 통해 자신의 입장을 문제시하기)

33 Empfehlung "Interkulturelle Bildung und Erziehung in der Schule", 5.
34 Schulte-Bunert, 46.

즉, 슐테-부너트의 경우도 상호문화교육의 최종적인 목표인 다문화 사회 내의 평화로운 상호공존을 달성하기 위해 타자, 타 문화에 대한 정보인식의 단계를 넘어서 타자의 시각을 통해 자신의 고유 입장에 대해 비판적으로 성찰하는 단계까지 이루어져야 함을 강조하고 있다. 아울러 다른 사람으로부터 배우고 자기 자신에 대해 배운 후, 서로 함께 배우는 것이 상호문화적 교육의 최종적인 실천 목표임을 명확히 한다.

독일의 대표적인 인류학자인 우어줄라 베르텔스(Ursula Bertels)가 제시하는 상호문화교육의 목표 역시 자아와 타자 상호 간의 시각변화와 서로에 대한 열린 마음과 톨레랑스 등 정서적 가치를 강조하고 있다.[35]

1) 타 문화에 대한 정보를 습득하고 이에 대한 관심을 발전시켜 나간다.
2) 자아와 타자에 대한 시각의 상대성을 인식하고 시각변화를 연습해 나간다.
3) 자국문화와 타 문화에 대한 민족중심적인 사고를 인식하고 극복한다.
4) 다른 문화권 사람들과의 상호문화적 만남에 대한 구체적인 상황을 분석하고 성찰한다.
5) 개방성, 톨레랑스, 인정, 존중 같은 가치와 입장을 개발하고 장려한다.

국내의 상호문화교육에 관한 연구는 주로 독일과 프랑스 지역

35 Bertels/Eylert/Lütkes/de Vries, 38 이하.

권에 관심을 갖는 연구자들에 의해 수행된다. 가령 유럽 상호문화교육 전문가인 홍종열과 정영근도 위의 독일 연구자들과 비슷하게 상호문화교육의 목표를 다음의 네 가지로 제시하면서 시각변화와 평화적 상호공존에 무게 중심을 두고 있다.[36]

> 첫째, 상호문화교육이 추구하는 바는 넓은 의미의 사회적 학습에 속하는 것으로 관용, 갈등해결능력, 협동심, 연대성 등이 그에 해당한다.
>
> 둘째, 상호문화적 교육이나 학습은 문화의 상이함을 전제로 하고 있기 때문에 문화적 차이의 이해와 극복을 목표로 한다.
>
> 셋째, 상호문화교육은 역사적·사회적 현실을 다양한 관점에서 파악하고 획득하려는 목표를 추구한다. 사건을 다양한 시각에서 이해하고 문제를 다양한 입장에서 해결하는 과정을 경험함으로써, 자신의 시각을 한층 더 명확하게 인식하고 그러한 시각을 기반으로 타 문화에 대한 개방적 자세를 갖게 하며 다원화된 사회의 복잡한 문제 해결에 적극적으로 참여하도록 해야 한다.
>
> 넷째, 상호문화교육의 목표에는 인종과 문화적 차별을 극복하기 위한 정치교육이 포함된다. 다양한 문화와 생활방식을 지닌 사람들이 한 사회 안에서 평화적으로 공존하고 화합할 수 있다는 이상을 실현하기 위한 정치적 대안모색은 지속될 수밖에 없을 것이다.

마지막으로 국내 불어교육 및 유럽의 상호문화교육 전문가인 장한업이 설정한 상호문화교육의 목표도 위의 여러 학자들이 제시

36 홍종열, 397; 정영근, 8 이하.

한 목표와 대동소이함을 알 수 있다.[37]

1) 아동과 청소년에게 사회 및 개인 생활에서 문화적 차이 및 다양성과 함께 살아가는 법을 가르친다.
2) 문화, 민족, 국가, 종교가 다른 개인과 집단에 대해 개방된 태도와 관용의 자세를 취하게 하고 서로 이해하고 존중하도록 한다.
3) 인종차별주의, 외국인 혐오감, 차별, 편견, 고정관념 등을 버리도록 한다.
4) 교사와 교직원에게 직무수행상 필요한 역량과 노하우를 습득하게 하여 문화적·민족적 다양성이 공존하는 학교와 교실에서 효과적으로 직무를 수행할 수 있도록 한다.

이러한 동서양 학자가 내세우는 상호문화교육의 목표를 종합해 보면, 우선 다문화 사회에서 상호문화교육의 대상은 이주자 및 그 자녀에만 해당되는 것이 아니라, 이들과 만나고 교류하는 자국민 및 그 자녀에게도 동일하게 해당됨을 알 수 있다. 아울러 상호문화교육이 지향하는 차별과 편견 극복 그리고 관용 및 배려는 타자 및 타 문화에 대한 객관적인 지식의 습득보다는 타자, 타 문화를 바라보는 시각과 사고방식의 변화를 통해 가능하다는 점을 알 수 있다. 끝으로 상호문화교육은 교사와 학생들과 함께 학급 내에서 실행될 수 있지만, 그 궁극적인 목표는 교과목 학습의 틀을 벗어나 타자 및 타 문화와의 평화적 공존을 지향하는 사회적·정치적 학습임을 알 수

37 장한업, 905.

있다.

다음으로 상호문화교육 내지 상호문화학습의 단계에 대한 논의로 들어가면 학자들은 대체적으로 4단계를 제시하고 있다.[38]

> 첫 번째 단계의 상호문화학습은 낯선 문화의 지역사정에 대한 기본적 지식을 습득하는 것으로 이루어진다.
>
> 두 번째 단계의 상호문화학습은 핵심이 되는 문화표준인 규범, 입장, 확신, 가치태도 등 타 문화의 가치지향체계를 파악하는 단계로 나아가야 한다.
>
> 세 번째 단계의 상호문화학습은 문화적으로 서로 다른 행위모형을 서로 비교하고 조정하는 능력을 습득하는 것인데, 이를 통해 상이한 문화 사이에 서로 중첩되는 상황들을 성공적으로 조정할 수 있게 된다.
>
> 마지막으로 네 번째 단계의 상호문화학습은 어떠한 낯선 문화에서도 신속하게 효과적으로 적응할 수 있도록 고도의 문화이해나 보편화할 수 있는 행위지식을 갖추는 단계로 이루어진다.

그러나 이 상호문화학습의 4단계는 타 문화에 대한 지식과 가치체계 습득을 통해 어떻게 하면 낯선 문화에서 효과적으로 적응할 수 있는지에 초점이 맞추어져 있다는 인상을 준다. 이에 반해 문학연구자인 이름가르트 호네프-베커(Irmgard Honnef-Becker)가 제시하는 상호문화학습의 5단계는 상호문화적 학습이 과정이자 단계로 이루어진다는 점을 보다 명확하게 보여 주고 있으며, 타 문화에 대한

38 참조 Zeuner.

자아의 시각 변화에 초점을 맞추어 자국문화와 타 문화 사이의 상호공존을 지향한다.[39]

1) 인종중심주의: 자신의 문화적 정체성에 대해서는 과도하게 상향적으로 평가하며 타 문화의 가치는 무시하고 평가절하한다.
2) 주목의 단계: 다른 문화와 그 구성원에 긍정적인 관심을 갖는다.
3) 이해의 단계: 다른 문화의 가치와 상징적 코드를 잘 이해할 수 있는 능력을 갖는다.
4) 수용의 단계: 문화적 차이, 즉 자신의 도덕이나 가치표상과 다른 것을 수용할 수 있는 자세를 갖는다.
5) 타 문화 가치 평가: 다른 문화적 가치, 표준, 상징체계를 존중한다.

마지막으로 독일 메클렌부르크-포어폼머른(Mecklenburg-Vorpommern) 연방주가 지향하는 상호문화학습은 3단계로 이루어져 있는데, 타자와 타 문화에 대한 공감 및 시각변화가 상호문화학습의 핵심이면서 이러한 공감 및 시각변화는 연대와 실천적 행동으로 귀결되어야 진정한 상호문화학습이 이루어진다는 점을 명확하게 보여 준다.[40]

1) 인식의 단계
-자신과 다른 삶의 조건에 대한 지식습득

39 Honnef-Becker (2006), 15.
40 참조 Rahmenplan: Interkulturelle Erziehung.

-유사성과 차이점 인식

-편견과 스테레오타입 인식

2) 공감의 단계

-미지의 것에 대한 호기심 발전

-다양한 경험과 만남에 대한 개방적인 자세

-다른 사람에 대한 공감

-자신과 다른 사람의 행동을 자신과 다른 사람의 삶의 조건과 가치 속에서 고찰

-자신의 시각에 대한 성찰과 시각변화

-다름에 대한 존중

3) 행동의 단계

-평화로운 공존을 위한 동의

-공동의 규칙에 따른 갈등 조정

-다양한 삶의 방식과 가치 속에서 다양성 존중

-공동의 시각과 과제 발전

-평등과 반차별을 위한 연대의식과 이에 따른 행동방식 구성

그렇다면 상호문화적 교육과 학습을 통해 습득하게 되는 상호문화능력(interkulturelle Kompetenz)은 어떤 능력을 의미하는 것인가?

상호문화적 문학교육 전문가인 안드레아 쉰쉬케(Andrea Schinschke)가 정의하는 상호문화능력 역시 자국민 문화를 절대화하지 않고 타 문화와의 관계 속에서 상대화하며 타자 및 타 문화에 대한 공감과 시각변화를 상호문화능력의 핵심으로 고찰하고 있다. 쉰쉬케가 제시하는 상호문화능력은 다음과 같다.[41]

1) 자신의 문화적 구상을 상대화할 줄 아는 능력
2) 자신의 문화와 타 문화를 매개할 줄 아는 능력
3) 다양한 생활세계에서 생겨나는 기대와 행동방식과 마주하여 이들 여러 기대, 행동방식 사이를 매개하는 능력
4) 공감과 시각변화 능력

반면에 교육학자 에바 마테스(Eva Matthes)와 카르스텐 하인체(Carsten Heinze)가 제안하는 상호문화능력은 학교 내 학습현장과 연관지어 쉰쉬케의 상호문화능력을 보다 구체적으로 설명하고 있다.[42]

1) 고유 문화적 의식의 토대에서 타 문화의 다른 생활형식을 인간 삶의 다양한 가능성으로 생각하고 이와 접촉할 줄 아는 능력
2) 인종중심주의를 다른 사람의 시각을 통해 현실을 바라보는 이중적 시각의 방향으로 극복하는 능력
3) 타자이해 경험을 통해 보다 심오한 자기 이해로 다가갈 수 있는 능력
4) 동등한 파트너로서 다른 사람을 이해하고 인정하는 능력
5) 극단적 사고, 스테레오타입, 고정관념을 부정하고 모든 차이 가운데서 공통점과 중첩되는 점을 찾으려는 능력

앞서 언급한 독일 연방주 교육부장관협의회에서 결의한 '학교에

41 Schinschke (1995b), 36 이하.
42 Matthes/Heinze, 46.

서의 상호문화적 교양 및 교육' 역시 상호문화적 능력은 소수와 다수 그룹 모두의 아동 청소년에게 요구되는 핵심적인 자질이라고 평가하면서, 학습자가 학급 현장에서 습득해야 할 상호문화적 능력을 다음과 같이 구체적으로 제시하고 있다.[43]

-학생 각자의 문화적 사회화와 생활연관을 의식해야 하고
-다른 문화들과 생활방식들에 관한 지식과 통찰을 습득하고
-다른 문화적 특징들에 대한 호기심, 개방적 자세, 이해심을 발달시키고
-다른 문화적 삶의 형태들과 만나서 생겨나는 불안감을 인정하며 긴장감을 견디어 내고
-타인에 대한 편견을 인식하며 진지하게 생각하고
-다름을 인정하며 차이를 존중하고
-자신의 고유한 시각을 반성적으로 검토하며 다른 시각에 대한 이해심을 발전시켜 나가고
-사회 내지는 국가에서 함께 공존하기 위한 공통적인 토대에 대한 합의를 발견해 나가고
-다양한 인종적·문화적·종교적 배경으로 인한 갈등을 평화롭게 조정하며 공동으로 합의한 규칙을 통해 해결해 나가야 한다.

마지막으로 유럽의회 역시 최근 2014년도에 유럽 시민들이 갖추어야 할 상호문화능력의 요소를 발표한 바 있다. 이를 통해 유럽의회는 상호문화능력이 학교 내 학습현장에만 국한되어 습득되는

43 Empfehlung "Interkulturelle Bildung und Erziehung in der Schule", 5 이하.

것이 아니라, 유럽 사회의 평화적 상호공존을 위해 모든 시민이 갖추어야 할 역량임을 명확하게 밝힌다. 유럽의회의 상호문화적 능력은 '태도', '지식과 이해', '기술과 행동'의 3요소로 구성되어 있다. 독일의 '학교에서의 상호문화적 교양 및 교육'과 비교해 보면, 문화적 배경에 따른 감정, 가치, 신념에 대한 이해, 다원적 시각 및 이를 기반으로 한 실천적 행동을 더 많이 강조하고 있음을 알 수 있다. 문화특수적인 배경 속에 있는 고유의 사고와 시각은 상대적이고 다른 사고와 시각을 지닌 주체와의 지속적인 교류와 대화를 통해 비판적으로 성찰되고 수정될 수 있으며, 이 변화된 사고와 시각은 행동의 변화를 수반해야 하는 것이다. 유럽의회에 따르면 태도, 지식과 이해, 기술과 행동 각 영역에서 중요한 상호문화적 능력의 요소는 다음과 같다.[44]

1) 상호문화능력의 태도 요소

-문화적 다양성 및 시각과 실천의 다원성에 대한 가치 부여

-자신과 다른 문화적 관점을 지닌 사람들을 존중하며 호기심을 갖고 배우려는 태도

-자신과 문화적 배경이 다른 사람들에 대해 공감하려는 태도

-자신의 선험적 지식과 경험에 근거하여 정상적이라고 생각한 것에 대해 의문시하는 태도

2) 상호문화능력의 지식과 이해 요소

44 참조 Council of Europe: Developing Intercultural Competence through Education.

-다양한 문화 집단의 내적인 다양성과 이질성에 대해 이해하기

-자기 자신 그리고 다른 사람들의 관념, 편견, 차별에 대해 이해하기

-언어와 문화적 배경이 자신의 경험에 미치는 영향에 대해 이해하기

-특정한 문화적 배경에 따라 사용되는 신념, 가치, 실천, 담론에 대한 지식

3) 상호문화능력의 기술과 행동 요소

-자신의 시각에서 벗어나서 다른 사람의 시각을 취하는 다원적 시각

-다른 사람들의 문화적 실천, 신념 및 가치를 자신의 것과 연관지어 해석하는 기술

-다른 사람의 사고, 신념, 가치, 감정을 이해하려는 공감능력

-상황과 맥락에 따라 자신의 사고를 변화시킬 수 있는 인지적 유연성

-상호문화적 교류에서 조정자의 역할을 할 수 있는 능력

유럽의회는 이러한 상호문화적 능력의 요소들은 최종적으로 상호문화적 교류가 이루어지는 가운데 문화적으로 다른 배경과 관점을 가진 사람들과 소통하기, 다양한 시각과 관점에 대해 토론하여 공통의 시각과 관점을 형성하기, 문화적 배경과 관계없이 인간의 존엄성과 권리를 지켜내기, 문화적 편견에 대해 도전하기 등의 구체적인 행동을 통해 실천되어야 한다는 점을 마지막으로 다시 한 번 강조한다.[45]

---

45 비교 INCA. HANDBUCH FÜR ASSESSEES, 2004. 유럽연합은 이미 오래전에 공동으로 상호문화능력 평가 프로젝트인 INCA(Intercultural Competence Assessment)를 수행한 바 있다. 이에 따르면 다음과 같은 여섯 가지 상호문화능력 요소가 평가된다: 모호성에 대한 관용(Ambiguitätstoleranz), 태도의 유연성,

3. 상호문화교육의 핵심

전 독일 연방대통령 로만 헤어초크(Roman Herzog)는 이미 오래 전인 1997년 연설에서 상호문화적 대화와 소통의 중요성을 강조하면서 낯선 경험 세계 속에서 마주하는 낯선 개념과 낯선 확신에 대해서도 생각해 보는 개방적인 자세를 주문한 적이 있다.

> 문화의 대화는 (…) 다른 문화에 대해 무언가 경험할 자세를 우선적으로 필요로 한다. 나에게 있어서 문화의 대화는 다른 것에 대한 호기심을 갖는 것이고 공통점과 차이점에 대해 이야기하는 것이며 사고와 모델의 교환을 의미한다. 예전에 난 다음과 같이 말한 적이 있다; 상호 간의 지식이 없으면 상호 간의 이해가 없고, 이해가 없으면 상호 간의 존중과 신뢰가 없으며, 존경과 신뢰가 없으면 평화는 없고 정말 충돌의 위험만이 있다. 즉, 우리는 낯선 개념과 낯선 경험 세계, 낯선 확신 세계 속에서 생각해 볼 자세가 되어 있어야 하며 그렇게 할 수 있어야만 한다. 물론 그러면서 고유의 입장을 잃어버리는 것은 아니다. 즉, 톨레랑스는 입장이 없다는 것은 아니다. 그러나 우리가 서로에 대해 모르고 함께 얘기하지 않으면 영원히 함께 살 수 없다.[46]

헤어초크의 요청과 주문은 낯선 것과 친숙한 것 사이의 만남에서는 상호 간의 지식교환을 넘어 낯선 사고와 확신의 차원까지 나

소통의식, 지식습득, 타 문화에 대한 개방성, 공감.

46 재인용 Neuland, 180.

아가서 다른 사람의 사고를 수용하고 자신의 시각을 확대시킬 때, 비로소 신뢰와 존중에 기반을 둔 상호이해가 가능하다는 점을 강조한 것이다. 아울러 이런 다른 시각의 수용과 자신의 시각 확대는 결코 자신의 고유한 사고나 입장을 완전한 포기하거나 상실하는 것도 아니고 자신을 희생해서 온전히 타인을 배려하라는 톨레랑스도 아니며, 오히려 자신의 정체성을 더욱 풍요롭고 안정적으로 형성해 주는 것임을 확인시키고 있다. 그러면서 헤어초크는 상호문화적 대화가 모든 것을 해결하는 "마법의 수단"은 아니지만, 적어도 "대적관계의 비용은 상당하지만 공존의 이익은 매우 크다"는 인식을 갖게 할 것이라고 덧붙인다.

다른 모든 교육과 마찬가지로 상호문화교육 역시 태도와 행동의 기초를 이루는 의식 및 시각과 관련 있다. 즉, '낯선 타자 및 타 문화에 대해 어떤 의식과 시각을 갖는가'라는 가치의 문제이지 지식 축적의 문제는 아닌 것이다. 낯선 타자와의 상호 이해에서 장애가 되는 요인은 타인에 대한 감정적 무관심과 타인의 시각으로 자기와 자기 집단을 바라볼 수 있는 능력의 부족이다.[47] 이것을 해결하는 방법은 바로 공감능력을 키워 가고 타자와의 관계에서 절대적인 우월주의 위험에 빠지지 않으면서 지속적인 중심탈피를 거쳐 상대성을 배워 나감으로써, 다른 시각들이 존재한다는 사실을 받아들이는 것이다. 이것은 바로 자신을 타인의 자리에 놓을 수 있는 능력, 자신을 다른 시각 속에 던질 수 있는 능력을 전제로 한다.

그러므로 상호문화교육 역시 타자와 타 문화에 대한 사고와 입

47 장한업 역, 141.

장, 시각 및 태도 방식의 변화에 그 방향을 맞추어야 한다. 따라서

1) 현재 지역사정적 지식습득과 외형적 문화교류에만 치중하는 다문화교육은 수정되어야 하며
2) 공감능력 및 의식, 시각의 변화에 초점을 맞추는, 특히 자라나는 아동 및 청소년 집단의 공감능력 및 시각변화의 중요성을 강조하는 상호문화교육으로 방향을 전환해야 한다.

타 문화에 대한 지역학적인 지식이나 타 문화의 외피만 보여 주는 이벤트성의 다문화교육은 소수자나 다수자 양쪽의 의식 및 시각의 변화에는 이르지 못하는 피상적인 수준에 불과하다.

상호문화교육의 핵심은 공감능력, 편견 제거, 타자 및 타 문화에 대한 새로운 시각이다. 상호문화교육에 관한 정의 및 목표 그리고 학습내용에 관한 다양한 분야의 연구결과를 종합해 보면, 상호문화교육의 핵심은 우리가 '다른 사람의 처지에 공감하고 우리의 시각을 벗어나서 바라보고 우리가 서로 배우는' 것으로 귀결된다. 그러므로 머리에 정보만 주는 객관적인 지식의 전달이나 음식 축제와 같은 일회성 행사가 중요한 것이 아니라, 소수자와 다수자가 서로에 대해 갖고 있는 감정과 시각, 태도가 상호문화교육의 핵심이고 이를 실현하기 위해서는 소수자와 다수자 모두를 대상으로 어릴 때부터 문학과 예술을 바탕으로 한 장기적인 인문교육이 필요한 것이다.

그리고 상호문화교육은 특정한 교과목이나 별도의 수업계획으로 이루어지는 것이 아니다. 상호문화교육은 무엇보다 학교의 일반적인 과제를 성실하게 수용하는 가운데 실현될 수 있다. 다만 기존

의 교육내용과 교육방법에 상호문화적인 관점으로 변화를 주거나 확대하면 된다. 그것은 각 교과수업에서 "고유한 특성을 가지고 있는 각 문화는 있는 그대로 존중되어야" 하고 "다양성과 복수 소속을 풍요로움이라고 인정하는"[48] 입장과 태도에서 시작되어야 한다. 이런 토대 위에 자국민 학생과 이주 자녀 학생을 포함한 모든 학생들이 타자와 타 문화에 대한 공감능력을 키워 나가고 타자의 다름과 타 문화의 이질성에 대해 존중하고 인정하는 교육을 받아야 한다. 아울러 고유의 것과 낯선 것 사이의 갈등은 타인의 시각을 수용하고 자신의 시각을 비판적으로 상대화하는 시각의 변화를 통해 해소되며 이를 통해 또한 자신의 사고능력과 타자에 대한 인식능력도 확대된다는 점을 알아야 한다. 이렇게 이해된 상호문화능력은 특히 자라나는 모든 아동과 청소년의 핵심 자질이 되어야 한다.

특히 아동 청소년의 경우 사고와 시각이 고정되기 전에 타자 및 타 문화에 개방된 상호문화적 시각을 갖추는 것이 중요하다. 아동 청소년들은 관심과 호기심을 갖고 낯선 타자와 낯선 세계를 알려 하며 낯선 가치와 낯선 시각에 대해 비교적 유연하고 편견이 덜한 개방적 자세를 보이기 때문이다. 독일의 사례를 보면 특히 아동 청소년들은 서로 다른 문화권 학생들과의 학습활동을 통해 다양한 사고방식과 행동유형을 접할 가능성이 상대적으로 많은데, 이를 통해 자신의 계층특수적·문화적·종교적 사고와 규범의 상대성을 경험하게 되고 타 문화적 사고와 규범에 대한 사회적 편견과 그 원인에 대해

48 장한업 역, 104, 109.

서도 비판적으로 성찰할 가능성이 매우 높은 것으로 입증되었다.[49]

아동 청소년들이 학급에서 자주 만나게 되는 교사 역시 자신의 교육활동에서 다양한 시각과의 만남과 시각변화의 여지를 줄 수 있어야 한다. 다문화 사회 속의 교사교육에서는 상호문화교육이 중심적인 역할을 해야 하며, 미래의 교사 역시 다양성 및 이질성을 정상으로 수용하면서 상호문화적 능력을 필수적으로 갖추어야 한다. 현실적 상황뿐만 아니라 허구적 문학적 상황 속에서도 교사가 상호문화적 소통과 이해에서 중추적인 역할을 하고 있음은 자주 목격된다. 교사는 우선 다양한 문화권의 학생들이 함께 학습하는 변화된 학급상황 속에서 다중언어의 사용과 문화적 다양성 및 이질성을 학생 상호 간의 경험과 시각을 넓히고 삶을 풍요롭게 하는 새로운 기회이자 장점으로 인식하고 활용해야 한다. 학급 내 학생들의 정체성과 다양한 문화적 가치 차이로 생기는 갈등상황에서 교사는 객관적인 정보와 설명제공을 넘어서 각 학생의 행동 동기, 입장, 불안, 소망 등을 표출하게 하여 다른 사람의 처지와 입장에 공감할 줄 알고 자신의 시각을 다른 사람의 시각에서 성찰할 수 있도록 교육해야 한다.[50] 물론 이러한 교육의 목표인 타자와 타 문화에 대한 상호문화적 이해와 인정 그리고 반차별과 평등이 학급 내 모든 학습활동과 학교활동의 근본적인 전제이자 토대로 정착되어야 할 것임은 너무나도 자명하다.

49 Schulte-Bunert, 28.

50 Empfehlung "Interkulturelle Bildung und Erziehung in der Schule", 8.

제2장

상호문화적 관점의 아동 청소년 문학 연구경향

이 장에서는 아동 청소년 문학이 상호문화와 어떻게 연계되어 상호문화에 관한 논의를 촉발하게 되었는지를 살펴보고자 한다. 아동 청소년 문학의 속성으로는 국제성, 학제성, 그리고 다매체성을 들 수 있다. 그중 아동 청소년 문학이 갖는 국제적 특성 때문에 아동 청소년 문학은 이미 오래전부터 상호문화적 특성과 상당히 밀접한 관계를 맺게 되었다. 타 문화, 타민족의 삶에 대한 소개는 아동 청소년 문학의 전통적인 테마이다. 아동 청소년 문학의 비교학적 연구, 국제적 과정 속의 아동 청소년 문학 연구, 아동 및 청소년 문학의 타 국가로의 수용과 영향의 문제 그리고 번역을 통한 타 문화로의 전이 문제 등의 연구경향을 살펴보면, 아동 청소년 문학은 학문 속성상 이미 상호문화적 성격이 매우 강하다는 점을 알 수 있다. 아동 청소년 문학은 또한 다른 외국 아동 청소년 문학에 대해 개방적인 자세를 취한다. 특히 번역 문학의 활성화 때문에 아동 청소년 문학 영역에서는 자국문학과 외국문학에 대한 경계나 차별이 거의 없다. 그 결과 독일의 아동 청소년 문학은 타자 및 제3세계에 대한 연구경향이 다른 어느 영역보다 매우 강한 편이다. 최근에는 이주문제를 다룬 아동 청소년 문학도 상호문화적 테마를 전면에 내세우고 있다. 이러한 배경하에 이 장에서는 주로 다음과 같은 내용을 중심으로 상호문화적 아동 청소년 문학 연구경향을 집중적으로 다룬다.

1. 국제적인 아동 청소년 문학 연구
2. 아동 청소년 문학 속의 이미지 연구
3. 아동 청소년 문학에서 낯섦 및 제3세계 연구경향
4. 이주문학
5. 상호문화적 아동 청소년 문학과 그 역할

1. 국제적인 아동 청소년 문학 연구

유럽의 아동 청소년 문학에 관한 연구를 살펴보면 이미 오래전부터 아동 청소년 문학의 비교학적 연구, 아동 및 청소년 문학 속의 타 문화 수용과 영향의 문제, 아동 청소년 문학작품에 나타난 각국의 이미지 문제 등의 방향으로 진행되어 왔음을 알 수 있다. 최근 국내에 소개되어 우리에게도 잘 알려져 있는 폴 아자르(Paul Hazard), 예테 클링베리(Göte Klingberg), 마리아 니콜라예바(Maria Nikolajeva), 한스-하이노 에버스(Hans-Heino Ewers) 등의 아동 청소년 문학 연구에서도 이미 각 연구자가 속해 있는 자국의 범위를 벗어나 전 세계의 아동 및 청소년 문학작품을 분석의 대상으로 삼고 있는 사실을 보더라도 아동 청소년 문학이 이미 상호문화적 속성을 지니고 있다는 점은 확연하게 드러난다. 이렇듯 각국 아동 청소년 문학의 연계점 내지 접합점을 연구하는 것이 상호문화적 관점의 아동 청소년 문학 연구의 시작이라고 볼 수 있는데, 아동 청소년 문학 역시 일반 문학 텍스트와 마찬가지로 "서로 중첩되는 의미구조의 교차점이자 다양하게 코드화된 문화적 성분의 연관관계"[1]를 보여 주고 있기 때문이다.

프랑스의 대표적인 아동 청소년 문학 이론가이자 비교문학자인 아자르의 경우 『책, 어린이, 어른(*Les Livre, les enfants et les hommes*)』(1932)에서 감수성이 예민한 유년 시절에 세계적인 아동 문학 고전을 통해 관용적이며 국경이 없는 "어린이들의 세계 공화국"이 구현될 수 있으리라는 희망을 표명한다. 그는 여기서 이미 어린이 문학의 세계문학과의 연관성, 타 문화와의 화합, 상호공존의 세계 연방을 강조하면서 아동 문학의 상호문화성에 대한 단초를 제공하고 있다.

> 어린이 책에는 확실히 민족 정서가 스며들어 있다. 그러나 한편으로는 인류 의식도 녹아 있다. 그러므로 어린이 책은 자신이 태어난 나라에 대해 애정을 기울여 그려냄과 동시에 미지의 동포들이 살고 있는 머나먼 나라에 대해서도 그리고 있다. 어린이 책은 자기 민족의 정수를 표현하면서, 산을 넘고 강을 지나고 바다를 건너 지구 끝까지 새로운 우정을 찾아가는 전령이다. 모든 나라가 전령을 보내고, 또 모든 나라가 그 전령들을 환영한다. 이렇게 하여 감수성이 예민한 유년 시절에 어린이들

1 Leskovec (2011), 12.

의 세계 연방이 탄생하게 된다.[2]

아자르는 자신의 저서에서 페로 동화, 그림 동화, 안데르센 동화, 영국의 전래 동화, 대니얼 디포의 『로빈슨 크루소』, 조너선 스위프트의 『걸리버 여행기』, 카를로 콜로디의 『피노키오』, 쥘 베른의 『80일간의 세계 일주』, 루이스 캐럴의 『이상한 나라의 앨리스』, 제임스 메튜 배리의 『피터팬』 등 현재 우리에게 잘 알려져 있는 세계 여러 나라의 어린이 문학작품을 분석하였다. 특히 이탈리아, 영국, 프랑스의 아동 문학을 분석하면서 각국의 민족적인 특색도 고찰하였다. 그는 각국의 아동 문학을 통해 민족적인 특색과 정신을 배우기를 바라면서도, 동시에 어린이 책을 통해 대립과 증오를 극복하고 조국애와 인류애를 하나로 결합시킬 수 있다고 믿고 있었다. 어린이 문학의 고전을 생각해 보면, 틀림없이 독일인, 영국인, 미국인, 러시아인, 덴마크인, 스웨덴인, 이탈리아인, 프랑스인들이 사이좋게 이웃처럼 나란히 도서관에 있을 것이라고 믿은 것이다. 아자르가 생각하는 어린이의 세계에는 국경이 없고 관용적이며 배타적이지도 않고 편견도 없다. 그리고 어린이의 세계에는 인종차별이나 인간의 우열을 내세우는 자만심도 없다. 그래서 어린이에게 즐거움을 주는 책은 아무런 편견과 제약 없이 세계 각국의 국경을 자유롭게 넘나드는 것이다.

제2차 세계대전 후 뮌헨 '국제청소년도서관(Internationale Jugendbibliothek)'의 창시자인 옐라 레프만(Jella Lepmann)은 "아동에게서 시작합시다, 이 완전히 혼돈된 세계를 서서히 다시 정상화시키

2 참조 햇살과나무꾼 역, 192 이하.

기 위해"[3]라는 기치를 내세우면서 아동 문학을 통해 경계를 초월하는 상호이해 운동을 도모하였다. 레프만은 전쟁과 이데올로기 충돌로 완전히 엉망이 된 이 세상을 정돈하는 데 어린이들이 어른들에게 길을 제시해 줄 수 있다고 확신했던 것이다. 그녀는 아동 도서를 통해 국가와 국가 사이의 연결다리를 놓는다는 '아동 도서 가교(Kinderbuchbrücke)' 구상에 기초하여 이미 1946년에 독일 아동 청소년들에게 다른 국가의 아동 청소년 문학을 소개해 주려는 목적으로 '국제청소년도서전'을 처음으로 개최하였다. 그리고 1949년에는 '국제청소년도서관'을 설립하고 국가 간의 이해와 평화유지에 중요한 기여가 된다는 점을 거듭 강조하였다. 뮌헨에 있는 이 도서관은 전 세계의 아동 청소년 도서를 수집하여 아동 청소년에게 소개해 줌으로써 설립취지에 맞게 상호문화적 이해를 촉진하는 과제를 지속적으로 수행하고 있다.

영미권의 대표적인 아동 문학 연구가이자 '국제아동문학연구협회(IRSCL)' 회장을 역임했던 니콜라예바의 아동 청소년 문학 이론 역시 여러 국가의 다양한 작가와 작품을 고찰하면서 아동 청소년 문학 연구의 국제성과 상호문화성을 강조하고 있다. 우선 니콜라예바는 자신의 대표적인 저서인 『용의 아이들(*Children's Literature Comes of Age*)』에서 지금까지 아동 문학의 교육적 가치에만 주목한 기존의 연구와는 차별성을 보이며 아동 문학이 갖는 독특한 문학성에 주목한다. 그리고 본인의 연구는 텍스트들 간의 상호교류성, 즉 "각각의 텍스트나 개인적 산물 혹은 국가적·민족적 산물을 넘어서는" 경

---

3 Becchi, 32.

향과 법칙 그리고 이에 대한 설명에 초점을 맞추고 있다고 언급한다.[4] 그러면서 그녀 역시 『로빈슨 크루소』, 『걸리버 여행기』, 『80일간의 세계 일주』, 셀마 라거뢰프의 『닐스의 이상한 여행』, 루시 메리 몽고메리의 『빨강머리 앤』, 아스트리드 린드그렌의 『긴 스타킹 삐삐』, 한스 안데르센의 『인어공주』, 미하엘 엔데의 『끝없는 이야기』, 제롬 데이비드 샐린저의 『호밀밭의 파수꾼』, 토베 얀손의 『무민 골짜기에 나타난 혜성』, 피터 폴의 『내 친구 조니』, 수전 쿠퍼의 『어둠이 떠오른다』 등 세계 각국의 아동 문학작품을 분석한다. 그녀의 연구에서 우리가 주목하는 것은 아동 문학작품의 다른 문화권에로의 번역과 수용의 조건인데, 문화 간의 상호작용을 위해서는 "너무 낯익거나 너무 낯선 외국문화 요소"보다는 "토종적인 것과 외래적인 것"의 균형적인 혼합 요소가 번역과 수용의 결정적인 역할을 하게 된다.

또한 1956년에 제정되어 2016년 60주년을 맞은 '독일 청소년 문학상(Deutscher Jugendliteraturpreis)' 역시 아동 청소년 문학의 국제성, 상호문화성을 지원하는 국가적인 문화 정책으로 평가될 수 있다. '독일 청소년문학상'은 매년 출간되는 아동 및 청소년 문학작품을 대상으로 그림책, 어린이 도서, 청소년 도서, 실용서로 나누어 시상함으로써 아동 문학과 청소년 문학의 창작과 번역 그리고 출판을 국가적인 차원에서 지원하고 있다. '독일 청소년문학상'에는 번역된 외국 문학작품도 독일 작가의 작품과 동등하게 수상 후보작과 수상작으로 추천, 선정되고 있는데, 최근에는 중동, 아시아, 아프리카 지

4 참조 김서정 역, 17 이하.

역권의 타자 및 타 문화 이해를 테마로 삼고 있는 번역된 문학작품이 수상 후보작 및 수상작으로 선정되고 있다. 그 결과 독일에서는 자국뿐 아니라 외국의 아동 청소년 문학작품도 아동 청소년에 의해 활발하게 수용될 뿐만 아니라, 대학에서의 연구와 교육에서도 동등하게 다루어질 정도로 이 분야에서의 국제적·상호문화적 연구는 인문학의 다른 어느 분야보다 강한 특징을 보인다.

마지막으로 2009년 8월 독일 프랑크푸르트 괴테 대학교에서 개최된 세계아동문학자 대회의 주제("과거와 현재 아동 문학과 문화 다양성(Children's Literature and Cultural Diversity in the Past and the Present)")와 참석한 아시아, 유럽, 아프리카, 이슬람 지역의 아동 청소년 문학 연구가들의 연구주제 역시 아동 청소년 문학을 통한 타자이해와 상호문화적 공존의 가능성을 다양한 관점에서 제시하고 있어 아동 청소년 문학의 상호문화적 속성을 증명하는 사례로 거론할 수 있을 것이다.

2. 아동 청소년 문학 속의 이미지 연구

최근의 아동 청소년 문학 연구에서는 다른 국가의 전형적인 이미지가 자국의 문학작품에 어떻게 반영되어 나타나고 있는가가 중요한 연구주제로 설정되고 있다. 가령 영국의 아동 문학에 등장하는 독일과 독일인의 이미지 연구나 독일의 아동 문학에 등장하는 미국과 미국인의 이미지 연구가 이에 대한 대표적인 사례로 꼽힐 수 있을 것이다. 우리의 경우에는 가령 아동 청소년 문학에 등장하는 일본과 일본인의 이미지, 일본, 일본인의 정형화된 상, 일본인 이미지 평가의 변화, 일본과 대비되는 한국, 한국인의 이미지 등이 국내의 아동 청소년 문학과 관련지어 생각해 볼 수 있는 중요한 연구주제가 될 것이다.

비교문학적 이미지학(Imagologie)은 20세기 후반 타자에 대한 연구를 본격적으로 하면서 비교문학의 분과학문으로 생겨났다. 이미지학 개념은 1960년대 벨기에 비교문학자인 후고 뒤제링크(Hugo Dyserinck)에 의해 도입되었는데, 그는 이미지학을 주로 문학 텍스트에 등장하는 타자에 대한 연구로 이해하였고 민족적·인종적 타자상 및 자아상 연구에 초점을 맞추었다.[5] 뒤제링크의 제자이자 현대의 대표적인 이미지학 연구자인 예프 레이르선(Joep Leerssen)에 따르면 문학 속의 이미지 연구 또는 이미지학은 민족적·인종적 스테레오타입에 대한 연구 및 민족, 인종에 관한 문화적 재현에 대한 연구로 정의될 수 있다. 문학작품 속의 자아상과 타자상에 대한 비판적 연구는 이미지학 연구의 대표적인 연구영역으로 분류되는데, 이미지학은 이미지의 옳고 그름에 대해 밝히기보다는 이미지가 갖고 있는 기능의 작동방법과 원인에 대해 연구하는 데 중점을 두고 있다. 여기서 이미지는 근본적으로 가족, 그룹, 종족, 인종 등의 특성에 의해 결정되어 나타나는 다른 사람에 대한 "정신적 실루엣"으로 이해되는데, 이러한 이미지는 결국 "다른 사람에 대한 우리의 의견을 지배하고 다른 사람에 대한 우리의 행동을 통제한다".[6] 이 이미지는 다

5 참조 Swiderska.

6 Beller/Leerssen, 4.

양한 만남을 통해 변화되고 세분화되거나 제거될 수도 있는데, 그렇지 못하고 고착된 이미지로 남아 있을 때에는 스테레오타입으로 속성이 변하게 된다.

> 우리는 다양한 상을 만들어 낸다. 이것은 경험이 상상을 통해 보완되거나 대체된다는 것을 의미한다. 그래서 머릿속의 그런 상을 이미지라고 부른다. 우리는 소통 속에 이런 상들을 교환한다. 그리고 이 상들은 코드화되고 다시 다르게 코드화된다. 그러면서 이 상들은 고정되거나 용해될 수 있다. 그리고 많은 사람이 이 상들을 공유하면 집단적인 상이 된다. 우리의 문화는 이런 상들을 전수하고 가공한다. 고정된 그리고 단순화된 집단적 상이 바로 스테레오타입이다. 이 스테레오타입은 경직된 사고의 형태에 속한다.[7]

전통적으로 비교문학 측면의 이미지학은 문학 속의 민족적 내지 인종적 묘사와 이런 묘사의 토대가 되는 조건들에 대해 고찰해 왔다.[8] 비교문학적 이미지학은 문학 텍스트 속에 나타나는 타민족에 관한 묘사를 단순히 수집하는 것이 아니라, "문학 영역에 등장하는 이미지의 현상과 그 성립 그리고 영향을 파악하려고 한다. 그밖에 이런 이미지가 개별 문화의 다양한 접촉에서 행하게 되는 역할을 밝혀내는 데 도움이 되려고" 한다.

문학 속의 이미지 연구가 중요하게 등장하게 된 이유는 문학 속

7 Mecklenburg, 239.
8 참조 O'Sullivan (2000), 84-91.

의 타자와 다름에 대한 연구가 오리엔탈리즘, 포스트 식민주의, 타자성 연구, 그리고 심성사 연구 등 점차 문화학으로 선회하는 문예학의 중심에 서게 되었기 때문이다. 이런 배경하에 아동 문학적 이미지 연구는 문학작품 속에서 해당되는 이미지를 단순하게 찾아내는 것이 아니라, 문학 속의 이미지가 전승하게 된 사회 문화적 조건을 탐색하고 이미지가 갖는 미학적 잠재성을 탐구한다. 예를 들면 아동 문학작품 속에 등장하는 대표적 지형의 의미, 타자 묘사, 타 국가가 갖는 이미지 기능, 타 국가의 대표성 변화 등이 아동 문학적 이미지 연구의 주요 테마로 간주될 수 있다.

가령 독일 아동 문학에서의 숲의 의미, 영국 아동 문학에서의 정원의 의미, 스위스 아동 문학에서의 알프스 산맥의 의미 등 다양한 문화권의 아동 문학에 등장하는 지형학의 문화적인 의미를 파악하는 것이 이 분야의 주요 테마이다. 대표적인 지형학은 문학작품 내에서 사회적 의미 내지는 문화적 유산을 보여 주는 환유의 기능을 하기 때문에, 문학작품 속 특정 지형의 묘사는 집단적 동질성 의식을 만들어 낼 수 있다. 또 다른 사례로는 독일 아동 문학의 탐정소설에 자주 등장하는 배경장소로서의 영국 런던을 들 수 있는데, 이 경우처럼 민족적 정형화 내지 특정 민족의 친숙한 모습 등은 독자에게 특정한 연상을 야기할 수 있다. 가령 안개가 낀 런던에서 파이프 담배를 물고 있는 신사의 모습을 통해 독자는 탐정소설 장르를 연상할 수 있는 것이다. 그래서 어떤 정형화가 어떻게 사용되고 있는가, 그리고 어떤 기능과 목적하에 활용되고 있는가의 문제는 비교문학적 아동 문학의 흥미로운 테마가 된다. 작가는 이런 민족적 정형화를 독자의 기대에 맞게 활용하거나 일반적인 기대에 모순되게 사용하고 이 자체를 작품의 주제로 삼거나 작품 내재적 기능을 부여하는 등 이 민족적 정형화가 갖는 미학적 잠재성을 다양하게 실현할 수 있다.

그리고 정형화된 상의 시대적 변화를 추적하는 것도 아동 청소년 문학 속의 이미지 연구의 주요 테마가 된다. 가령 영국 아동 문학에 등장하는 독일과 독일인의 이미지를 분석해 보면, 제1차 세계대전 전에 출간된 작품에서는 소재와 장소가 독일 동화의 전통 속에 있었다. 그러나 그 이후에는 전쟁이 주요 테마로 등장한다. 즉, 아동 문학에 등장하는 특정 민족의 이미지는 결국 개별 작품의 탄생 시기와도 직접적인 연관이 있다는 것이다. 또 다른 사례로는 영국 아동 문학에 등장하는 독일인의 음악성에 관한 것이다. 일차대전 전에 출간된 영국 아동 문학에서는 이 음악성이 긍정적으로 평가되고 묘사되는 반면에, 양차 세계대전 중에 출간된 작품에서는 독일군인의 폭력성을 표현하기 위한 장치로 이용되기도 한다. 부정적 변형으로서의 독일인의 음악성은 시끄럽게 떠드는 군인들의 거친 큰소리 음악이고, 긍정적인 변형으로서는 은혜가 충만한 섬세한 음악가의 음악인 것이다. 이 경우처럼 독일인의 음악성 같은 많은 정형화된 상들이 아동 문학작품 내에 긍정적으로 혹은 부정적으로 사용되고 해석, 평가될 수 있다. 그러나 정치적·경제적·문화적 상황이 변화하고 이에 따라 정형화된 상들의 평가도 변화하더라도 많은 상들의 핵심은 불변하게 지속되기도 한다.

아동 청소년 문학은 특히 이미지 사용이 많은 문학장르이다. 아동 청소년 문학은 문화특수적인 표상이나 이미지, 스테레오타입을 제공하는 지배적인 매체 중 하나인데, 이를 통해 특히 자라나는 아동들은 타자상에 대해 인상과 의식 그리고 판단을 형성하게 되고 고착시키게 된다. 일반 문학에서와 마찬가지로 아동 청소년 문학 작가 역시 특정한 시대상을 사실적으로 서술하려는 경향이 있기 때문에, 그 시대에 존재했던 편견이나 스테레오타입을 작품 속에 함께 매개하거나 작가가 의도적으로 독자에 영향을 미치기 위해 민족적·사회적 편견과 스테레오타입을 주입하는 경우가 많다. 또는 타자에 대한 왜곡된 이미지와 스테레오타입을 깨기 위하여 독자의 사고지평에 이미지와 스테레오타입을 제시하여 객관적으로 관찰하고 비판하게 하는 아동 청소년 문학 작가도 있다.

1970년 이후 아동 청소년 문학에는 타자와 타 국가에 대해 인종주의적 이미지와 유럽중심주의적인 편견이 많이 등장하는데, 상호문화적 아동 청소년 문학 연구에서는 이에 대한 원인과 영향 그리고 그 제거에 대한 연구가 시급한 과제로 제시되었다. 아동 청소년 문학작품에 나타나는 각 국가와 민족에 관한 이미지 연구는 상호문화적 아동 청소년 문학 연구의 단초가 된다. 타민족 혹은 자민족에 대한 이미지의 발생, 원인, 영향 등에 관해 연구함으로써 고정된 이미지의 문제점을 도출해 내어 상호이해의 토대를 마련할 수 있는 것이다. 가령 아동 청소년 문학에 나타난 이슬람 민족의 이미지가 호전적·여성 비하적이라고 무비판적·무의식적으로 수용될 경우 상호문화적 소통과 이해를 크게 저해할 수 있다. 이러한 부정적인 고정관념이나 이미지를 믿기 시작하면 의식적·무의식적으로 내면화된 인종차별주의가 발생하는데, 이는 피부색, 성별, 인종, 집단에 악영향을 미치게 된다.[9] 결국 타민족에 관한 이미지 연구는 타민족의 특성, 태도 등에 관한 기존의 고착된 이미지를 성급하게 확정하고 수용하는 데 대한 비판이자 수정인 것이다. 또한 아동 청소년 문학 작품에 나타나는 타민족에 관한 이미지 연구는 특히 일반 문학 번역과 아동 청소년 문학 번역에서 중요한 역할을 한다. 특정 민족에 대해 어떤 이미지를 생산해 내는 문제는 번역자와 출판사의 역할에 전적으로 달려 있기 때문이다. 한번 고착화된 이미지는 다시 바꾸기 어렵다는 점에서 문학작품에 등장하는 특정 민족에 대한 이미지는 번역작품의 수용 국가에서 다른 민족에 대한 의식과 평가에 절대적인 영향을 미칠 수 있는 것이다.

3. 아동 청소년 문학에서 낯섦 및 제3세계 연구경향

상호문화적 문학 연구와 교육에서는 분리, 배제가 아니라, 다양성, 다중성, 경계, 변두리, 전이 등이 중요하게 등장한다. 이에 따라 낯섦이나 타자성을 주제로 하는 독일어권의 문학작품뿐만 아니라, 아프리카, 아시아, 라틴 아메리카 지역의 문학작품이 교육과 연구의 주된 대상으로 주목받기 시작했다. 독일어권 문학연구와 교육에서 상호문화 강조는 이미 아동 청소년 문학에서 시작되었는데, "우물 안 개구리에서 벗어나라. 다른 사람들의 삶이 어떠한지 한번 읽어 보라(Guck mal übern Tellerrand! Lies mal wie die anderen leben)!"와 "아동 청소년 문학에서의 낯섦(Das Fremde in der Kinder- und

9 김옥순 외 역, 160.

Jugendliteratur)"의 표제하에 아프리카, 아시아, 라틴 아메리카의 문학작품을 고찰하였다. 아동 청소년 문학은 상호문화적 교류와 이해에 적합한 매체로 평가되었는데, 아동 청소년 문학을 통해 아동들은 이미 어릴 때부터 상호문화적 관점이 없이도 호기심과 흥미를 갖고 다양한 세계의 문학작품을 접하고 낯선 타자와 문화와의 만남에서 성인보다 유연하고 선입견이 덜한 태도를 보였기 때문이다.

또한 "아동 청소년 문학에서의 낯섦: 상호문화적 관점(Das Fremde in der Kinder- und Jugendliteratur: Interkulturelle Perspektiven)"(Bettina Hurrelmann), "아동 청소년 문학에서의 낯섦과 다름(Das Fremde und das Andere in der Kinder- und Jugendliteratur)"(Petra Büker), "상호문화적 과정에서의 아동 청소년 문학(Kinder- und Jugendliteratur im interkulturellen Prozess)"(Hans-Heino Ewers), "1945년 이후 아동 청소년 문학에서의 낯섦의 형상(Konfigurationen des Fremden in der Kinder- und Jugendliteratur nach 1945)"(Ulrich Nassen)도 아동 청소년 문학 속의 상호문화적 단초를 찾아낼 수 있는 주요한 연구주제인데, 이러한 연구를 통해 아프리카, 아시아, 라틴 아메리카 등 제3세계 아동 청소년 문학작품에 드러나는 낯선 타자의 삶과 문화가 고찰되고 있다.

1980년대 중반 독일에서는 아프리카, 아시아, 라틴 아메리카 등 낯선 문화와 그 문화권 출신의 사람들을 주제로 다루는 도서 중 우수한 아동 청소년 도서를 권장하기 위한 강력한 운동이 전개되었다. 앞서 언급한 "우물 안 개구리에서 벗어나라. 다른 사람들의 삶이 어떠한지 한번 읽어 보라!"는 1988년 '아프리카, 아시아, 라틴 아메리카의 문학진흥협회'와 독일의 시민단체 '세계기아원조(Welthungerhilfe)'에 의해 주창된 문학운동으로서 독일 아동 청소년들에게 낯선 문화권 사람들에 대한 정형화되지 않은 세분되고 개별화된 상을 전달하는 아동 청소년 문학을 장려하는 목적으로 시작되었다. 이 프로젝트는 독일에서 북유럽에 비해 상대적으로 많이 알려져 있지 않은 아프리카, 아시아, 라틴 아메리카 국가의 아동 청소년 문학작품을 평가하고 추천해서 아동 청소년 독자와 교사에게 독서활동과 수업을 통해 낯선 문화권의 사람들과 그들의 삶에 대한 이해와 편견 없는 인식을 전달하고 있다. 헬레네 섀어(Helene Schär)는 이러한 종류의 도서들은 "선입견과 차별을 예방하고, 다문화 사회에서 다른 것에 대해 열린 마음을 갖도록 청소년들을 훈련시키기 위한 중요한 매체"[10]라는 사실을 강조한다. 왜냐하면 이 작품들은 지금까지와는 다르게 낯선 세계를 당사자의 시각에서 우리에게 새롭게 제시해 주면서 우리의 내면을 성찰하게 하고 있기 때문이다.

> 아프리카, 아시아, 라틴 아메리카의 작가들은 우리에게 다른 시각방식을 전달해 준다. 이들은 자신에 대해, 자신의 상황에 대해, 그리고 자신의 경험과 사회와의 관계에 대해 글을 쓴다. 이들의 책을 통해 우리는 알려지지 않은 세상과 낯선 시각을 접해야 한다. 그리고 우리의 생각과는 대부분 별 관계가 없거나 전혀 관계가 없는 내부시각이 우리한테 제시된다. 즉, 우리의 내적 모습이 흔들리면서 의문시되는 것이다.[11]

실제로 이 프로젝트를 통해 아프리카, 아시아, 라틴 아메리카 문

10 재인용 명정, 42.
11 Schär, 6.

화권의 작품을 읽은 독일의 아동 청소년 독자들은 이 낯선 지역들의 역사, 문화, 일상에 관한 정보를 알게 된 것을 긍정적으로 언급하면서 "다름에 대한 열린 마음과 호기심" 그리고 "독서의 즐거움"을 갖게 되었다고 평가하고 있다.[12]

그리고 독일어권에 아프리카, 라틴 아메리카, 그리고 아시아 지역의 아동 청소년 작품을 소개한 '바오바브 도서(Baobab Books)'[13]의 역할도 아동 청소년 문학에서의 상호문화성 연구에 단초를 제공하였다. 바오바브 도서는 비유럽권 출신의 소수민족과 제3세계에 대한 주제를 다루는 아동 청소년 도서 시리즈를 발간한다. 이 시리즈를 통해 아프리카, 아시아, 라틴 아메리카의 문학 및 비유럽권 소수민족 출신 작가들의 텍스트들이 독일어권 아동 청소년 대중들에게 알려지게 되었고, 독일과 유럽의 아동 청소년 독자들이 새로운 시각을 통하여 낯선 것을 이해하고 체험할 수 있는 계기가 되었다.[14]

이 단체는 아동 청소년의 입장에서 다른 문화권의 사람들과의 공존을 현실이자 일상으로 바라보면서 이렇게 문화적으로 혼재된 사회가 아동 청소년 문학 속에도 녹아 있다고 본다. 그러면서 낯선 문화를 통찰하게 하며, 새로운 지평을 열어 주고 상호문화적 공존의 가능성과 갈등까지 보여 주는 작품을 추천한다. 이 추천작품들은 『낯선 세계(*Fremde Welten*)』로 출간되다가 2013년 9월 이후로는 『콜

12 Stein, 92 이하.

13 참조 Baobab Books 홈페이지. 바오바브는 아프리카의 바오바브 나무를 지칭하는데, 이 나무 그늘 아래서 사람들이 후세대에게 이야기를 해 준다.

14 명정, 40.

리브리(*Kolibri*)』라는 새로운 이름으로 출간되고 있다.[15]

바오바브 도서는 매년 새로 출간되는 독일어권의 출판물을 평가하고 추천하는데 그 핵심 기준은 다양한 세계를 어떻게 묘사하고 있는가이다. 몇 가지 추천 기준을 살펴보면 아동 청소년 도서 선정을 통해 이미 상호문화교육을 실현하고 있음을 쉽게 짐작할 수 있다. 첫 번째 기준은 "민족중심주의 대신 가치의 다양성(Wertevielfalt statt Ethnozentrismus)"이다. 즉, 아동 청소년 도서는 고유 문화적 가치를 중심에 두거나 우월하게 묘사해서는 안 되고, 낯선 것 그리고 미지의 것을 위험하거나 열등한 것으로 묘사해서는 안 된다. 두 번째 기준은 "온정주의 대신에 동등함(Gleichwertigkeit statt Paternalismus)"이다. 즉, 아동 청소년 도서의 줄거리가 약자를 도와주는 강자의 원칙이 아니라, 모든 등장인물을 동등하게 그리고 자의식을 갖춘 인물로 묘사해야 하는 것이다. 세 번째 기준은 "인종차별주의 대신에 존중(Respekt statt Rassismus)"인데, 다양한 생활세계를 차별 없이 개별적으로 묘사하는 도서들이 추천된다. 마지막으로 "근본주의 대신에 대화(Dialog statt Fundamentalismus)"의 기준에 따라 어느 한 종교를 절대적으로 추종하여 폭력으로 민주주의 원칙을 거부하는 것이 아니라 종교 간의 그리고 공동체 간의 대화와 이해를 도모하는 도서가 추천된다.[16]

---

15 Kriterienkatalog des Kinderbuchfonds Baobab, 2007, 6 이하.

16 베를린의 "아동세계(Kinderwelten)" 프로젝트 역시 2008년에 다양성을 존중하고 차별적 행위에 반대하기 위한 목적으로 아동 독자, 학부모, 교육자를 대상으로 어린이 도서를 추천하는데, 그 기준이 삶의 다양성을 통해 아동의 지평을 확대하고 편견과 차별에 대해 비판적으로 성찰하며 차별과 불의에 대해 저항할 수 있는 용기를 주는 도서로 설정되어 있다. Vorurteilsbewusste Kinderbücher.

다음으로 1970년 말 외르크 베커(Jörg Becker)와 로스마리 라우터(Rosmarie Rauter)가 아동 청소년 문학에 나타난 제3세계에 대해 분석한 연구서 역시 아동 청소년 문학의 타자 연구와 상호문화성 연구에 큰 단초를 제공한다.[17] 이들의 연구에 따르면, 아동과 청소년은 주로 아동 청소년 문학작품이나 매체를 통해 타자와 타 문화에 대한 의식을 형성하게 되는데, 특히 아동 청소년 문학은 이들에게 제3세계에 대한 정서적·인지적·행위적 모형을 전달해 준다. 아울러 이 연구서는 아동 청소년 문학에 등장하는 제3세계에 대한 묘사가 상당 부분 왜곡되어 있고 인종차별적이고 유럽중심주의적이며 잘못된 편견구조에 갇혀 있다고 진단한다.

특히 베커는 제3세계에 대한 대다수 유럽인의 왜곡된 생각을 제3세계에 대한 아동 청소년 문학에서 갈등을 다루는 전형적인 논증 모형을 통해 설명하면서 다음과 같이 다섯 가지 대표적인 신드롬을 제시하고 있다.[18]

1) 회피의 신드롬: 사회적 갈등은 대부분 주제화되지 않고 개인적 갈등은 가급적 회피된다.
2) 모험의 신드롬: 갈등묘사가 대부분 모험소설이나 범죄소설의 원칙을 따른다. 갈등은 대부분 우연이나 개인적인 실수로 일어난다.
3) 조화의 신드롬: 갈등이 제3세계 주민과 유럽인 사이의 상호적인 관

Empfehlungsliste 2008.(Online)

17 Becker/Rauter; Becker.

18 Becker, 348 이하.

계를 통해 해결되지만 식민주의 이데올로기가 계속 유지된다.

4) 백인 부담 신드롬: 갈등을 해결하기 위해 외부의 유럽인이 개입해야 하고 억압받는 자들을 해방하기 위해 백인이 무거운 부담을 져야 한다.

5) 오아시스 신드롬: 갈등이 일반적인 문제가 아니라 개인적인 문제로 축소된다. 경제적 부와 교육에 대한 개인적인 노력으로 갈등을 해결하려고 한다.

베커와 라우터는 전체적으로 이 시기는 개발도상국가에 대한 원조 신드롬이 지배적이었다고 진단하면서 제3세계 묘사에 대한 새로운 시각을 요구한다.[19]

-제3세계와 이들 주민들에 대한 묘사에서 지금까지 우리에게 알려진 생활방식과 비교하여 원칙적인 다름이 명확하게 제시되어야 한다. 이 다름은 긍정적으로 평가받는 인간적 다양성의 표현이어야 한다.

-유럽인과 제3세계 사람의 만남은 대화모델을 지향하고 이것은 상호간의 학습과정을 전달해야 한다.

-제3세계 국가의 아동 청소년 문학 번역이 특별히 장려되어야 한다.

이와 연관하여 게르하르트 하스(Gerhard Haas)는 90년대 초에 들어서야 비로소 아동 청소년 작품 속에 진정한 타자 추구의 시기가

---

19 Becker/Rauter, 13.

도래한다고 보고 있다.[20] 그는 과거 아동 청소년 문학의 지배적인 담론인 우월감이나 "조력자 신드롬(Helfersyndrom)"이 더 이상 타자 이해에 전혀 도움이 되지 않는다는 인식에서 출발하여 하나의 세계 속 아동 및 청소년 문학을 강조하면서 다른 문화와 인간에 대한 진정한 이해가 필요해진 시기라고 진단한다. 아울러 이 시기 아동 청소년 작품 내의 타자상에 대한 묘사를 보면 자국민 아이들의 우월감에 작별을 고하고 자국의 고유한 잣대로 타 문화를 측정하는 것이 아니라, 타 문화의 형식과 조건으로 타 문화를 측정하고 있다는 점을 발견할 수 있다고 본다. 또한 그는 타국 출신의 작가가 타 문화적 상황을 잘 묘사할 수 있기 때문에, 유럽의 자국민에 이들 작가의 작품이 선호되고 번역 소개되어야 한다는 점을 강조한다. 그 결과 이 시기에 케냐 및 베트남 출신 작가가 '독일 청소년문학상'을 수상하기도 했다.

하스는 결론적으로 아동 청소년 문학 속에는 친숙한 세계의 경계를 넘어서는 다른 낯선 시각이 필요하며 낯선 세계는 자국 세계의 일부 내지 하나의 세계의 일부로 간주되어야 한다고 주장한다. 아울러 물질원조와 같은 경제적 측면에서의 참여 프로젝트보다 다른 문화와 인간에 대한 이해가 먼저 선행되어야 하는데, 의식과 심성에 대한 이해는 문학작품을 통해 이루어질 수 있다는 점을 강조한다. 또한 아동 청소년 문학은 동-서든 남-북이든 간에 세상과 세계에 대한 매개, 인간 상호 간의 교류, 편협한 영역을 탈피하여 낯선 세계를 알고 풍요롭게 받아들이는 독자의 자세를 중요한 목표로 삼

20 Haas, 216 이하.

아야 한다.

마지막으로 최근 독일어권의 상호문화적 아동 청소년 문학 분야에서 낯섦과 다름에 대해 연구하고 있는 대표적인 학자인 칼스루에 교육대학의 하이디 뢰쉬(Heidi Rösch) 교수의 성과에 대해 언급하고자 한다. 상호문화적 아동 청소년 문학에 관한 그녀의 연구결과는 아동 청소년 문학 속의 반인종주의, 상호문화적 콘텍스트 속의 이주문학, 아동 청소년 문학 속의 유럽-아프리카-남미-아시아 사이의 대화 등으로 구체화된다. 뢰쉬 역시 베커가 주장한 인종차별주의적인 논증모형이 여전히 아동 청소년 문학에서 유효하다고 진단한다. 아동 청소년 문학에 서술된 자국민과 타자의 관계는 상당 부분 지배사회의 관점에서 이루어지고 있기 때문에, 지배사회의 아동 청소년에게는 낯선 타자에 대한 동정과 원조가 요청되고 이주배경을 지닌 타자의 모습은 결핍과 열등의 스테레오타입으로 묘사되고 있는 것이다. 그러나 최근의 아동 청소년 문학작품을 살펴보면 과거의 인종차별주의적인 논증모형이나 조력자 신드롬에서 벗어나 있고 상호문화적 접근과정을 서술하면서 동시에 미학적 장치를 갖춘 아동 청소년 문학작품을 쉽게 찾아볼 수 있다.

> 이미 이주 아동 청소년 문학이 그려내는 아동을 위한 단순한 이야기들은 인종주의에 대해 세밀하게 접근하고 있으며 지배문화 맥락 속에서 이를 다루고 있다. 이 이야기들은 오아시스 신드롬을 부수고 있고 허구화나 이로니(Ironie)와 같은 문학적 기법들을 통해 모험에 대한 욕구를 충족시키고 있으며 행위의 권한을 해당되는 인물에 부여하고 조력자 신드롬을 거부하며 하모니가 필요하다면 상호문화적 접근과정을 통해 그

것을 만들어낸다.[21]

그 결과 과거 결핍 테제에 바탕을 둔 "동화주의적 아동 청소년 문학"에서 "반인종주의적 아동 청소년 문학"을 거쳐 "지배문화 비판적 아동 청소년 문학"으로의 발전 경향을 추적해 볼 수 있다. 이러한 배경하에 뢰쉬는 아동 청소년 문학 속에 언어적·문화적·인종적 차이에 대해 상호적으로 접근하고 인정하는 서술모형을 요청하면서, 자아상과 타자상에 대한 시각변화와 이중적인 시각을 보다 잘 그려내고 있는 이주작가의 아동 청소년 문학을 상호문화적으로 가치 있는 문학작품으로 평가하고 있다.[22]

4. 이주문학

아자르와 니콜라예바의 아동 문학 이론서에서 분석되고 있는 작품은 여전히 영미권과 유럽권의 아동 청소년 문학작품이 대다수이다. 그러나 1970년대 들어 독일 사회에 특히 외국인 노동자(Gastarbeiter)가 많이 유입되면서 이주자 문학(Migrantenliteratur)이 점차 독일 문학계에 등장하게 되었다.

프랑코 비온디(Franco Biondi)와 라픽 샤미(Rafik Schami)는 1981년 출간된 논문 「당혹감의 문학. 외국인 노동자 문학에 대한 소견

21 Rösch (2000), 260.

22 Rösch (2006a), 94-103.

(Literatur der Betroffenheit. Bemerkungen zur Gastarbeiterliteratur)」에서 당시 경제적·문화적·사회적 상황 속에서 당사자가 직접 겪은 충격과 놀라움을 표현한 "당혹감의 문학" 개념을 처음으로 사용하였다. 그러므로 이 "당혹감의 문학"은 우선 이주 노동자로서 당시 사회적 현실을 직접 체험한 주체인 당사자를 지칭하면서 동시에 이 당사자가 경험한 감정적 반응의 표현인 것이다. 비온디에 따르면 당시의 이 "당혹감의 문학"은 "감정적인 당혹감"이자 "낙인찍히고" 항상 "구석으로 처박히게 되었던" 이들의 상황에 대한 분노의 표현이었다.[23] 비온디와 샤미는 또한 1980년 설립되고 1987년 해체된 '다민족 문학예술회(PoLiKunst: Polynationaler Literatur- und Kunstverein)'의 공동설립자이자 열성 멤버였다. 이 둘은 이미 이때부터 "여러 민족이 한 나라에 평화롭게 함께 살 수 있고 각 민족의 문화가 풍요로워지며 다양한 문화의 교류와 상호작용을 통해 전체적인 지평이 확대되는 그런 공존"[24]에 희망을 품고 있었다.

초기 이주자 문학은 외국인 노동자 문학, "당혹감의 문학"으로서 그들 내부에서 그리고 그들과 독일 노동자 사이에서 "강요된 분리에 대한 투쟁"이 우선적인 과제였고 경제적인 이유로 고향에서 추방된 외국인 노동자의 운명과 고향에 대한 그리움을 묘사하는 것이 중요한 문학적 테마였다.[25] 게다가 대다수의 작가들은 전문적인 문학인이 아니었다. 그 결과 이 외국인 노동자 문학은 미학적인 관

23 Heinrich Böll Stiftung, 10.
24 Biondi/Schami (1983), 97 이하.
25 Biondi/Schami (1981), 125 이하.

점에서 판단되기보다는 내용적인 측면이 과도하게 강조되었다. 이들에게 독일어는 고발하고 저항하고 고립에서 벗어나기 위한 주요 투쟁 무기였고, 외국인 노동자 문학은 강요된 사회적 "위치지정"을 타파하기 위해 사회비판적이고 반인종차별주의적일 수밖에 없었다.

> 외국인 노동자 문학은 그 자체로 조직적인 사회비판을 내포하고 있다. (…) 외국인 노동자라는 존재 경험은 기술화된 사회에서 이들을 변방의 그룹으로 내모는 위치지정의 메커니즘을 밝히는 데 필수불가결하다. 이러한 위치지정은 현대 사회에서 새로운 인종차별주의의 싹을 트게 하는 요인이 된다.[26]

따라서 외국인 노동자 문학에서는 태생 초기부터 문학적 가치 내지 미학적 형식보다는 차별적인 독일 사회에 대한 적나라한 폭로와 외국인 노동자의 연대를 목표로 하는 실용적·도큐먼트적·기능적 속성이 강하게 부각되었다.

> 우선 자신을 인간이주의 희생자로 파악하고 그다음 거기에 대항하는 주체로 발전하는 것이 이 문학의 중요한 과제 중 하나이다.[27]

이주자 문학은 외국인 노동자 문학 개념과 여러 측면에서 비슷하고 중첩되어 있는데, 외국인 노동자 문학과는 달리 작가가 필연적

---

26 재인용 Rösch (1992), 21.

27 재인용 Rösch (1992), 21 이하.

으로 노동자 계층에 속하는 것은 아니고 작품의 테마가 주로 이주 문제에 초점을 맞추고 있는 편이다. 이주자 문학은 여러 연구자에 따라 다양한 의미로 사용되지만 대체로 다음과 같은 기준을 바탕으로 정의할 수 있다.[28]

1) 1960년 이후의 문학

2) 독일어로 쓰였거나 독일어로 번역된 문학

3) 독일 내 이주의 문제를 다루는 문학

4) 저자가 비독일어권 출신인 문학

그러나 이주문학의 대표적인 연구자인 뢰쉬의 경우 이주자 문학과 이주문학을 구분해 사용하면서 개인적으로는 이주문학 용어를 선호하는 편이다. 이주자 문학은 작가의 전기에 초점을 맞추어 이주 사회 내 생활환경, 사회적 위치, 외국인 노동자 연대를 강조하면서 문학미학적 요소가 종종 도외시되는 경향이 있다. 반면에 이주문학에서는 작가의 전기보다는 작품의 테마와 서술 시점, 미학적 표현형식 등이 중요한 역할을 한다. 뢰쉬는 이주문학의 특성을 세 가지 기준을 내세워 적용하고 있다.[29]

1) 작가의 경험배경으로서의 이주 그리고/또는 문학의 테마로서의 이주

2) 모국어와 다른 언어로의 창작 그리고/또는 낯선 언어권과 문화권에

---

28 Bavar, 23.

29 Rösch (1992), 12.

서의 창작

3) 미학적 표현형식으로서의 문학 그리고/또는 억압과 배척에 대항하는 투쟁 수단으로서의 문학

이주문학은 이주자 문학과는 달리 작가의 전기에 따라 구분하지 않는다. 이주문학은 자국의 작가도 포함한다. 즉, 모든 이주자 작가를 포함하는 것도 아니고 이주를 문학적으로 표현하는 비이주자 작가도 배제하지 않는다. 그러나 이주문학은 억압받는 사회적 그룹의 시각에서 글을 쓰고 인종차별주의와 인종중심주의에 반대하는 입장에서 글을 쓴다. 즉, 이주문학 개념은 이주라는 주제에 관심을 보이고 이 주제를 억압받는 소수자의 시각에서 미학적으로 형상화하는 작품을 지칭한다.[30] 이 책에서는 이주자 문학, 이주문학 개념을 구분하여 사용할 것이다.

1) 이주문학의 주제

이주문학이 담아내는 주제는 문화 간의 갈등과 충돌, 고향 상실로 인한 정체성 혼돈의 문제, 그리고 언어적 분열 내지 갈등으로 크게 분류할 수 있다.

(1) 서로 다른 문화의 만남

이주문학은 두 문화의 만남, 충돌, 단절, 정체성 혼돈의 문제를

---

30 Rösch (1992), 33.

핵심적 테마로 그려낸다. 주로 시골 지역 출신인 이주 노동자는 이주 지역의 발달된 문화 상황을 접하면서 갈등을 겪게 된다. 그 결과 자신이 처한 새로운 환경과 정체성에 대해 혼돈을 겪게 되고 일부는 침묵의 시간을 보내거나 서툰 독일어로 자신의 충격적 경험을 표현하기 시작한다. 두 문화의 갈등과 이로 인한 정체성 상실은 이주문학의 주요 테마인데, 이스메트 엘치(Ismet Elci)는 이렇게 부유하는 상황을 다음과 같이 서술하고 있다.

> 나는 술 취한 사람처럼 터키 문화, 쿠르드 문화, 독일 문화 사이에서 이리저리 비틀거렸다. 난 항상 단어를 혼동했다. 잠잘 때에는 언어적 혼돈 속에 꿈을 꿨다. 이 세 문화영역 모두가 나의 일부였다. 이것들은 매력적이면서 동시에 반감을 일으켰다. 난 완전히 정체성을 잃어버렸다.[31]

두 문화와 언어의 분열 속에 정체성을 상실한 이주 노동자는 독일 사회에서 차별과 불평등을 겪게 된다. 터키 출신의 이주작가 아라스 외렌(Aras Ören)의 시는 인간의 존엄성을 박탈당한 이주 노동자의 삶과 존재에 대해 극명하게 표현하고 있다.

Made in Germany[32]	**독일제**
Ich liebe Dich	난 널 사랑해

---

31 Viitanen, 51.
32 Ören, 17.

Ich liebe Dich	사랑해
Ich liebe Dich	널
Du liebst mich nicht	넌 날 사랑하지 않지
Ich brauche Dich	난 네가 필요해
Ich brauche Dich	필요해
Ich brauche Dich	네가
Du brauchst mich auch	너도 날 필요로 하지

이 사회에서 외국인 노동자는 결국 사용가치만 남아 있는 사물과 같은 존재인 것이다. 이 시는 사랑은 없이 필요로서만 존재하는 현실적인 상황을 반복적으로 보여 주면서 전달하고자 하는 내용의 진실성을 강조한다. 상호 간의 관계에서는 사랑은 없고 실용적인 가치만 존재한다. 즉, 이 사회에서 외국인 노동자는 끊임없이 자신의 존재를 확인받고 싶지만 실상은 실용적 가치만 인정받는 환영받지 못하는 이방인으로만 존재한다. 시의 제목 역시 시적 화자가 상품으로 전락됨을 보여 준다. 이주 노동자는 독일인 소비자의 입장에서는 독일제 생산품 중 하나일 뿐이다.

(2) 고향

이주문학의 두 번째 큰 주제는 고향이나 타향에 대한 문제다. 타지역으로 이주해 오면서 경험하게 되는 문화적 갈등과 정체성의 혼란은 고향과 타향에 대한 혼돈된 인식으로 이어진다. 종종 타향이 고향이 되고 고향이 타향이 되기도 한다. 터키 출신의 이주작가인 알레프 테키나이(Alev Tekinay)의 시 역시 고향에 대한 그리움, 고향과 타향 사이에 존재하는 자신 그리고 이에 따른 정체성의 혼란을 총체적으로 보여 준다.

그 사이(Dazwischen)[33]

매일 난 가방을 싸고 푼다.
아침에 깨어나면 귀향을 계획한다.
그러나 난 정오까지 독일에 익숙해져 있다.
난 변화하지만 항상 똑같고 내가 누군지 모른다.
매일 저항할 수 없을 정도로 향수를 느끼지만
새로운 고향이 날 더 강하게 붙든다.
난 매일 상상의 기차를 타고 이천 킬로를 이리저리 달린다.
옷장과 가방 사이에 우왕좌왕하면서
그 사이가 내 세계다.

그리스 출신의 이주작가 트리폰 파파슈타마텔로스(Tryphon Papastamatelos) 역시 고향 상실과 정체성 상실을 "뿌리 뽑힘" 한 단어로 간략하지만 적확하게 표현한다.

33 Bavar, 61.

entwurzelung[34]	**뿌리 뽑힘**
durch den tunnel	뿌리 뽑힘의
der entwurzelung	터널을 통해
irgendwo zwischen hoffnung	희망과
und vergessen	망각 사이의 어떤 곳을
fuhren wir mit dem zug	우린 기억의 기차를
der erinnerung	타고 왔다
die fahrt dauert	이 여정은
inzwischen	시간이 흘러
ein leben lang	평생 걸린다
und ein ende ist nicht abzusehen	끝은 기약이 없다

고향에 대한 기억을 간직하고 떠나는 기차는 고향을 벗어나 타지로 이주함을 상징하지만 비참하게도 돌아가는 기차는 없다. 그 여정은 희망과 불안이 중첩되어 있지만 언제 끝날지 아무도 모른다. 이 시 역시 시인 자신의 고독과 소외만 보여줄 뿐 어떤 정치적·저항적인 측면은 보이지 않는다는 점에서 초기 이주자 문학의 전형을 보여 주고 있는 작품으로 평가된다.

(3) 언어 분열

마지막 이주문학의 주제로 두 언어의 분열을 들 수 있다. 이에

---

34 Zielke-Nadkarni, 117.

대한 대표적인 작가의 시로는 지노 칠리노(Gino Chiellino)의 「노예언어」와 「침묵」을 들 수 있다.

칠리노는 현재 독일의 대표적인 이주작가로 평가되고 있다. 1946년 이탈리아에서 출생한 그는 상호문화 문학가, 번역가, 학자로 활동하고 있다. 학자로 활동할 때는 카르미네 칠리노(Carmine Chiellino)라는 이름으로, 작가로 활동할 때는 지노 칠리노라는 이름으로 활동한다. 1961년 독일을 처음 방문했고 그 이후 독일 김나지움과 대학에서 이탈리아어를 가르친 경험이 있다. 독일 대학에서 박사학위와 대학교수자격 하빌리타치온(Habilitation)까지 취득한 칠리노는 1980년 '다민족 문학예술회'를 창립했고 1987년 '아델베르트 폰 샤미소 상(Adelbert von Chamisso Preis)'[35]을 수상하였다.

Sklavensprache[36]	**노예언어**
mit mir willst	넌
du reden	나와 말하려 한다
und	그리고
ich	난
soll	너의 언어로
deine Sprache	말해야

35 아델베르트 폰 샤미소(1781-1838)는 프랑스 태생의 독일 작가이다. 이 이름에 걸맞게 '아델베르트 폰 샤미소 상'은 1985년에 시작되어 비독일어권 출신의 독일어 창작 작가에게 수여된다.

36 Chiellino (1984), 71.

sprechen	한다

작가는 여기서 상대방이 자신과 소통하려고 하지만 언어수단은 오직 상대방의 언어야만 한다는 점을 지적한다. 이러한 언어는 소통을 위한 자유로운 선택의 언어가 아니라, 일방적인 지시만 가능케 하는 노예언어임을 작가는 비판적으로 보여 준다. 그것은 진정한 소통을 위한 서로의 언어가 아니라, 일방적인 관계만 보여 주는 한쪽만의 언어인 것이다. 외국인 노동자는 독일이라는 타국으로 자신의 정체성과 자신의 언어를 간직하고 이주해 오지만, 이곳 낯선 타지에서는 자신의 정체성과 자신의 언어를 버리고 생존을 위해 낯선 독일어를 일방적으로 습득해야만 한다. 낯선 독일어를 통해 자신의 감정과 생각, 언어를 새롭게 담아내어 표출해야 하는 상황 속에서 진정한 소통은 불가능해지고 자기 고유의 것들은 모두 상실되는 혼란을 겪기도 한다.

칠리노의 또 다른 시인 「침묵」에서는 이러한 상황이 더욱 노골적으로 그리고 구체적으로 표현된다.

Verstummung[37]	**침묵**
für Paul Celan	파울 첼란을 위하여
Meine Sprache	나의 언어가
grenzt mich ab	나를 제한한다

37 Chiellino (1984), 36.

ich habe sie aufgegeben	나는 그것을 포기했다
mit deiner	너의 언어로는
verfaulen mir	부패한다
die Gefühle im Bauch	뱃속의 감정들이

이 시는 인간 존재가 갖는 감정과 사고 그리고 정체성이 언어와 밀접하게 연관되어 있다는 점을 보여 준다. 낯선 타국에서 화자가 사용했던 모국어는 화자 자신을 제한하고 화자 자신으로부터 떨어져 나가려고 한다. 낯선 타국에서 생존을 위해 표현해야 하는 언어는 자신의 고유 언어가 아니라 낯선 새로운 언어다. 그러므로 자신의 모국어와 더불어 화자의 사고와 감정 그리고 정체성까지 모두 포기해야만 하는 것이다. 그러나 새로 습득한 언어는 화자의 감정을 제대로 표출해 낼 수 없다. 강요된 낯선 언어는 화자의 감정을 생생하게 표현하는 것이 아니라, 오히려 썩은 냄새를 풍기며 부패시키기 때문이다. 낯선 언어로는 오히려 화자의 감정이 부패할 수밖에 없기 때문에, 화자의 모국어와 낯선 언어 사이의 괴리는 침묵으로 끝날 수밖에 없다. 이러한 침묵은 시의 가운데를 관통해 가는 빈칸을 통해 구체화된다고 볼 수 있는데, 낯선 타국에서 낯선 언어로 살아가는 화자의 위치를 상징적으로 드러내고 있는 것이다.

그러나 칠리노와는 달리 낯선 언어 속에 고향을 만들어 낸 성공적인 사례도 있다, 이에 관해서는 비온디가 대표적인 사례로 언급될 수 있을 것이다.

독일어 안에 나는 거주지를 만들었다. 그러나 이 언어 속에는 타향이 거주한다. 언어는 그 자체로 타향이다. 모든 사람들은 자신의 삶에서 언어 속에 거주지를 만들어야 한다. 평생 그 작업을 해야 하며 그 안에 포함되어 있는 타향을 거주할 수 있게 만들어야 한다.[38]

비온디와 같은 이주자 작가들은 이중 언어를 사용할 수 있어서 독일어를 실험적으로 새롭게 만들거나 독일어에 새로운 활력소를 불러일으키기도 했다. 그 결과 이들의 작품에서 기존의 독일어 사용은 과거와는 달리 새로운 형태를 띠기도 한다.

2) 이주문학의 단계

독일 내 이주문학은 대체적으로 3단계의 과정을 거치면서 발전해 왔다. 이주문학은 일반적으로 초기 모국어로 글을 쓰면서 독일 내 현실을 서술하는 단계를 거쳐 이주해 온 여러 민족이 함께 조직화하고 독일어를 저항문학의 언어로 사용하는 두 번째 단계를 거쳐 개개 작가의 개별적인 활동으로 분화되는 마지막 단계에 이르게 된다.[39] 비온디 역시 이주자 작가의 문학 활동을 3단계를 통해 설명하고 있다. 그에 따르면 이들의 문학 활동은 타자와 낯섦의 경험을 문학적으로 표현하는 고립의 단계에서 시작하여 자신의 경험을 전달할 대상을 찾는 소통의 단계를 거쳐 자신의 민족적 문화와 연계하

---

38 Viitanen, 52.

39 Rösch (1992), 23.

고 다른 문화권의 소수자 작가와 연대를 맺는 단계로 나아간다.[40]

정리해 보면 독일의 이주문학은 다음과 같은 3단계의 과정을 거쳐 발전한다.

첫 번째 단계는 모국어로 글을 쓰면서 독일 사회 내에 처한 소수자의 현실을 형상화하는 단계이다. 이 단계에서는 작가가 다른 작가들과 연대하지 못한 상황에서 스스로 고립에 처한 쓸쓸한 존재로 등장하여 낯선 사회 속에 타자로서의 경험 내지 낯섦을 주로 비극적으로 그리고 소극적으로 형상화하는 비탄문학(Jammerliteratur)의 성격을 띤다.

두 번째 단계에서는 독일 사회에 어느 정도 적응하고 독일어도 다소 능숙해지면서 지배사회의 인종주의적·차별주의적 구조를 폭로하고 문제점을 해결하려고 한다. 이주 외국인의 문제를 개개인의 문제가 아니라 독일 자국민을 포함한 모두의 공통적인 문제로 인식하고, 작가 자신이 속한 소수 민족 또는 다른 소수 민족 작가와 연대를 맺으면서 독일어를 저항문학의 수단으로 적극적으로 표현하는 단계로 평가될 수 있다. 호르스트 함(Horst Hamm)의 표현대로 이주자 작가에게 있어서 독일어는 일종의 무기로서 자신들의 익명성과 무기력 그리고 고립된 존재감을 경감시켜 주는 수단이 되었으며, 이주자 작가들이 독일어로 창작한 문학은 연대성을 향한 첫 걸음이자 무기력한 상황 속에 피어나는 저항의 표시였던 것이다.[41]

마지막으로 각 이주자 작가의 개별화가 진행되면서 이들은 어

40 Zielke-Nadkarni, 117.

41 Hamm, 115.

떤 단체에 소속되기보다는 보다 자유롭게 이주문제에 천착하면서도 문학의 기능적·대항적 역할을 넘어서 다양한 문학적 표현을 통해 독자적으로 문학화하는 길을 모색하기 시작한다. 이 단계에서는 문학의 기록적 성격은 사라지고 미학적·허구적 측면이 강조되었다. 하르트무트 하인체(Hartmut Heinze)는 이 단계에 들어선 이주문학의 새로운 경향인 독자화에 대해 다음과 같이 언급하고 있다.

> 이주자 문학은 점점 독자적인 복합민족적 문학이 되어 간다. 이 문학 속에는 고향, 고립, 소외, 정체성 문제, 그리고 노동의 일상과 같은 전형적인 노동자 테마가 여전히 중심축을 형성하지만 이제는 더 이상 지배적이지 않다.[42]

그러면서 그는 이주문학에서 문화적 공존과 상호적인 접근 가능성과 개방의 기능을 새롭게 확인한다.

80년대 들어서 독일의 사회적·경제적 측면에 관한 이주자 작가들의 관심은 다소 뒷전으로 물러나고 과거 외국인 노동자 문학의 비판적·적대적 경향도 탈정치화된다. 동시에 많은 소수자 작가들이 독일어를 문학어로 사용하고 다양한 의견과 시각이 표출되면서, 이들의 작품은 외국인 노동자 문학 강령에 더 이상 편입되지 않게 되었다. 그 결과 특히 80년대의 이주자 2세 작가들은 이 지배사회의 현존하는 문제들과 문학적·예술적으로 적극적으로 대결하면서 이주자 문학의 변방적인 특성을 극복하고 독자적·개별적으로 문학활

42 Heinze, 81.

동을 하고자 했다.[43] 이들의 문학은 이주자의 비극적인 현실상황을 묘사하는 비탄문학에서 벗어나 지배사회의 인종주의적 구조를 폭로할 뿐만 아니라, 다양한 시각과 형태로 그 극복을 위한 방법과 대안을 찾아 예술적으로 제시하려고 했다.[44] 독일에서 태어난 이주자 2세들은 이곳 지배사회 속에서 정체성 혼돈과 언어적 문제로부터 이주자 1세보다 상대적으로 자유로운 상태에서 상호문화적 공존에 대해 자신의 의견을 문학적으로 적극적으로 표현하고자 했던 것이다. 이러한 이주문학의 독자적인 문학화·예술화 덕분에 독일 문예학이 80년대 이후 이주문학을 하나의 도전으로 수용하면서, 이주문학은 한편으로는 인종주의적 접근방식에 의문을 제기했고, 다른 한편으로는 차이라는 개념이 현재 독일 문학에서 중요한 구성요소라는 점을 인식시켜 주었다고 긍정적으로 평가한다.[45] 또한 최근에 출간된 『독일문학사』에서는 이주문학을 새로운 독일 문학으로 그 진가를 인정하면서 특히 미학적 특질을 높이 평가하고 있다.

> 90년대에 진행되었던 새로움은 이 문학이 그동안 독특한 미학적 특성을 지닌 독자적인 목소리로 인지되고 있다는 사실에 있는 것이다. 덕분에 현대 작가들의 합창은 그 표현이 본질적으로 새로운 뉘앙스를 띨 정도로 풍요로워졌다.[46]

---

43 Arens, 35.

44 Rösch (1992), 61.

45 Arens, 30.

46 Barner, 998.

이 책에서는 샤미, 비온디, 에미네 세브기 외즈다마(Emine Sevgi Özdamar), 페리둔 차이모글루(Feridun Zaimoglu), 위크젤 파차르카야(Yüksel Pazarkaya), 블라디미르 카미너(Wladimir Kaminer) 등의 이주 작가가 고찰되고 있다.

지금까지 고찰한 독일의 이주문학 단계는 특히 문학행위자인 당사자뿐만 아니라 독자들의 측면에서 각 단계별로 세 가지 중요한 기능을 수행한다. 우선 이주문학은 이주작가 자신에게는 일종의 자아치유, 힐링의 역할을 한다. 즉, 낯선 이국땅에서의 글쓰기 자체는 고립과 고독, 출신지로부터의 분리와 지배사회 내에서의 고립 등을 서서히 극복하게 하고 자신의 정체성을 다시 찾게 하는 도구의 역할을 한다. 심리적·정신적 고립과 소외를 치료하는 이주문학은 결국 이주자 작가 스스로가 밝히고 있듯이, "자기 인식과정의 한 걸음"[47]을 내딛게 하는 초석인 것이다. 다음으로 이주문학은 이주자 작가와 이주자들의 통합과 연대를 위해 중요한 기능을 한다. 고립과 소외의 개별적 치유를 넘어 이주문학을 통해 이주자 작가들은 서로 연대하면서 이주자 문제의 사회정치적 폭로와 문제 해결을 위한 사회연대적 역할을 한 것이다. 끝으로 이주문학을 통해 작가의 전기적 상황, 이주 경험을 표현하는 단계를 넘어서 그리고 이주문학을 통한 소수자의 연대와 권리회복을 넘어서, 궁극적으로는 이주문학 역시 보편적인 인간의 문제, 즉 소외, 불안, 언어적 혼란, 정체성 추구, 문화적 갈등의 문제를 문학적·미학적으로 형상화하는 기능을 한다. 그럼으로써 비로소 이주문학도 독일 문학 내에서 보편적인 문학으로

---

47 Biondi/Schami (1981), 133.

자리 잡고 새로운 열린 정전에 편입될 가능성이 생기게 된 것이다.

5. 상호문화적 아동 청소년 문학과 그 역할

1980년대 들어 독일에서 이슬람 문화권, 터키, 이탈리아, 그리스, 러시아, 일본, 한국, 아프리카 지역 출신의 이주작가가 독일어로 창작한 아동 청소년 문학작품이 등장하거나, 이들 지역의 아동 청소년 문학을 번역한 작품들이 등장하기 시작한다. 대표적인 이주작가인 샤미와 엘레니 토로시(Eleni Torossi)의 「미래 세대에 이야기하다. 타지에서의 아동 문학 옹호(Den Trägern der Zukunft erzählen. Plädoyer für Kinderliteratur in der Fremde)」에 자극을 받아 이주배경을 지닌 작가들이 아동 청소년 문학작품을 창작하기 시작한 것이다. 샤미와 토로시는 이 글에서 이주배경이 없는 작가들 역시 문화 간의 갈등과 공존의 문제를 인식하고 작품을 쓰지만 여전히 지배사회가 갖는 고정된 자아상과 타자상을 아무런 성찰 없이 재생산해 내는 반면에, 이주배경이 있는 작가들은 다수자 지배사회가 갖는 스테레오타입과 편견에 대해 항상 인식하면서 개별화된 타자상을 형상화해 내려는 노력을 기울이고 있다고 주장한다.[48] 이들은 또한 "외국인 아동 문학의 필요성(Notwendigkeit der Kinderliteratur der Ausländer)"에 대한 언급이 너무 늦은 감이 있음을 지적한다. 그러면서 독일 작가들이 타 문화권 출신 어린이들의 경험을 반영하는 글을 쓰는 데는 한계

48 Schami/Torossi, 25 이하.

가 있다는 점을 이유로 들면서, 독일 작가들이 할 수 없는 것을 이주자 작가들이 할 수 있음을 자신하며 독일의 모든 어린이들의 삶을 풍요롭게 하기 위해 더 많은 아동 도서를 집필하기를 권고하고 있다.[49]

터키 출신 아동 청소년 문학 작가 케말 쿠르트(Kemal Kurt) 역시 외국인의 입장에서 독일인과 독일 문학을 평가하고 특히 아동 청소년 문학을 통해 독일인이 어떻게 관찰되고 인지되며 묘사되는지를 보여 주고 있다.

> 독일인들은 다른 문화와 민족들에 대해 폐쇄적이었으며 타자와의 교류를 배우지 못했다. 그래서 이 나라 사람들은 독일어로 쓰인 진지한 문학은 이 언어 안에서 태어난 사람들에 의해서만 이루어질 수 있다고 믿는다. 가치 보수주의와 지역주의의 증거이다.[50]

시리아 출신의 이주작가 샤미 역시 이주문학은 "다수에 대한 제안이며 민족적 쇼비니즘 대신에 상호 간의 문화적 풍요가 일어나는 다문화 사회를 옹호한다"고 말하면서 "소수인 우리는 제안을 해야 한다. 그것은 우리의 과제"라고 주장한다.[51] 그 결과 독일어권의 작가뿐만 아니라, 샤미, 토로시, 쿠르트, 테키나이, 차이모글루, 파차르카야, 딜렉 잡츠올루(Dilek Zaptcioglu), 나스린 지게(Nasrin

49 명정, 13.
50 재인용 Bavar, 18.
51 Schami (1991), 12.

Siege), 가지 압델-콰디르(Ghazi Abdel-Qadir), 초란 드르벤카르(Zoran Drvenkar), 유주프 나오움(Jusuf Naoum), 아이겐-지벨 첼릭(Aygen-Sybel Celik), 야데 카라(Yadé Kara) 등 이주배경을 지닌 다양한 문화권 출신의 작가가 독일어로 아동 청소년 문학작품을 쓰기 시작했다. 이들의 아동 청소년 이주문학은 작품의 등상인물로 이주자 자녀뿐만 아니라 지배사회의 독일 아동 청소년들도 전면에 내세우면서, 독일 아동 청소년과 이주자 자녀의 양쪽 시각에서 서로의 생활방식과 사고방식을 비교 관찰하고, 평가하고 분석하기 시작한 것이다.

아동 청소년 이주문학은 이주 외국인 가정과 자녀의 독일 사회로의 통합 문제가 중심이 된다. 과거에는 주로 독일 작가들에 의해 결핍한 자, 희생자로 간주된 이주자 자녀들에게 동정과 도움을 시혜하는 방향으로 서술되었다. 그래서 경제적 상황이나 학교생활의 어려움을 서술하는 데 주력하여 이주자 자녀들에 대한 부정적인 상만 보여 주었다. 그러나 이주배경의 아동 청소년 문학 작가는 독일 작가가 이주와 통합의 문제를 제대로 표현할 수 있을지 의문을 제기하였고, 현재는 당사자 자신에 의해 이주와 통합의 문제가 더욱 진정성 있게 표현된다는 점에 대부분 동의하는 편이다. 그래서 최근에는 외국인 이주작가에 의해 창작되는 아동 청소년 문학작품이 많이 출간되는 실정이다.

앞서 이미 언급되었듯이, 1세대 이주자 문학은 외국인 노동자 문학, "당혹감의 문학"에 해당하며, 노동 현장에서의 차별, 소외, 억압, 언어적 소통의 어려움, 향수, 귀향 등의 문제를 다루고 있다. 그러나 그 이후 독일에서 태어난 자녀 세대는 문화 간의 갈등과 문제점 그리고 그로 인한 정체성의 혼란을 겪지만 직접 이주한 노동자

계층에 속하지 않는다. 이주문제를 다루는 2세대 작가들의 아동 청소년 문학은 이중언어 문제, 이중적 언어와 문화 속의 정체성 문제, 1세대 부모와의 갈등, 고향의 문제, 문화적 충돌과 통합, 상호문화적 이해와 공존의 문제를 다룸으로써 1세대 문학과의 미세한 차이가 발견된다. 그래서 과거에는 외국인 노동자 자녀의 결핍 테제에 따라 가정 내 경제적 고통과 학교생활의 어려움, 언어소통의 문제, 문화적 갈등, 정체성 혼돈의 문제가 주로 서술된 반면, 최근의 아동 청소년 문학에서는 이주자 자녀의 자아인식과 교육적 우수성, 지배사회 자녀를 역으로 도와주는 상황, 지배문화에 대한 비판, 다름의 인정과 상호문화적 공존의 가능성 등이 새롭게 성찰되어 서로가 서로의 장단점을 성찰하는 경우가 많다.[52] 그 결과 이주자 자녀들이 과거 이주사회 내의 결핍한 자, 희생자 지위에서 벗어나 최근에는 다인종, 다언어, 다문화 사회의 미래를 개척해 나가는 주체로 서술되고 있음을 알 수 있다.[53] 작품의 형식적 차원에서도 이제는 지배사회의 자녀와 이주자 자녀의 다양한 시각이 작품 내에 제시되어 상호 시각의 수용과 비교를 넘어 시각의 변화가 형상화되기도 한다.

최근의 아동 청소년 이주문학에는 상호문화적 대화와 소통을 보여 주는 주제가 많이 다루어지고 있다. 다문화적 사회현실 내의 문화적 갈등과 충돌로 인한 다양한 문제들은 결국 지배사회의 자국민과 이주자 상호 간의 이해와 동등한 인정 그리고 공동협력을 통해서만이 해결될 수 있다는 경험과 인식이 사회 저변에 뿌리를 내

52 참조 Luchtenberg, 169-180.

53 참조 Rösch (1998).

린 것이다. 상호문화적 테마를 다루고 있는 아동 청소년 이주문학은 문학이 갖는 민족적·언어적·지역적 한계를 극복하고 자국 문학, 단일 문화적 문학을 뛰어넘는 문학적 요소들을 작품 내에 추구하려고 한다. 그래서 2000년 이후 독일에서도 이주자 문학, 이주문학보다는 상호문화적 소통과 공존을 목적으로 내세우는 상호문화적 문학 개념이 더 많이 통용되기 시작했다. 여기에는 독일 작가뿐만 아니라 비독일 작가도 해당되고 이주문제에 초점을 맞춘 이주문학 개념을 뛰어넘어 문화적 갈등과 혼종, 편견과 스테레오타입의 문제, 다양한 문화를 바라보는 시각의 문제, 이주 소수자와 지배사회의 다수자와의 관계, 다중언어 사용, 혼종의 정체성의 문제, 상호문화적 협력과 공존의 문제 등 보다 광범위하고 본질적인 문제가 문학미학적으로 형상화되고 있기 때문이다.

이러한 상호문화적 아동 청소년 문학의 다양한 테마는 독일어권 문학에서는 기존에 없던 새로운 주제 영역을 넘나들면서 독일 문학에 풍요로움을 가져다준다. 또한 상호문화적 아동 청소년 문학에는 아시아, 아프리카 등 타국과 타 문화가 다각도로 묘사되고 이주자의 삶이 기존 독일 작가의 시각이 아닌 이주작가의 시각으로 서술되면서 종종 유럽중심주의가 비판된다. 세상을 바라보는 이런 낯선 타자의 다른 시각은 유럽의 지배사회를 새롭게 비판적으로 바라보게 하면서 유럽과 비유럽 사회의 대결구도에서 기존의 유럽중심주의적인 시각에서 벗어나 탈유럽중심적 시각으로 전개된다. 낯선 타자가 바라보는 유럽 지배사회에 대한 냉철한 관찰과 서구 우월주의적 이데올로기의 탈피로 소수자나 이주자들은 더 이상 도움을 필요로 하는 결핍한 인물로만 묘사되지 않고, 종종 다민족, 다문화 사회 내에서 상호문화적 협력의 파트너나 인권과 평화공존을 지향하는 민주주의 사회의 길을 여는 행위자로 등장한다. 특히 상호문화적 아동 청소년 문학의 대표적인 작가인 샤미는 자신의 아동 청소년 문학작품에서 아랍의 시각에서 반유럽중심주의를 테마로 삼고 아랍, 아랍인을 통해 독일 독자들에게 상호문화적 협력과 공존의 미래지향적 길을 제시한다.

내용적 측면에서뿐만 아니라 형식적 측면에서도 상호문화적 아동 청소년 문학은 독일 문학에 새로움과 다양성을 선사한다. 가령 상호문화적 아동 청소년 문학은 광범위한 독자에 접근하기 위에 아동 청소년 독자뿐만 아니라, 성인독자까지 포함하는 다중지향적 서술 기법을 사용하는 경우가 많다. 예를 들어 샤미나 잡츠올루 그리고 카라의 작품 속에서 아동 청소년 독자와 성인 독자는 각자의 경험과 선지식에 맞추어 각기 다른 독서방식으로 상호문화적 테마를 만나게 되는 것이다. 또한 상호문화적 아동 청소년 문학에는 작가의 출신국가 특유의 창작 형식이 차용되기도 한다. 새로운 문화권의 다양한 문학적 장르 및 서술 기법, 예를 들어 전래 이야기, 환상적 이야기, 틀이야기, 우화, 메르헨 등이 차용되어 독일어권 문학에 새로움과 다양성을 전해 주고 있는 것이다. 이에 관해서는 샤미의 『천일야화』 활용이나 그리스에서 이주해 온 토로시의 우화나 메르헨 활용이 대표적인 사례로 언급될 수 있다. 이런 배경에서 아동 청소년 문학 연구에서는 과거와는 달리 상호문화적 아동 청소년 문학의 문학미학적 가치와 교육적 가치의 혼재에 대해 자주 언급되는 편이다.

또한 상호문화적 아동 청소년 문학은 주제와 형식의 차원을 넘어서 최종적으로는 성찰과 실천적 행위의 가능성을 보여 준다. 즉,

문학적·미학적 차원을 넘어서 학급 내 상호문화교육의 중요한 매체 역할을 할 수 있는 것이다. 예를 상호문화적 아동 청소년 문학은 독일 학생들에게 이주자 및 이주자 자녀의 경험에 대한 정보를 제공하고 이주자 학생들에게는 독일 지배사회 내의 경험과 문제점에 대해 자신들의 견해를 자연스럽게 밝힐 기회를 줌으로써, 다문화, 다민족 학급 내에서 이주와 이주자 문제, 문화 간의 만남과 갈등에 대한 토론거리를 제공한다. 현실에서 직접 경험한 문화 간의 갈등과 문제점으로 인한 상처는 학생 개개인에게는 극복하기 힘든 트라우마로 남을 수 있기 때문에, 그 경험을 직접적인 논의의 대상으로 끌어들이기는 쉬운 일이 아니다. 이런 점에서 간접적인 현실상황을 그려내고 있는 상호문화적인 아동 청소년 문학의 테마는 학생들 개개인의 드러내고 싶지 않은 직접적인 경험과 연계되지만, 다소 거리를 둔 채 객관적인 성찰과 자발적인 논의를 유도하는 데 더 적합한 것이다. 아울러 가상의 문학적 상황에서 실험적인 방식으로 문화적 이질성과 사고와 태도의 차이를 경험할 수 있는 기회를 미리 제공함으로써, 실제 사회적 공간에서 발생할 수 있는 문화적 갈등과 폭력적인 대결을 예방하는 역할도 하게 된다. 이러한 상호문화적 아동 청소년 문학은 타자와의 만남을 통해 여러 상이한 시각들을 작품 속에 형상화하고 있어서 타자에 대해 자국민이 갖는 편견과 인종주의적 사고를 의문시하게 하여 자신의 고유 시각을 상대화하고 확대할 기회를 갖게 한다. 이를 통해 상호문화적 아동 청소년 문학은 자국민 학생과 이주자 학생 사이의 대화와 시각변화의 가능성을 열게 하여 결국 서로의 입장을 성찰하고 이해하는 상호문화적 학습의 중요한 매개 역할을 한다고 볼 수 있다.

제3장

독일과 한국의 교육과정과 교과서 속의 상호문화교육

이 장에서는 학교 교육에서 상호문화학습의 목표를 실현하기 위해 어떤 문학작품이 수용되며 이 작품을 문학교수법적으로 어떻게 활용하는지를 중점적으로 고찰하고자 한다. 우리의 교육과정과 교과서에서는 여전히 단일민족, 단일문화가 강조되고 있으며, 국어나 문학 교과에서는 상호문화교육이 거의 다루어지지 않고 있다. 자국민 자녀나 외국인 자녀가 학급에서 우선적으로 접하게 되는 교과서는 다문화 현상에 대한 의식과 시각을 형성하는 데 결정적인 역할을 한다. 그러므로 교과서를 통해 다양한 문화를 접하고 타 문화를 상호적으로 이해하게 하는 것은 다문화 사회 속에 생활하는 아동과 청소년의 의식 형성에 매우 중요한 과제가 되는 것이다.

독일의 국어 교과서를 통해 상호문화교육, 상호문화적 문학교육이 어떻게 실현되는가를 고찰하는 것은 우리의 교과서 집필에 중요한 단초를 제공한다. 독일의 경우 점증한 이민물결로 외국인 차별, 적대, 편견, 배척 등의 사회적 문제가 발생하고 이에 따라 새로운 학교 교육 목표가 자연스럽게 생겨나게 되었다. 학급 내 다양한 언어적·문화적 혼합은 새로운 수업 구상과 교과서를 요구할 수밖에 없는 것이다. 학급 내 상호문화적 교육의 목표는 다른 문화권에 소속된 자에 대한 관용과 편견 극복이고, 언어적·문화적 다양성이라는 삶의 현실에 학생들을 대비, 준비시키는 것이다. 이러한 상황 속에서 독일의 교과서는 낯선 타 문화에 대한 개별적인 상을 보여줌으로써 이주, 이민이라는 사회적 현실 속에 다양한 문화의 공존을 모색하려고 한다.

이러한 배경에서 이 장에서는 우선 독일과 한국의 교육과정 속에 상호문화교육의 지향점이 어떻게 구체화되는지를 고찰한 후, 독일 국어 교과서 경향 분석을 통해 상호문화적 교육을 위한 새로운 교과서 구상이 과거의 교과서와는 다른 어떤 변화된 시각을 제시하고 있는지 전체적으로 고찰하고자 한다. 다음으로 독일의 중등과정에서 광범위하게 사용되고 있는 대표적인 국어 교과서인 *Deutschbuch*(Cornelsen 출판사), *Deutsch. Texte-Literatur-Medien*(Volk und Wissen 출판사) 분석을 통해 어떤 상호문화적 문학작품이 선정되는지, 상호문화이해를 위한 테마가 어떻게 제시되는지, 상호문화적 텍스트를 문학교수법적으로 어떻게 다루고 있는지, 그리고 학습과제는 이러한 요구를 반영하는지 구체적으로 고찰하고자 한다. 마지막으로 독일의 국어 교과서와 한국의 국어 교과서를 분석의 대상으로 삼아 상호문화적 학습이 어떻게 구체적으로 실현되고 있는지를 고찰하고자 한다.

1. 독일과 한국 교육과정 속의 상호문화 교육

1) 독일 교육과정 속의 상호문화교육

이주 노동자의 유입과 이민물결로 인해 다양한 문화권에 속하는 사람이 빈번하게 만나는 상황 속에서 언어와 타 문화 이해 문제, 다른 언어문화 출신 사람들에 대한 차별과 배척, 편견으로 인한 갈등과 충돌 등이 유럽 내 새로운 사회적 문제로 등장한다. 특히 학급현장에서는 다양한 민족의 자녀들이 함께 수업을 들으면서 자연스럽게 다른 민족의 언어와 문화를 접하게 될 가능성이 가장 높다. 이런 연유로 모로코 출신의 프랑스어 작가인 타하르 벤 젤룬(Tahar Ben Jelloun)은 이미 오래전에 학급 내 다양한 민족의 학생들이 서로 화합하고 상호작용하는 모습을 아름다운 미래 사회로 상상하고 요청한 적이 있다. 학급의 상황을 아이들에게 구체적으로 보여 주고 설명함으로써 상호문화적 이해에 관한 어떠한 이론보다도 더 구체적으로 그리고 더 설득력 있게 이 상호문화학습의 중요성을 강조하고 있는 것이다.

> 학교에서 네 학우들을 봐라. 그들 모두가 다르고 이러한 다양성이 아름답다는 것을 너는 알게 될 거다. 이것은 인류에게 하나의 기회이지. 학생들은 아주 다른 세상에서 왔어. 그들은 네가 가지고 있지 않은 것들을 줄 수 있으며, 너 역시 그들이 알지 못하는 것을 줄 수 있어. 이런 방식

으로 우리는 서로를 보충하고 풍요롭게 할 수 있는 거야.[1]

독일에서도 학교는 이미 다양한 민족적·문화적 배경을 지닌 아이들이 서로 상이한 사고와 확신을 가지고 만나는 장소가 되어서 이러한 다양성과 이질성을 새로운 풍요의 기회로 삼고 공동의 학습내용과 학습목표로 설정하기 시작했다. 그 결과 앞서 언급했듯이 1996년 각 연방주 교육부장관협의회의 결의에 따라 학교에서 상호문화적 교육을 위한 지침을 마련하게 된다. 이 지침은 우선 다원화된 다문화 사회 내 다양한 가치체계와 해석모형이 형성되어 있음을 인정하고 학교는 수업과 생활을 통해 이에 대한 대비를 해야 한다고 강력하게 요구한다.

이를 위해 각 교과의 수업에서는 다음과 같은 내용을 학습의 대상으로 중점적으로 다루어야 한다.[2]

-고유 문화와 타 문화의 본질적 특성과 발전
-문화 간의 공통점과 차이 그리고 상호 간의 영향
-보편적 인권과 인권의 문화적 종속성에 대한 질의
-편견의 생성과 의미

---

1 재인용 Honnef-Becker (2006), 8. "Sieh dir in der Schule alle deine Mitschüler an, und du wirst merken, dass sie alle verschieden sind und dass diese Vielfalt etwas Schönes ist. Sie ist eine Chance für die Menschheit. Diese Schüler kommen aus ganz unterschiedlichen Welten, sie können dir Dinge geben, die du nicht hast, so wie du ihnen auch etwas geben kannst, das sie nicht kennen. Auf diese Weise ergänzen und bereichern wir uns gegenseitig."

2 Empfehlung "Interkulturelle Bildung und Erziehung in der Schule", 8 이하.

-인종주의와 외국인 적대감의 원인

-자연공간적·경제적·사회적·인구통계학적 불평등의 배경과 영향

-종교적·인종적·정치적 갈등 조정을 위한 국제적 노력

-다문화 사회에서 소수자와 지배자 사이의 공존을 위한 가능성

독일 메클렌부르크-포어폼머른 연방주의 상호문화교육 교육과정은 상호문화교육의 중요성을 더욱 강조하고 상호문화학습의 내용은 무엇이며 이 학습내용이 어떻게 구체적으로 이루어지는가를 3단계로 보여 주고 있다. 메클렌부르크-포어폼머른 연방주의 상호문화학습의 3단계는 앞서 이미 소개하였듯이, 자신과 다른 생활방식에 대한 지식을 습득하는 인식의 단계에서 출발하여 공감과 시각변화의 단계를 거쳐 마지막으로 평등과 반차별을 위한 연대의식적 행동의 단계로 나아가게 된다. 메클렌부르크-포어폼머른 연방주가 목표로 삼는 상호문화교육의 주요 학습내용은 다음과 같다.[3]

-인간을 개체로 인식

-다언어성과 문화적 다양성 속에서 공통점과 차이점

-다양한 세계관, 다양한 가치와의 만남

-시각변화와 다중시각

-편견에 대한 대응

-연대의식과 갈등극복

-글로벌한 사고와 행동

---

3 참조 Rahmenplan: Interkulturelle Erziehung.

베를린 연방주의 교육과정 역시 상호문화적 능력이 모든 교과목을 포괄하는 중요한 학습과제임을 명확하게 밝히고 있다. 베를린 연방주는 우선 상호문화적 능력의 함양을 5단계의 과정으로 보고 있다.[4]

1) 문화적 이질성에 대한 미인지
2) 문화적 이질성 인지를 위한 개방
3) 다문화적 차이에 대한 의식
4) 문화적 다양성의 수용과 상호문화적 교류
5) 다문화적 복수 상황으로부터 적극적인 장점 추구 및 상호문화적 생활방식 옹호

그러면서 베를린 연방주의 교육과정은 다른 문화와 국가에 대한 지식습득, 자기 고유의 것을 포기하지 않은 채 낯선 타자에 대한 거리감 제거, 자기 고유 가치체계의 상대성 인식, 문화적 갈등과 긴장, 그리고 다의성을 견디어 내고 그로 인한 당혹감 허용, 문화적 다양성과 다름을 정상으로 이해, 다양한 해석모형을 통한 고유의 것과 낯선 것 사이의 시각변화 등을 주요 상호문화적 학습내용으로 구체적으로 제시하고 있다.

아울러 최근 베를린 연방주에서는 상호문화교육의 실천 일환으로 베를린 사범대학에 '미그라멘토 캠퍼스(MigraMentor-Campus)'를 도입했는데, 학급 내 다문화 학생이 증가하고 있는 우리 사회에도

4 Neumann/Reuter, 811.

시사하는 바가 많다고 판단된다. 이주배경이 있는 학생이 증가함에 따라 그와 비슷한 배경을 가진 교사의 필요성이 더욱 커지고 있다는 점에 주목하고, 베를린 연방주 교사협회와 교육부가 협력하여 이주배경이 있는 교사양성 지원을 위한 '미그라멘토 캠퍼스'를 실시하고 있는데,[5] 이는 이주배경이 있는 교사는 유사한 경험이 있는 학생의 모범이 될뿐 아니라 학생, 학부모, 학교 간 소통과 협력을 더욱 가능하게 할 것이라는 판단하에 이주배경이 있는 학생의 직업선택과 학과선택을 지원하고 이들에게 교직에 대한 동기를 부여하려는 목적의 프로그램이다.

이렇듯 독일의 연방주 두 곳의 교육과정을 통해 상호문화교육이 타자 및 타 문화에 대한 객관적인 지식습득을 넘어서 문화적 이질성과 다의성에 대한 인식, 가치, 그리고 시각에 초점을 맞추고 있음을 확인할 수 있다. 그러나 교육과정 속에 표방된 이러한 상호문화적 교육이 실제 교육현장에서 그대로 적용되고 실천되는 점에서는 여러 난제가 있을 수밖에 없다. 이런 의미에서 독일 교육과정 속의 상호문화교육에 대한 최근의 연구결과를 보면, 학급 내 다문화 학생 구성을 다양한 의견과 입장을 배울 수 있는 긍정적인 학습 환경으로 생각하고 다양한 생활방식과 세계관을 심층적으로 비교하여 이질성을 정상적인 것으로 평가하며 상호문화적 능력의 목표를 실제적으로 점검할 수 있는 기준과 테스트가 개발되어야 한다는 점

5 교육정책네트워크정보센터: 해외교육동향-독일. 이주배경이 있는 교사 양성을 위한 미그라멘토 캠퍼스 확대, 2015. 8. 12.(Online)

을 거듭 강조하고 있다.[6]

2) 한국 교육과정 속의 상호문화교육

2017년 현재 국내 중등교육에 적용되는 교육과정은 2009년에 개정된 교육과정에 기반을 둔다. 2009 개정 국어과 교육과정을 좀 더 상세하게 고찰해 보면 다양한 영역에서 타자, 타 언어, 타 문화에 대한 이해를 목표로 삼고 있음을 알 수 있다.

- 가치관이나 문화 차이 등 의사소통의 장애 요인을 파악하여 이에 효과적으로 대처한다. (화법과 작문 I)
- 지역, 나이, 성별, 계층 등에 따른 다양한 언어현상을 이해하고, 소통장애를 해소하는 방안을 마련한다. (독서와 문법 I)
- 문화적 특성을 존중하고 인간에 대한 이해의 폭을 넓힐 수 있도록 여러 지역의 글을 두루 읽는다. (독서와 문법 II)
- 문학을 통하여 양성평등, 사회적 소수자, 생태, 미래사회 등 공동체의 관심사에 대한 문제의식을 공유하고 소통한다. (문학)

위에 열거된 영역 중 문학 과목의 내용체계를 들여다보면 상호문화교육의 목표가 더욱 구체적으로 드러난다. “문학과 자아” 부분에서는 “문학을 통하여 타자를 이해하고 삶의 다양성을 수용한다”

---

6 Neumann/Reuter, 15.

고 밝히고 있다.[7] 이런 학습목표는 "문학을 통하여 타자를 이해하고 삶의 다양성과 차이를 받아들이고 존중하는 태도를 내면화하도록 하기 위해서" 설정되었다. 2009 문학 교육과정은 이러한 학습목표의 설정 의도를 다음과 같이 보다 자세하게 설명을 덧붙인다.

> 문학을 통해 타인을 비롯한 여러 다른 존재를 ① 이해하고 그 존재들이 영위하는 삶이 다양함을 ② 수용함으로써 자신의 삶을 객관적으로 인식하고 아울러 다른 존재들의 삶과 조화를 이루면서 자신의 개성적인 삶을 영위한다.

독일의 교육과정에 나타난 것처럼 국내의 교육과정에서도 타자를 이해하고 타자의 다양한 삶을 수용함으로써 자신을 성찰하고 다른 사람과의 조화로운 삶을 추구하는 것이 다문화 사회의 교육에서 핵심적인 목표임을 표출한 것이다.

아울러 2009 문학 교육과정은 타자와 더불어 사는 방식과 그 지혜를 발견하기 위해서는 "문학과 공동체" 부분 중 다음의 내용과 연계하여 지도할 수 있다고 말한다.

> ① 문학을 통하여 사회, 민족, 역사, 자연 등 다양한 층위의 공동체와 연대 의식을 가진다.
> ② 문학을 통하여 양성평등, 사회적 소수자, 생태, 미래사회 등 공동체의 관심사에 대한 문제의식을 공유하고 소통한다.

---

7 2009 개정 교육과정 중 고등학교 '문학Ⅱ'.

①은 문학을 통하여 학습자가 속한 다양한 층위의 공동체를 이해하고 그 공동체와 연대할 수 있도록 하기 위해 설정되었다. 학습자는 문학을 통해 "자신이 고립된 개인이 아니라 사회 민족 역사 자연 등 다양한 층위의 공동체의 구성원이며 다른 구성원들과 연대되어 있음을 자각"해야 하고 "다양한 층위의 공동체의 이념이나 가치관을 이해하고 그것에 동의하게 되며 그 과정을 통하여 자신이 속하는 공동체의 가치와 의미를 재발견"해야 한다.

②는 문학의 수용과 생산을 통해 학습자가 속한 공동체 내에서 제기된 여러 관심사에 대한 문제의식을 공유하고 그 소통에 참여하도록 하기 위해 설정되었다. 문학은 동시대의 다양한 공동체에 대한 여러 관심사와 문제의식을 해당 주제를 통해 환기시켜 왔으며 학습자의 소통과 참여를 통해 문제 해결방안을 모색해 왔다. 문학 교과 교육과정은 오늘날 우리 사회 내 다양한 공동체의 관심사가 "양성 평등, 사회적 소수자, 생태환경, 지속가능한 미래"라고 판단하면서 문학을 통하여 "공동체의 다양한 관심사들을 이해하기", "그 관심사들에 대한 문제의식 공유하기", "문제의식을 소통하고 문제해결에 참여하기"를 구체적인 세부 활동으로 제시하고 있다.

2. 독일 국어 교과서의 새로운 경향: 상호문화

국어 교과서는 강의매체다. "학습영역의 구조화, 문화지식의 전수, 그리고 읽기능력 연습과 텍스트 해석 같이 특수한 교수기능을 맡고 있는 강의매체인 것이다."[8] 현재 독일에서는 각 연방주의 교육과정에 따라 국어 교과서가 제작되고 수업 중 사용이 허용되는데, 각 연방주의 교육과정에 명시되어 있는 학습목표와 학습내용이 텍스트 선정 및 교수법적 입장을 결정한다. 독일에서는 현재 약 70종의 국어 교과서가 제공되고 있다. 그러나 대부분의 교사들은 학교에서 도입된 국어 교과서 이외에 문학 교과서와 다양한 읽기 교재들도 병행해서 활용하고 있다.

독일의 자국어 교육은 크게 언어교육과 문학교육으로 구분될 수 있다. 이에 따라 자국어(국어) 교과서도 언어교재(Sprachbuch)와 읽기교재(Lesebuch)로 구분될 수 있는데, 읽기교재의 경우 그 내용이 상당 부분 문학을 다루고 있기 때문에 이 책에서는 문학 교과서로 표현하고자 한다.

최근의 국어 교과서는 현재의 유럽 사회문화와 변화된 학급환경을 반영한다. 그 대표적인 사례가 유럽연합의 탄생과 이민물결로 인한 학급의 국제화이다. 외국인 차별 및 적대, 편견, 배척 등의 사회적 문제가 생기고 이를 해결하기 위해 타자와의 만남, 타자에 대한 이해, 관용 등의 새로운 교육목표가 자연스럽게 생겨나면서, 상호문화적인 학습과 다중언어가 새로운 국어 교과서의 중점사항이 되고 있다. 언어적·문화적 다양성의 특성을 지닌 생활환경을 맞이하여 모든 학생들이 미리 대비하도록 다른 문화권의 이주학생들에 대한 공감과 이해, 편견 극복과 톨레랑스 습득이 중요한 학습목표가 되고 있는 것이다.

이러한 상황 속에서 교과서에 나타나는 현실이 이주, 이민이라

---

8 Hübener, 347.

는 사회적 현실문제를 다루고 다양한 문화의 공존을 반영하고 있는가, 즉 상호문화학습이라는 새로운 구상을 지향하고 있는가를 고찰하는 것은 자국어 교육과 문학교육의 중요한 연구과제로 부각된다. 최근의 독일 교과서에 대한 연구동향을 살펴보면 텍스트 선정이나 학습방법에 있어서 다른 문화권 사람들에 대한 편견이나 스테레오타입을 지적하고 상호문화적 이해와 공존을 지향하는 경향을 쉽게 확인할 수 있는데, 이 점 역시 변화된 현실적 상황과 깊은 연관이 있는 것이다. 이에 관해서는 마테스와 하인체의 연구가 대표적인 사례로 언급될 만한데, 이들은 여기서 낯섦의 문제 그리고 자아와 타자의 관계가 교과서에 어떻게 표현되어 있고 내용적·교수법적·교육적 목표설정 속에 어떻게 구현되는지, 교과서가 어떤 방식으로 문화적 통합에 공헌할 수 있는지를 집중적으로 다루고 있다.[9]

독일의 최근의 국어 교과서를 분석해 보면 아동 청소년 문학작품의 선정과 다양한 문학교수법적 활용이 눈에 띈다. 이렇게 자국어 교육에서 아동 청소년 문학이 주목받게 된 배경에는, 첫째, 수업 내 읽을거리와 실제 학생들의 읽을거리에 차이가 나타난 1960-70년대 수업환경의 변화, 둘째, 개개인의 능력과 수용을 중요시하는 수용미학과 이를 토대로 하는 행위 및 생산지향적인 문학교육의 등장, 그리고 마지막으로 다양한 대중매체에 빼앗긴 독서 인구를 되찾기 위한 독서 사회화의 수단으로서의 아동 청소년 문학의 역할을 들 수 있다. 아동 청소년 문학은 70년대부터 국어 교과서에 등장하기 시작했는데, 아동 청소년 문학이 다양한 계층의 아동 및 청소

9 참조 Matthes/Heinze.

년의 문제경험과 독서욕구를 고려하고 있기 때문이다. 특히 독일의 국어 교과서는 시대적 문제와 배경을 고려하는 성격이 매우 강하기 때문에, 역시 가정 구조의 변화, 부모의 경제적 문제, 정체성 발견, 외국인 이주문제를 많이 반영하는 아동 청소년 문학이 교과서 내에 수용될 수밖에 없다. 그 결과 가정과 사회에 관한 다양한 주제, 예를 들어 이혼, 실직, 죽음, 소외 및 폭력, 이주문제, 외국인 증오, 환경보호, 유전자 변형 등이 문제지향적 아동 청소년 문학을 통해 이미 오래전부터 국어 교과서의 주요 학습내용으로 등장했던 것이다.

독일 국어 교과서의 상호문화적 경향은 70년대 외국인 노동자의 문제를 다룬 아동 청소년 문학의 창작과 출판으로 거슬러 올라간다. 60년대부터 이주경험과 이주문제를 다루는 작품들이 외국인 노동자 작가들에 의해 창작되었는데, 독일의 아동 청소년 문학은 70년대부터 이 문제를 다루기 시작했다. 그 결과 국어 교과서 역시 70년대에는 자아의 정체성 문제, 소통의 문제, 사회적 학습, 평화교육 등의 범주에서 외국인 노동자의 이주문제를 다루었는데, 대부분 외국인 이주 노동자 가족의 열악한 환경과 문화적 차이로 인한 갈등, 편견 등이 주로 서술되었다. 교과서에 등장하는 이주자 자녀들은 대부분 희생자나 사회적 문제아 등 부정적인 상으로 묘사되었다. 그 결과 이주배경을 지닌 학습자는 교과서에 등장하는 부정적인 상에 대해 동일시하기 힘들었고 내국인 학습자는 이주자 자녀들을 도움이 필요한 동정의 대상으로만 간주하였다.[10]

80년대 말과 90년대 초에는 이런 외국인 이주문제에 관한 사회

---

10 Höhne, 15.

적 학습이 편견 및 스테레오타입 형성, 타자에 대한 이해 및 관용, 사회적 책임, 기회균등 등으로 확대되었다. 처음에는 평화교육, 사회적 학습 등의 일반적인 학습목표와 학습내용이 국어 교과서의 핵심적인 부분이었지만, 점차 이주배경을 지닌 아동 청소년의 삶과 경험 등을 바탕으로 외국인 적대와 편견구조, 문화적 갈등 및 오해, 자국문화와 타 문화 사이의 매개 등 구체적인 상호문화적 테마와 학습내용이 지배적인 경향이 되기 시작했다. 예를 들어 국어 교과서에 자주 등장하는 아동 청소년의 정체성 문제도 과거에는 개성의 발달과 자아의 형성이라는 일반적인 정체성의 문제가 다루어졌다면, 80년대 말과 90년대 초에는 이주배경을 지닌 아동 청소년의 정체성 혼돈과 갈등의 문제, 타자에 대한 정서적 이해와 편견 제거, 그리고 타자와의 교류 등 상호문화적 정체성의 문제로 확대되었다.[11] 이렇듯 최근 독일 국어 교과서의 특징적인 경향으로는 상호문화를 우선적으로 손꼽을 수 있다.

독일의 국어 교과서 *Deutschbuch*와 *Deutsch. Texte-Literatur-Medien* 속의 상호문화적 문학교육

독일의 유명한 학습교과서 전문 출판사인 '코르넬젠(Cornelsen)'에서 출간한 국어 교과서 *Deutschbuch*에서는 아동 청소년 문학의 고전보다는 다양한 국적의 아동 청소년 문학을 다루면서 동시에 타 문화, 타 국가 사람들의 생활방식과 사고방식에도 관심을 갖

11 Ehlers (2003), 187.

게 한다. 가령 브라질 청소년 문학 작가 주앙 히베이루(Joao Ubaldo Ribeiro)의 『판도나르의 삶과 정열(*Leben und Leidenschaft von Pandonar dem Grausamen*)』(1994) 중 일부가 수록되었는데 사랑에 빠진 청소년이 학교생활 속에서 자의식을 획득하고 영웅처럼 느낀다는 내용을 담고 있다. 독일 청소년문학상을 수상한 스웨덴 작가 모니카 삭(Monica Zak)의 청소년 소설 『퓨마의 딸(*Pumas Tochter*)』(1995)은 과테말라의 인디언 원주민에 대한 탄압과 인디언 소녀의 생사를 건 도피와 귀로에 대한 내용을 다루고 있다. 삭은 유럽의 아동 청소년들에게 주로 중남미 아메리카 지역의 현실과 아동 청소년의 삶을 소개하는 대표적인 아동 청소년 문학 작가로 평가받고 있다.

또한 8학년용 *Deutschbuch*는 「낯선 시각을 이해하고 자신의 입장을 명확히 하기」라는 독립된 장을 통해 다른 시각의 수용과 이를 통한 시각의 변화를 학습하고 있으며, "함께 살아가기"라는 테마를 다루면서 아동 청소년들에게 다문화 시대 속의 문화조화, 상호공존의 가치를 전달하고 있다. 이러한 상호문화적 국어 교과서는 타 문화에 대한 지역사정적인 지식 전달을 넘어서 다양한 문학 텍스트를 선정하여 새로운 시각의 수용과 고유 시각의 변화를 이룰 때 진정한 상호문화적 소통과 이해가 달성될 수 있다는 최근의 연구경향을 이미 반영하고 있는 것이다.

*Deutschbuch*를 5학년용부터 10학년용까지 전체적으로 살펴보면 다양한 아동 청소년 문학작품이 실려 있음을 확인할 수 있다. 과거 18세기부터 최근의 작품까지 다양한 국적(독일, 브라질, 스웨덴, 아메리카 등)의 아동 청소년 작품이 선정되어 있다. 국어 교과서 내 텍스트 선정에 있어서 엘리트적 고급문학이나 아동 청소년 문학의 고전에

서 벗어나 최근에 출간된 다양한 아동 청소년 문학작품까지 고려해야 한다는 많은 문학교육 학자들의 요청이 적어도 이 국어 교과서에는 실현되어 있다고 볼 수 있다. 선정된 아동 청소년 문학작품의 내용도 아동 청소년의 경험과 삶에 근접하여 이들의 관심과 욕구를 반영하고 있으며 타자 및 타 문화에 대한 상호문화적 이해를 도모하고 있다. 또한 이 국어 교과서는 아동 청소년 학습자의 관심과 경험을 반영하고 있는 학습내용에 대해 주체적인 참여와 동기를 유발하고자 다양한 창의적·행위적·생산적 학습활동을 제시하고 있는데, 이는 학생들의 주체적 참여와 창의성을 독려하고 상상력과 독서의 즐거움을 일깨우는 것이 문학교육의 핵심목표임을 여실히 증명하고 있는 것이다.

1997년도 '폴크 운트 비센(Volk und Wissen)' 출판사에서 출간된 국어 교과서 *Deutsch. Texte-Literatur-Medien*은 언어교육과 문학교육의 통합을 지향하는 통합교과서 *Deutschbuch*와는 달리 문학교육만을 위해 구상된 교과서이다. 그래서 *Deutschbuch*보다 더 많은 분량의 다양한 텍스트가 제공되어 있다. 주제와 형식이 다양하며, 아동 청소년의 경험과 관심을 고려하여 텍스트를 선정하면서도 동시에 문학사적 관점을 반영하고 있는 수준 높은 텍스트도 선정되고 있다.

최근 문학교육의 지향목표인 상호문화학습을 위해서도 각국의 다양한 아동 청소년 문학작품이 소개되고 있다. 아동 청소년 문학작품을 통해 타자, 타 문화에 대한 이해와 배려 그리고 공동체 안의 평화적인 상호공존을 지향하고 있는 것이다. 가령 이 교과서에는 지게(이란), 압델-콰디르(팔레스타인), 미스 바우하위스(Mies Bouhuys, 네

덜란드), 미겔 데 세르반테스(Miguel de Cervantes, 스페인), 후샹 모라디-케르마니(Houshang Moradi-Kermani, 이란) 등 유럽 및 아프리카, 아시아 출신 작가의 텍스트가 선정되어, 소수 민족의 문제와 타자에 대한 성찰, 다른 문화권에 대한 학습 등의 주제가 다루어진다. 예를 들어 "다른 사람들에게는 우리 역시 다른 사람이다"라는 주제하에 현재 독일 문학 창작과 연구의 한 축을 이루는 이주자 작가의 아동 청소년 문학작품이 선정되어 타 문화권의 생활방식과 사고방식이 소개된다. 팔레스타인 출신으로서 독일어로 창작을 하는 압델-콰디르는 『난 훔치지 않았어(*Ich habe keinem was gestohlen*)』(1993)에서 아랍 청년이 새 옷 때문에 도둑 혐의를 받고 동료들에게 배척당하는 이야기를 다루고 있다. 이란 출신의 작가 모라디-케르마니는 『어느 날 아침 항아리가 비었어(*Eines Morgens war die Chomreh leer*)』(1996)에서 물이 귀중한 페르시아 마을에서 깨어진 물항아리를 둘러싼 이야기를 서술하고 있다. 특히 지게와 압델-콰디르는 각각 아프리카 지역과 중동 지역의 아동 청소년 삶을 그리는 작품 창작을 통해 현재 독일 내 대표적인 상호문화적 아동 청소년 문학 작가로 명성을 얻고 있다.

전체적으로 고찰해 보면 *Deutsch. Texte-Literatur-Medien*은 통합교과서 *Deutschbuch*보다 다양한 문학작품을 제공하고 있다. 또한 *Deutschbuch*는 문학작품에 대한 창의적·생산적 접근을 강조하는 반면에, *Deutsch. Texte-Literatur-Medien*은 문학작품의 분석적·심층적 이해, 장르 이해 등 전통적인 문학교육 방식을 많이 강조하는 편이다. 아동 청소년 문학작품의 선정에 있어서는 두 교과서 모두 과거의 교과서와는 달리 아동 청소년 문학의 고전으로 평가되는 작품

뿐만 아니라, 시기적으로 90년대 이후의 현대적인 아동 청소년 문학작품과 국가별로 다양한 국적 출신의 아동 청소년 문학작품도 소개하고 있음을 확인할 수 있다. 이 점은 아동 청소년 문학이 갖는 고유한 특성인 현재성과 국제성과도 깊은 연관이 있는 것으로 판단된다. 아동 청소년 문학은 현재 아동 청소년의 경험과 문제를 반영하려고 하며 자국의 국민문학의 경계를 넘어서 세계문학에 개방적인 자세를 지향하는 속성을 항상 갖고 있기 때문이다.

또한 *Deutsch. Texte-Literatur-Medien*과 *Deutschbuch*의 상호문화적 학습내용을 분석해 보면, 외국의 문화에 대한 시각이 외부시각에서 내부시각으로 옮겨졌음을 확인할 수 있다. 즉, 과거의 국어 교과서에서는 독일인 작가의 외부 시각에서 외국인 노동자와 그 자녀에 관한 문제점과 해결책이 일방적으로 제시되었던 반면에, *Deutsch Texte-Literatur-Medien*과 *Deutschbuch*와 같은 90년대에 출간된 국어 교과서에서는 타자, 타 문화에 대한 시각이 내부에서, 즉 외국인 작가나 독일로 이주해 온 작가에 의해 전달되고 있다. 90년대 들어서 이주배경을 지닌 작가들이 점차 목소리를 내기 시작했고 아동 및 청소년 문학 텍스트에서도 타자 및 타 문화에 대한 관점이 외부에서 내부로 바뀌어 타자 스스로 자기 자신에 대해 이야기하기 시작한 것이다. 국어 교과서에 선정된 내부시각의 아동 및 청소년 문학작품 속에는 이주자 자녀의 사회적 차별과 억압에 대한 정서적 공감, 타자이해의 과정, 그리고 타자 및 타 문화에 대한 시각의 변화 등이 주요 학습대상으로 등장한다.

이와 같이 최근 국어 교과서에 상호문화적 학습과 구상이 구체적으로 드러나면서 텍스트와 연계된 다양한 학습과제 역시 자아와 타자에 대한 이해를 촉진하고 정서적 이해와 시각의 변화를 연습시키며, 편견과 스테레오타입에 기인한 문화적 갈등과 오해를 인식하고 구체적인 해결책을 찾게 하는 방향으로 구상된다. 학습과제에서는 우선 텍스트의 내용과 구조에 대한 이해 문제가 가장 많은 부분을 차지한다. 다음으로 사실이해를 위해 지리적·사회정치적 상황에 대한 정보습득 과제도 많이 등장한다. 또한 문화적 갈등과 오해를 주제로 삼아 감정이입능력과 시각의 변화를 도모하는 학습과제도 다수 포함되어 있다. 역할극의 형태로 다른 사람의 입장과 관점에 서서 시각의 변화를 유도하기 위한 행위지향적인 과제도 부여되고 허구적 텍스트의 상황을 실생활에 적용해 보는 생산지향적 과제도 빈번하게 등장한다. 이런 과제는 예를 들어 "이런 상황에서 너는 어떻게 생각했겠니? 글로 써 보거나 말해 보거라" 등의 형태로 제시된다. 이렇듯 국어 교과서에서 정서적·분석적 측면을 결합시키는 학습과제 유형이 많이 등장하는 것은 최근의 상호문화적 문학교육의 방향을 충실하게 반영하고 있음을 보여 준다.

3. 독일 국어 교과서에 나타난 상호문화교육

1) 들어가는 말

전통적인 문화 개념은 특정한 국가, 민족 또는 집단 등의 개별문화를 의미한다. 이러한 전통적 문화 개념은 18세기 후반 요한 고트프리트 헤르더(Johann Gottfried Herder)에 의해 발전되었는데, 그가 주장하는 문화 개념은 하나의 공과 같은 모델로 설명될 수 있다. 각각의 공들은 서로 부딪쳐 튕겨 나가는 성질을 갖고 있듯이, 헤르더의 문화 개념도 민족적 정체성, 사회적 동질성, 타 문화와의 분리주의를 큰 특성으로 하고 있다.[12]

그러나 독일의 현대 철학자 볼프강 벨쉬(Wolfgang Welsch)는 현대 사회는 매우 복잡하고 분화되어 있으며 다양한 삶의 방식이 존재하기 때문에, 헤르더가 생각하는 전통적인 문화 개념은 더 이상 존립할 수 없다고 말한다.[13]

그는 현대 사회에서는 다양한 삶의 형식과 문화가 서로 섞여 있고 서로에서 새로운 문화가 생겨난다고 진단하면서 현대 사회의 '초문화성(Transkulturalität)'을 강조한다. 그는 다양성을 피할 수 없는 해악으로 보는 것이 아니라 오히려 적극적인 가치로 생각하며 순수 대신에 혼합을 적극적으로 요구하고 타자성을 개개인의 정체성을 구성하는 근본적인 토대로 간주한다. 그가 구상하는 초문화성은 문화 간의 분리와 배척이 아니라 문화의 혼종, 섞임을 강조한다. 즉, 현대 사회에서 다른 문화와의 만남에는 차이만 있는 것이 아니라 연계 가능성도 있는 것이다. 이 연계 가능성이 개발되고 확대되어 공통의 삶의 형식이 형성된다. 그래서 초문화성의 과제는 타 문화의 이해에 있는 것이 아니라, 타자와의 상호작용에 있다. 타 문화의 이해 단계를 넘어서 상호작용과 협력의 단계로 나아가야 하는 것이다. 벨쉬의 초문화성 개념은 기존의 상호문화 개념보다 문화 간

12 Welsch, 68.

13 Welsch, 68 이하.

의 경계파괴와 문화의 혼종과 섞임, 침투를 더 강조한 것으로 이해할 수 있다. 문화 사이의 혼종과 침투의 정도에는 다소 차이가 있고 강조점이 다를지라도 상호문화성이나 초문화성 모두 다양한 문화 사이의 대화를 강조하고 타 문화를 통해 고유의 자국문화를 성찰하면서 상호문화적 작용과 협력을 지향한다는 점에서는 공통점이 있는 것이다.

> 상호문화적 연구와 초문화적 연구는 고유의 지평을 벗어나서 다른 문화나 다른 문화적 입장이 갖는 이질성과 대화적 접촉을 추구하여 자신의 고유한 입장을 외부의 시각에서 인지할 수 있도록 하는 것을 의무로 삼고 있다.[14]

타자에 대한 이해를 넘어서서 타자를 통해 배우고 자아의 성찰과 기존 시각의 변화를 통해 상호공존을 위한 적극적인 상호작용으로 넘어가야만 진정한 상호문화적·초문화적 교육이 이루어졌다고 볼 수 있다.

독일의 교육은 이미 오래전부터 독일 사회 내 민족적·문화적 이질성과 혼종성을 경험하면서 상호문화성을 핵심목표로 삼아 발전하고 있다. 앞서 이미 여러 번 언급되었듯이, 1996년 독일 연방주 교육부장관협의회는 '학교에서의 상호문화적 교양 및 교육'을 결의하고 상호문화교육의 원칙, 목표 및 실행방법에 합의하였다. 이에 따라 학교에서 실행되는 상호문화교육은 모든 인간은 동등하고 모

14 Antor, 33.

든 인간의 가치표상과 문화적 방향설정은 존중되어야 한다는 점을 기본 토대로 삼고 있다. 아울러 '학교에서의 상호문화적 교양 및 교육'은 문화적 다양성 속에 평화로운 상호공존을 위해 각 교과목 수업에서 다루어야 할 다양한 테마를 제시하고 있다. 그리고 상호문화교육을 위한 교수법적 원치으로는 여러 교과목을 포괄하는 수업, 문제지향적이며 행위지향적인 학습, 삶의 현실과 학생의 경험을 활용하는 수업, 프로젝트 수업 등이 제안되고 있으며 특히 외국어 수업과 국어 수업에서는 다양한 시각과의 만남과 시각의 변화가 강조되고 있다.[15]

이러한 상호문화적인 교육 내용과 방향은 이미 각 연방주의 교육과정을 통해 명시적으로 드러나고 있으며 교육과정을 바탕으로 집필된 교과서에도 그대로 반영되어 있다. 여기서 분석할 독일의 국어 교과서 *Deutschbuch* 역시 상호문화교육이라는 각 연방주의 교육목표를 충실하게 반영하고 있는 대표적인 교과서로서 상호문화교육에 포커스를 맞추어 학습내용을 선정하였고, 이에 걸맞은 학습소재 및 학습과제를 제시하고 있다.

*Deutschbuch*는 현재 중등 1단계[16]에서 가장 많이 활용되는 교과서 중 하나이다. 이 국어 교과서는 과거처럼 언어교육과 문학교육으로 분리하지 않은 통합교과서이다. 즉, 독일어 교과 교육과정상의 말하기와 쓰기, 언어와 정서법에 대한 성찰, 텍스트와의 만남이라는 세 가지 학습영역이 교과서 내에 통합되어 있다.

---

15 Empfehlung "Interkulturelle Bildung und Erziehung in der Schule", 9 이하.

16 중등 1단계는 일반적으로 김나지움 5-10학년을 의미한다.

*Deutschbuch*의 5학년 과정에서부터 10학년 과정까지 각 교과서에는 다양한 문화권의 문학작품들이 실려 있으며, 특히 8학년 과정에서는 상호문화교육을 독립된 장에서 주제화하여 다루고 있다. 따라서 다음 절에서는 8학년 *Deutschbuch*를 중심으로 독일 국어 교과서에서 실제로 상호문화교육이 어떠한 방식으로 실현되고 있는지에 대해 살펴보고자 한다.

2) 낯선 시각을 이해하고 자신의 입장을 명확히 하기: *Deutschbuch* 8학년 교과서 분석

중등 1단계 8학년 과정 *Deutschbuch*는 총 15장으로 구성되어 있다. 언어교육과 문학교육을 통합하는 성격에 걸맞게 "말하기와 쓰기" 영역에 총 5개의 장, "언어에 대한 성찰" 영역에는 4개의 장, 그리고 "텍스트와의 만남" 영역에는 5개의 장이 균형 있게 배열되어 있다. 마지막 장은 학생잡지를 만드는 프로젝트 수업으로 구성되어 있다. 아울러 각각의 장에도 언어교육과 문학교육이 통합적으로 구상되어 있다.

8학년 과정의 이 국어 교과서에서는 상호문화교육의 목표가 "말하기와 쓰기" 영역에 해당되는 제3장에서 "낯선 시각을 이해하고 자신의 입장을 명확히 하기(Fremde Sichtweisen verstehen-den eigenen Standpunkt klären)"라는 주제를 내세워 실현되고 있다. 언어교육과 문학교육의 통합적인 구상에 따라 이 장에서도 낯선 시각을 이해하도록 소설과 시 읽기 활동, 그리고 학습자 자신의 입장을 명확히 하기 위한 토론하기, 논증하기, 기사문 쓰기 등의 다양한 학습활동이 유기적으로 제시되어 있다. 제3장은 다음과 같은 세 단원으로 구성되어 있다.

(1) 타자와의 만남: 판단과 의견의 근거 만들기

(Umgang mit Fremden: Wir begrunden Urteile und Meinungen)

이 단원에서는 학습자가 타 문화나 타 국가에 대해 가지고 있는 전형적인 편견이나 스테레오타입에 대해 생각하고 인식하게 된다. 우선 각 국가의 문화적 특징을 나타낸 캐리커처를 제시하면서 학습자의 경험과 비교해 보고 자신의 입장을 발표하는 학습활동이 제시된다. 다음으로 좀 더 구체적이고 객관적인 자료를 통해 유럽의 이웃 국가가 생각하는 독일의 전형적인 특성을 열거하며(예를 들어, 복종적인, 지배욕이 있는, 국가에 대한 자부심이 강한, 정확한, 교만한 등) 낯선 타자가 독일을 바라보는 시각도 제시해 주고 있다. 이러한 다양한 학습활동을 통해 학생들은 타 문화에 대한 편견을 점검하게 되고 낯선 시각을 통해 자신의 고유 문화를 비판적으로 성찰하게 된다.

이 단원은 문학교육과 토론교육을 통합적으로 수행하고 있으며, 단원의 마지막 부분에서는 상호문화교육에 적합한 행위 및 생산지향적인 학습과제가 제시되어 있다.

a) 문학교육

이 단원에서는 페데리카 데 체스코(Federica de Cesco)의 『둘을 위한 스파게티(*Spaghetti für zwei*)』가 실려 있는데, 이 작품은 타자에 대한 편견에 대해 비판적으로 성찰하게 한다. 스위스 작가의 이 작품은 유럽 사회에 만연해 있는 외국인, 특히 흑인에 대한 인종주의와 편견을 극명하게 드러낸 것으로 독일어권의 수업에서는 학습자의 편견 깨기와 시각변화를 위한 수업재료로 빈번하게 사용되며, 특히 생산 및 행위지향적 문학교육방법을 토대로 학생들에 의해 영화, 역할극, 만화, 포토스토리, 이어 쓰기 등의 다양한 프로젝트 활동으로 창의적으로 수용된다.

『둘을 위한 스파게티』는 단편소설로 14세의 독일 소년 하인츠(Heinz)와 흑인 소년 마르셀(Marcel)이 등장한다. 하인츠는 어느 날 식당에서 야채 스프를 주문하여 먹으려고 자리를 잡았는데 잠시 숟가락을 가지러 갔다 온 사이에 흑인 소년 마르셀이 자신의 스프를 먹고 있는 모습을 보게 된다. 하인츠는 그 자리에서 바로 화를 내려고 했으나 주위 사람들의 눈을 의식하여, 씩씩거리며 마르셀의 맞은편에 앉는다. 그러나 마르셀이 아랑곳하지 않고 계속해서 스프를 먹자, 하인츠는 화가 난 채로 같이 그의 스프를 먹기 시작한다. 그러면서 하인츠는 편견을 가지고 마르셀을 바라보며, '저 사람은 분명히 돈이 없어서 하루 종일 굶었을 거야. (…) 내가 그렇게 굶었어도 저렇게 행동을 할까? 저 사람은 독일어도 분명 못할 거야. (…) 나라면 정말 부끄럽겠어! (…)'라고 생각하며, 그에 대해 온갖 부정적인 추측을 하며 비하한다. 스프를 다 먹은 뒤에 하인츠는 음식을 제대로 먹지 못한 것에 대해 불만을 쏟아대며 그를 비하한다. 이에 마르셀은 스파게티 한 그릇을 다시 사와 하인츠에게 포크를 주며 둘은 함께 스파게티를 나눠 먹는다. 이 상황이 황당한 하인츠는 마르셀 개인을 통해 '아프리카 사람은 음식을 나눠 먹는다' 등 타 문화에 대해서까지 편견을 가지기 시작한다. 식사를 다 끝내고 하인츠는 옆자리에서 야채 스프가 담긴 식판을 발견한다. 하인츠 자신이 샀던 바로 그 야채 스프였다. 순간 하인츠는 너무 당황하고 부끄러워서 어쩔 줄을 몰라 하는데, 이 상황을 눈치 챈 마르셀은 갑자기 웃음을 터뜨린다. 이윽고 하인츠도 함께 웃음을 터뜨린다. 마르셀은 자신의 이름을 소개하며 내일도 같이 식사를 하자고 제안한다. 이에 하인츠는 흔쾌히 약속을 잡고 자신이 음식을 사겠다고 하며 이야기는 끝이 난다.

『둘을 위한 스파게티』는 외국인 학생 마르셀에 대한 독일 학생 하인츠의 편견과 그의 시각변화를 잘 보여 주는 작품이다. 특히 작품 속 허구적인 상황은 학생들이 실제 생활에서 접할 가능성이 매우 높기 때문에, 학생들은 작품 속 상황을 잘 이해하고 공감할 수 있으며 학습내용을 실제 생활에 접목할 가능성이 높다. 하인츠는 이미 외국인에 대해 부정적인 시각을 가지고 있었다고 볼 수 있다. 아마도 흑인 마르셀을 난민 신청자로 간주하고 돈도 한 푼 없이 남을 등치고 살며 독일어는 한마디도 못하는 하찮은 사람으로 생각했을 것이다. 작품에서 구체적으로 표현하지는 않았지만 하인츠는 평소에 외국인에 대해 그렇게 생각하고 있었기 때문에 마르셀을 오해하며, 마르셀 개인을 넘어서 그가 속한 문화까지 편견을 갖고 부정적으로 바라본다. 그러나 마르셀은 하인츠의 무례하고 조소적인 태도에도 불구하고 차분하게 대응하며 처음 본 하인츠에게 음식을 대접하는 관용까지 보인다. 게다가 그는 돈도 있었으며 독일어도 할 줄 안다. 이러한 설정은 외국인에 대한 편견과 비하적인 태도와 대조되어 하인츠의 내면화된 시각의 주관주의적 절대성과 편협성을 두드러지게 하는 효과가 있다.

이 교과서에는 또 다른 문학작품으로 터키 출신의 독일 시인이자 교사인 사브리 자키르(Sabri Cakır)의 「난 두 개의 고향이 있지(Ich habe zwei Heimatländer)」(1983)라는 시가 실려 있다. 독일어와 터키어로 작품활동을 하는 자키르는 독일 내 거주하는 터키 출신의 학생들을 위한 교과서도 집필하였다. 이 시는 두 문화 사이의 언어와 정체성의 문제 그리고 고향상실의 문제를 간결하게 보여 주는 80년대 이주문학의 대표적인 작품으로 평가받는다. 특히 최근의 독일 학급에서는 독일 학생과 터키를 비롯한 이주학생들이 공동으로 학습하는 경우가 많기 때문에, 이 작품은 두 집단이 각각 서로 다른 문화에 대해 갖고 있던 기존의 생각을 밝히고 상대방의 감정과 시각에 대해 함께 배우고 논의하는 데 적합하다.

난 두 개의 고향이 있지

난 두 개의 언어가 있지
하나는 집에서 사용하고
아내와 아들이
그래서 날 잘 이해하지
다른 언어는 직장에서 사용하지
장 볼 때도 외국인관청에서도

난 두 개의 얼굴이 있지
하나는 독일인을 위한 거지
이 얼굴로 모든 걸 웃게 하고
울게 하지

다른 하나는
고향사람을 위한 거야

난 두 개의 고향이 있지
하나는 내가 태어난 곳이고
다른 하나는 배부른 곳이야
아버지들의 고향이 더 좋지
하지만 난 두 곳의 고통을
감수해야만 해

이처럼 *Deutschbuch*에는 상호문화교육을 위해 문학 텍스트 읽기부터 시작한다. 문학 텍스트는 작품 내 구체적인 사건을 통해 독자의 정서적·성찰적 체험을 가능하게 한다. 우리는 문학작품의 이야기 속에서 다른 사람들이 어떻게 계획하고 자신의 행동의 근거를 만들고 갈등상황에 빠지고 해결책을 찾아내는지 경험하게 된다.[17] 이를 통해 독자는 자신이라면 어떻게 생각하고 느끼고 행동했을 것인지 그리고 그 결과 작품 속의 낯선 타자가 자신의 의식과 태도, 입장 등에 대해 어떤 영향을 주었는지 자문하게 된다. 그러면서 독자는 다른 가치와 시각이 존재한다는 점을 인정하게 되고 자기중심적인 사고방식에서 벗어날 수 있게 된다. 그러기에 문학 텍스트를 활용한 교육은 "지식과 정보의 전달과 평가보다는 가치의 문제나 윤리, 도덕 등의 교육에 더욱 적합할 수 있다". 그런 의미에서 상

17 Bredella (2010), 106.

호문화교육의 본질이 지식이나 정보의 전달과 평가가 아니라, 일종의 실천적 이해를 지향하는 가치, 판단, 윤리의 문제에 있다면 적절한 문학 텍스트 읽기는 매우 훌륭한 교육내용을 구성할 수 있는 것이다.[18]

b) 학습과제

각 단원에서는 텍스트 이해, 토론, 역할극 등 여러 가지 형태의 학습과제를 부여하고 있다. 이러한 학습과제는 상호문화적 학습을 지향하는 교과서의 새로운 구상을 반영하는 것이다. 다양한 문화에 속하는 구성원들과의 만남과 소통에서 비롯된 언어적·심리적 문제, 타자를 멸시하고 배척하는 인종주의적 태도, 문화적 다름에 대한 몰이해와 폄하, 편견과 스테레오타입 형성 등은 상호문화적인 학습과제에 등장하는 주요 소재이다.

「타자와의 만남」 단원에서는 분석과 해석이라는 전통적인 문학교육 방법에서 벗어나 생산지향적·행위지향적인 학습과제를 제시함으로써 학습자의 문제제기와 문제해결능력, 공감능력 및 창의력 향상, 그리고 다양한 관점과의 대결에 중점을 두고 있다. '행위 및 생산지향적인 문학교육(handlungs- und produktionsorientierter Literaturunterricht)'은 학생들이 주체가 되어 원본 텍스트를 다시 고쳐 쓰고 텍스트의 장면을 행위를 통해 구체화하거나 다른 매체로 변형시키면서 직접 생산적으로 활동하는 것을 의미한다.[19] 텍스트

18 한용택, 213.

19 참조 김정용 (2011), 177 이하.

와 교사에 초점을 맞춘 기존의 분석 및 해석 지향적인 문학교수법과는 달리 학생의 주체적이고 창의적이며 생산적인 독서행위를 전면에 내세운 것이다. 실제로 학생들은 분석이나 해석보다는 행위 내지 생산의 방법으로 문학작품의 내용을 자신의 삶과 연계해 봄으로써 문학작품이 곧 자신의 주변의 삶 속에 존재하는 일상적이고 친숙한 것이라는 경험을 하게 된다. 이러한 행위 및 생산지향적 문학수업은 상호문화적인 교육에서 중요한 역할을 하는데, 학습자 중심의 창의적인 학습방법을 통해 학습자의 공감과 시각변화를 이끌어낼 수 있기 때문이다. 상호문화적 문학교육 전문가인 안스가 뉘닝(Ansgar Nünning) 역시 상호문화적 문학 텍스트를 다룰 경우 행위 및 생산지향적 방식과 성찰적 방법의 결합을 제안한다. 행위 및 생산지향적 문학수업을 통해 학습자는 한편으로는 인물과 상황 속에 정서적으로 이입하게 되고, 다른 한편으로는 거리를 취하고 자신의 사고 및 태도, 입장에 대해 성찰하게 된다. "전통적인 텍스트 분석은 다양한 관점의 내용적 재구성을 가능하게 하는 반면, 다른 관점의 수용과 병렬을 위한 인지적·정서적 능력의 함양은 학생중심, 창의적·생산적 방식"을 통해 가능한 것이다.[20]

이 단원의 학습과제는 다음과 같이 세 가지 유형으로 구분될 수 있다.

편견 깨기

편견은 어느 한 개인이나 집단 그리고 상황에 대한 부정적·비하

20 Honnef-Becker (2007), 226 이하.

적인 판단 또는 긍정적·과장적 판단을 의미한다. 편견은 예를 들어 타인은 교양 없고 범죄적이고 공격적이라는 정형화된 지식과 타인을 거부하고 경멸하고 동정하는 정형화된 감정, 그리고 타인에게 책임을 전가하고 타인을 기피하고 방치하는 정형화된 태도가 서로 중첩된 결과로 나타난다.[21] 편견에 빠진 사람은 또한 일반화하는 주장을 무조건적으로 확신하고 새로운 사실을 거부하거나 자신의 감정과 사고, 판단에 있어서 수정을 요구하는 정보나 시각을 정서적으로 완강하게 거부하는 특성을 보인다.[22]

앞서 살펴본 『둘을 위한 스파게티』는 우리가 일상생활에서 쉽게 접할 수 있는 타인에 대한 편견과 이러한 편견들이 어떻게 형성되는지 문학적 형식을 빌려 구체적으로 보여 주고 있다. 이에 대한 학습과제로, 작품의 전개 과정에서 주인공의 사고와 태도에 대해 알아보고 그의 인식이 어떻게 변하였는지 서술하도록 하고 있다. 그리고 상대방 마르셀이 작품에서 왜 그렇게 행동했는지, 왜 침묵했고 하인츠에 대해 어떤 생각을 했는지 유추해 보는 학습과제가 제시된다. 이러한 과제는 타자와 타 문화와의 만남에서 생기는 여러 문제와 갈등은 편협한 민족중심주의적 사고와 절대화된 자기중심적 시각으로 인한 잘못된 인식과 판단의 결과임을 전제하고 있다. 아울러 이런 과제를 통해 다양한 시각과 사고방식의 차이를 인식하고 수용하는 과정에서 학습자 자신의 시각과 사고방식이 상대화되고 이를 통해 공감능력도 강화될 수 있음을 보여 주는 데 그 목적이 있다.

21 Yousefi, 102 이하.

22 Hort, 45.

우선 문학작품이 학습자가 갖고 있던 당연한 편견에 대해 당혹감을 유발하고 의문을 갖게 하였으며, 아울러 두 주인공 각각의 감정과 입장을 성찰하고 이해하는 학습과제를 통해 다양한 문화와 사고, 시각을 인정하게 되어 궁극적으로는 고착화되고 일반화하는 편견으로부터 해방시켜 주게 되는 것이다.

역할극

『둘을 위한 스파게티』의 경우, 학습자가 작품을 충분히 이해하고 난 후 그 상황을 역할극으로 만들어 각자 등장인물의 입장이 되어 보는 학습과제가 등장한다. 역할극은 상황과 인물을 가정하고 타인과 입장과 상황에 직면했을 때 나는 어떻게 느끼고 생각하고 행동했을까 미리 연습을 해 보는 것이다. 역할극을 통해 학습자는 타인의 입장과 처지에 공감을 하게 되고 타인의 심정과 생각, 행동을 보다 잘 이해할 수 있게 된다. 그러므로 역할극을 통한 행위지향적 학습은 학생들에게 타자에 대한 감정적 이해와 타자를 통한 시각변화를 구체적으로 느끼고 경험할 수 있는 기회를 부여한다.

> 우선 사람들의 삶의 연관, 습성, 태도 속으로 모방하듯 감정이입함으로써 비로소 그들의 구체적인 인지, 요구, 상호작용 방식, 관계를 온몸으로 추수할 수 있으며, 역할극의 수단으로 점차 낯선 삶의 연관, 낯선 행동 및 사고를 이해할 수 있다.[23]

23 Scheller, 157 이하.

또한 역할극은 여러 가지 조건에 맞춰 변형할 수 있다는 점에서 유용한 교육적 수단이라고 할 수 있다. 학생들은 이 작품을 다양하게 변형할 수 있다. 예를 들어, 원작품과는 달리 주변을 의식하지 않은 채 처음부터 마음속으로 생각했던 것을 직접적으로 표현하는 하인츠를 연기하거나, 학생 자신들이 편견을 보였던 실제 상황을 설정하고 본인이 편견의 희생자 역할을 맡는 것으로 변화를 줄 수 있다.

토론

이 단원에서는 "독일이 이주국가여야 하는가?"라는 주제를 제시하고 두 그룹으로 나누어 각각의 중요한 테제와 논증을 제시하게 한다. 토론을 한 후에는 어떤 논증이 각각의 테제를 가장 잘 적합하게 뒷받침하는지를 설명하게 한다.

독일의 국어 교과 8학년 표준과정에 따르면 토론은 논증과 함께 말하기 영역의 주요 학습능력에 해당한다. 이에 따르면 8학년 학생들은 다양한 토론 유형을 구분하고 이에 따른 규칙을 적용할 줄 알아야 하는데, 이러한 능력을 습득하기 위해서는 토론의 내용과 틀을 갖추고 다른 사람의 논증과 의견을 공정하게 그리고 객관적으로 대응하여 자기 입장의 근거를 마련해야 한다. 또한 외국인, 이주국가 등의 테마에 대한 토론 활동을 통해 학습자들은 다른 사람의 시각을 접하게 되고 종전에 아무런 의심 없이 가졌던 외국인에 대한 스테레오타입과 편견을 자각하고 성찰하게 된다. 그러므로 국어 교과서 내의 토론과 논증은 말하기 영역에 주로 해당되지만 토론과 논증을 통해 다른 입장과의 만남과 자신의 입장 정립을 연습하게 함으로써 이 단원이 추구하는 상호문화교육 목표에 간접적으로 연결되어 있음을 알 수 있다.

(2) 함께 살아가기: 논증 표현하기(Miteinander leben: Wir formulieren Argumente)

이 단원에서는 독일 내 외국인 이수에 관해 과거와 현재 상황의 역사적 배경, 사회적 환경 등 객관적인 사실을 보여 주는 텍스트들을 제시하고 있다. 이 단원에서 사실적인 텍스트를 다루면서도 항상 '왜'라는 질문을 함께 제기하고 있는 교과서 구상이 주목할 만하다.

60년대 초 독일은 경제발전을 이루면서 많은 노동력을 필요로 했다. 그 결과 수많은 외국인 노동자들이 독일로 이주해 와서 경제활동을 시작했는데 이를 시발점으로 독일은 점차 다문화 사회로 진입하게 된 것이다. 이러한 사실적인 텍스트를 다루면서 동시에 질문을 통해 현상을 근원적으로 성찰하는 것은 학습자가 정확한 정보를 바탕으로 이주문제의 원인과 사회적 배경 그리고 현재까지 미치는 영향과 문제점에 대해 심층적으로 살핌으로써 독일의 다문화 사회를 좀 더 객관적으로 편견 없이 이해하고 수용하는 데 도움을 준다.

이 단원에서의 학습과제는 '다양한 문화를 가진 사람들과 더불어 사는 것'에 대해 어떤 입장을 취하는지 파트너나 그룹과 공동으로 스티커를 만들어 각자의 생각을 짧은 글로 써 보는 것이다. 이러한 학습과제는 행위지향적·생산지향적 교수방법이 결합된 형태로서 학습자가 배웠던 지식을 실제 자신의 경험과 연결하도록 하여 교실 내 학습환경을 넘어 학습자의 실제 생활환경 속에서 타자와 타 문화에 대한 기존의 사고와 태도에 변화를 일으키려는 교육적 목표를 갖고 있는 것이다.

(3) 입장 세우기: 견해척도에서 독자편지까지(Wir nehmen Stellung: Vom Meinungsbarometer zum Leserbrief)

이 단원은 다문화 사회 내 다양한 문제에 대해 학습자 자신의 입장을 논증적으로 표명하고 이를 글쓰기를 통해 표현하는 학습활동으로 이루어져 있다. 이러한 학습활동은 단순한 정보전달이나 교사 위주의 텍스트 해석 수업에서 벗어나 학습자가 주체적으로 참여하고 창의적으로 생산해 내는 생산지향적 교수법을 충실하게 반영한 결과이다.

a) 쓰기 교육

수업에서 학생들의 참여도는 토론과 같은 말하기 활동이나 역할극과 같은 행위지향적 활동에서 비교적 높게 나타난다. 이것들에 비해 쓰기 활동은 상대적으로 정적인 활동에 속하지만, 등장인물의 입장에서 편지 쓰기, 독서 후 감상 소개하기, 텍스트를 상상력을 갖고 해석하기, 독서 일기 쓰기, 등장인물의 태도를 자신의 삶 및 경험과 연계하기, 빈자리 채우기, 등장인물의 전기 만들기, 신문 만들기 등의 다양한 생산적 활동은 학습자의 흥미와 참여도를 제고할 수 있다.

*Deutschbuch*에서 교수법적으로 가장 비중 있게 적용되는 방식은 자유로운 창의적 글쓰기이다. 이것은 수용자와 창작자의 역할을 자유롭게 허용하는 것인데, 이를 통해 무엇보다 “학생들에게 주체적인 이해에 대한 권리를 부여하고 상상력을 갖고 계속 생각하고 읽은 내용에 대해 실험적으로 접근하는 것이 그 내용을 파괴하는 것

이 아니라, 오히려 더 나은 심층적 이해를 위한 방법이라는 점"[24]을 명확하게 하려는 의도를 갖는다.

이 단원에서 집중적으로 다루고 있는 독자편지는 신문, 잡지 등에 기고하는 형식으로 특정 주제에 대해 주장과 근거를 가지고 서술해야 한다. 독자편지 쓰기는 생산지향적인 학습의 대표적인 활동으로서 시사적인 현안에 대해 자신의 독자적인 입장을 세워서 그 입장을 논리적으로 표현하고 때에 따라 신문이나 잡지의 논조에 비판적인 입장을 표명할 수 있다. 특히 외국인 범죄에 대한 독자편지를 학습활동으로 다루는 것은 다문화 사회 내의 다양한 문제와 갈등에 대해 자신의 입장과 시각을 밝히면서 그 해결 방법을 모색하게 하고, 매체에 자신의 의견을 전달함으로써 연대적으로 사회적 정의와 민주주의를 실천하는 데 그 목적이 있는 것이다.

b) 학습과제

「입장 세우기」 단원에서도 토론을 이용한 학습활동이 이루어지고 있다. 소규모로 조를 형성하여 주어진 상황에 대해 각자의 주장을 명확한 근거와 예시로 뒷받침하여 토론·발표하도록 한다.

예를 들어 학생들이 직접 타자나 타 문화와 관련하여 발생할 수 있는 상황들을 가정하고 그에 대해 서로의 의견을 대화로 나누게 한다. 학생들은 우선 엽서 크기의 카드에 '만약 … 한다면, 어떻게 될까?'라는 상황을 적어 본다. 가령 '네가 터키인으로 혹은 독일인으로 세상에 태어났으면 어떻게 될까?'라는 상황카드를 만들어 볼

24 Deutschbuch. Handbuch für den Unterricht 7, 10.

수 있다. 그 다음 각 조원들은 카드를 한 장씩 골라 그 상황을 읽은 다음 다른 학생에게 넘긴다. 그리고 이 학생은 카드 속 상황에 대해 자신이라면 어떻게 할 것인지 자신의 의견을 말한다. 일방적인 의견을 전달하기보다는 다른 조원들과 서로 질문하고 대화하면서 발표하게 한다.

이와 같은 학습과제는 학습자가 타자 및 타 문화와의 만남에서 생기는 다양한 상황에 대해 자신의 입장을 세우고 다른 사람의 입장과 대결하면서 논증하는 것으로 목표로 한다.

3) 나가는 말

과거 독일 교과서를 통해 상호문화적 교육을 연구한 논문들을 살펴보면 여전히 자민족 중심적·인종차별적인 서술이 여전히 빈번하게 등장하고 있음을 확인할 수 있다. 가령 교과서에 외국인에 관한 내용이 점점 더 많이 등장하지만, 여전히 외국인에 대한 동정심과 온정주의적 후견인 입장을 불러일으키고 외국인 이주자에 대해 문화적 우월성을 잠재적으로 인식시키는 서술이 지배적이다.[25] 독일 교과서에 나타난 이주자 자녀의 모습에 관한 연구를 한 마리아

---

25 2015년 5개 연방주의 사회정치, 역사, 지리 과목 65개 교과서를 분석한 연구결과 역시 우리의 교과서 집필에 시사하는 바가 많다. 이 연구에 따르면 여전히 많은 교과서에서 다양성이 특이한 경우로 서술되고 이주민은 자주적이기보다는 수동적으로 그려지며 이주는 여전히 문제가 많은 사안으로 묘사되는 반면에 독일의 통합 역할은 긍정적으로 평가된다. 참조 Die Beauftragte der Bundesregierung für Migration, Flüchtlinge und Integration: Schulbuchstudie-Migration und Integration.(Online)

브루너(Maria Brunner)의 다음과 같은 비판적 요약은 이를 구체적으로 보여 주고 있다.[26]

-교과서의 서술이 3세대 외국인 이주자 자녀들도 낯설다는 점에서 시작하고 있다.
-민족적 차이가 전면에 등장한다.
-외국인 자녀는 '특별한'(원래부터 문제가 많은) 그룹으로 등장한다.

이에 비하면 국어 교과서 *Deutschbuch*는 학습내용과 학습방법의 측면에서 과거의 교과서보다 상호문화적 교육목표에 한층 더 근접해 있는 것으로 평가될 수 있다. 8학년용 *Deutschbuch*의 제3장 「낯선 시각을 이해하고 자신의 입장을 명확히 하기」는 상호문화적인 관점에서 다양한 텍스트와 학습과제를 통해 다문화적 상황을 다루고 있다. 학습자가 낯선 시각을 이해하고 자신의 입장을 명확히 하기 위해 토론, 논증, 역할극, 창의적 글쓰기, 그리고 독자편지 및 스티커 만들기 등 다양한 학습활동이 과제로 제시되어 있다. 이는 상호문화교육이 행위 및 생산지향적 교육방법을 통해 효과적으로 실천될 수 있다는 다양한 학자의 연구결과를 반영한 것으로 판단된다. 아울러 이 장의 내용은 국어 교과 수업에서 이루어지는 상호문화교육이지만 궁극적으로 보면 반차별과 평등을 위해 연대하는 민주 시민 교육의 범주하에 있는 것이다. 독일의 경우 민주 시민을 위한 정치적 교육은 1976년 합의된 '보이텔스바흐 협약(Beutelsbacher

26 Brunner, 85.

Konsens)'[27]에 따라 학생들의 주체적인 입장표명을 위한 강압적인 주입식 교육 금지, 수업에서의 논쟁성 준수, 정치적 상황에서의 실천적 행위능력 강화라는 원칙을 제시하고 있는데, *Deutschbuch*의 학습과제 역시 민주 시민 교육의 원칙에 충실하게 구상된 것으로 판단된다.

또한 이 교과서에서 우리가 특히 주목할 점은 교과서에서 사용하고 있는 다양한 텍스트나 학습과제가 상호문화적 학습의 과정, 즉 타 문화에 대한 편견 인식, 타 문화와의 차이 인정, 다른 시각을 통한 자신의 시각에 대한 비판적 성찰 등을 잘 반영하고 있다는 것이다. 다시 말해 독일인 학습자뿐만 아니라 이주 학습자 사이의 상호문화적 교육을 위해, 타 문화에 대한 사실적인 지식만을 전달하는 것이 아니라 학습자가 타 문화에 대한 편견을 인식하고 타 문화권 사람들의 사고와 태도를 보다 더 잘 이해하면서 자신의 사고와 태도를 비판적으로 성찰하도록 교과서가 구상되었다. 아울러 문학작품과 객관적인 텍스트를 통해 학습한 상호문화적 이해가 머릿속의 학습에만 머물지 않고 실제 생활환경 속에서도 적용될 수 있도록 학습자의 경험세계와 연계된 학습활동이 자주 제시되고 있음을 알 수 있다.

*Deutschbuch*가 1998년도에 출판된 점을 고려해 볼 때, 독일의 상호문화교육은 이미 오래전부터 상당한 수준으로 진행되어 왔다고 평가할 수 있다. 다양성을 자명한 것으로 받아들이고 정상적인 것과 특이한 것을 분리하지 않고 우리와 다른 사람들을 구분하지 않는 시각이 교과서에 구현되어 있으며, 낯선 타자를 희생자나 도움

---

27 참조 Bundeszentrale für politische Bildung: Beutelsbacher Konsens.

이 필요한 존재로 그려내지 않고 규범이나 가치체계 그리고 생활방식의 다양성이 존중되는 그런 교과서 모형이 이 독일 국어 교과서에 선취되고 있는 것이다.[28] 우리도 독일과 같은 다문화 사회가 되어 가고 있는데, 우리의 교과서는 아직 독일 교과서에 비해 다문화 주제를 상호문화적 교육의 측면에서 심도 있게 다루고 있지 못한 실정이다. 그 때문에 그 학습내용의 다양성 내지 학습활동 역시 아직은 미진할 수밖에 없는데, 이 점에 있어서 상호문화교육을 지향하는 독일 교과서가 한국 사회에 적합한 교과서 개발에 좋은 모델이 될 수 있을 것으로 판단된다.

4. 공감의 측면에서 본 한국 국어 교과서 분석

1) 들어가는 말

한국 사회에서 다문화 현상을 둘러싼 관심과 논의는 다양한 분야에서 계속 활발하게 진행되고 있다. 과거에는 독일에서처럼 소수자 자녀에 초점이 맞추어져 국내 사회문화에 완벽히 동화하기를 주장하였지만, 최근에는 독일과 프랑스를 비롯한 유럽에서 소개된 상호문화교육 논의에 힘입어 동화에서 통합으로, 소수자 자녀에서 다수자 자녀에게로 초점이 이동하는 듯하다. 그러나 다문화교육이나

28 Rinke, 401 이하.

연구에서 타자 및 타 문화에 대한 공감능력이나 의식 및 태도에 관한 논의는 여전히 미진한 상태이다.

독일의 상호문화교육에 관한 연구 및 학교 내 교육을 고찰해 보면 상호문화교육이 타자 및 타 문화에 대한 객관적 지식의 차원을 넘어서 감정, 가치, 입장, 태도 등의 차원에서 중점적으로 이루어지고 있음을 알 수 있다. 즉, 기존 다문화 연구나 교육이 인종, 민족, 문화, 종교, 사회경제적 영역뿐만 아니라, 자아와 타자와의 만남과 관계에서 타자 및 타 문화에 대해 갖는 개인적·집단적 의식과 태도 등도 중요 대상으로 다루어야 하는 것이다. 다문화 연구나 교육에서 외형적으로 쉽게 파악될 수 없는 이러한 개인적·집단적 의식과 태도는 공감 및 배려, 편견과 스테레오타입 제거, 다름의 인정, 시각변화 등의 주제어로 귀결될 수밖에 없다. 이러한 주제어 중에 특히 공감 개념은 국내 다문화 연구와 교육에서 인종과 민족에 대한 객관적이고 외형적인 이해가 문화적 갈등과 문제점을 해결할 수 없다는 인식에 따라 최근에 새롭게 주목되고 있는 개념이다. 타자 및 타 문화에 대한 공감 및 인정과 더불어 자아에 대한 성찰이 곧 진정한 의미의 상호문화적인 이해라 할 수 있다. 이러한 의미에서 마리온 키페(Marion Kiffe)는 상호문화적 학습의 목표를 공감 교육, 연대성 교육, 상호문화적 존중 교육, 민족적 사고에 반대하는 교육으로 네 가지를 제시하면서 공감 교육을 가장 우선적인 핵심 목표로 비중을 두고 있다.[29]

학교에서의 다문화교육이 나아가야 할 방향도 학교 내 문화적

---

29 Kiffe, 31.

다양성과 이질성을 수용하면서, 자아와 낯선 타자와의 관계에서 학생들의 공감능력을 향상시켜 타자를 이해하고 존중하며 평화롭게 공존해 나갈 수 있게 준비시키는 쪽일 것이다. 국내 교육과정에서 다문화교육이 실행되어야 한다는 움직임은 2007 개정 교육과정에서 시작되었고, 이후 2009 개정 교육과정에도 수정 보완되어 반영되었다. 이러한 배경하에 이 절에서는 다문화 사회에서 요구되는 핵심 역량을 공감능력으로 보고 2009 개정 교육과정에 따른 중학교 국어 교과서에 선정된 작품과 학습활동을 공감능력의 함양이라는 측면에서 살펴보고자 한다.

2) 공감능력과 국어과 교육

공감능력 또는 엠파티(Empathie)는 상호문화적 문예학에 있어 중심적인 개념이 되면서 상호문화적 능력의 중요한 요소가 되었다. 레스코벡은 공감능력을 타인에게 감정이입할 수 있고 타인의 입장이 되어 생각할 수 있는 자세와 과정이라고 정의하면서, 공감능력은 시각의 변화 내지 시각의 수용에 기인하는 정서적·인지적 능력으로 이를 통해 타인의 행동과 동기를 더 잘 이해할 수 있게 한다고 판단하였다.[30] 레스코벡이 정의하는 공감능력은 공감대상에 대한 단순한 정서적 접근을 넘어서 타자에 대한 이해과정까지 포함하는 성찰적인 작업으로 이해된다.

공감능력은 다문화 사회에서 필수적인 역량이다. 이는 공감능

30 Leskovec (2011), 87.

력이 다름에서 오는 다문화적 갈등을 극복할 수 있는 가능성을 제시해 줄 수 있다고 판단하기 때문이다. 크리스티안 가이스트만(Christian Geistmann)에 의하면 "공감은 상호문화적 만남과 소통상황에서 상대방의 다름에 적극적으로 그리고 생산적으로 대처할 수 있는 가능성"을 제공하며 "개방성, 톨레랑스, 편견 없음"[31]과 같은 요소들도 포함한다. 메리 고든(Mary Gordon)은 공감능력이 발달한 아이는 타인에게 인간애를 느낀다고 주장하였다. 즉, 공감을 바탕으로 한 인간관계는 인종의 차이를 넘어 인류애 및 평화추구와 연결될 수 있지만, 공감능력이 없으면 갈등을 해결하지도, 이타심을 발휘하지도, 평화를 추구하지도 못한다고 하였다. 이에 대해 그는 나치 독일의 전범재판에서 어느 판사가 전쟁범죄에 대해 "공감의 실패(failure of empathy)"라고 표현한 것을 대표적인 예로 들었다.[32] 또한 경험적인 연구에 따르면 공감은 긍정적으로 감정적 안정성이나 인지적인 개별화 능력과 연결되지만, 공감의 부족은 스테레오타입 형성이나 무관용, 편견과 결합된다.[33] 이러한 공감능력의 함양을 위해 문학작품을 활용하는 것은 국어과 교육에서 가장 좋은 방법이다. 타자, 타 문화의 사고방식과 생활세계를 이해하기에 앞서 닫힌 마음을 열게 하고 무감각하고 무관심한 감성을 깨우는 것이 바로 문학작품의 엠파티 역할이라고 할 수 있다.

31 Geistmann, 158.

32 황다현, 17-18.

33 참조 Mayer.

> 무엇보다 문학은 그 자체로 특수한 개인의 경험과 관점을 다룬다는 점에서 포괄적으로 모든 문학은 다문화주의적일 수밖에 없다. 특히 문학의 기능이 현실을 전복하고자 하고, 삶을 근본적으로 성찰한다는 점에서 소수자 문학을 함의하는 다문화주의는 문학의 본질이기도 하다. 더욱이 문학이 자아와 타자에 대한 깊은 이해와 공감을 추구한다는 점에서 문학의 본질적 기능이기도 한 셈이다.[34]

국어과 교육은 문학작품을 통해 다양한 상황 속에서 자아와 타자의 만남을 제시함으로써 학습자의 공감능력을 기를 수 있는 가능성을 지니고 있다. 문학작품 읽기는 우선적으로 독자의 경험과 기대지평을 활성화하게 된다. 가령 낯선 타자와의 관계 속에 생기는 갈등, 소외, 폭력 등 아동 청소년 사이의 문제에 관해서는 직접적인 경험에 대해 대화를 시도하는 것이 쉽지 않다. 경험자의 내면적 상처와 트라우마를 직접적으로 끄집어내는 것이 쉽지 않기 때문이다. 반면 문학작품에 드러나는 비슷한 상황은 해당 학습자에게 정서적 공감을 불러일으킬 뿐만 아니라, 이를 넘어서 이런 간접적인 연관관계가 대화를 유도하고 정서적 치유를 가능하게 하는 촉매 역할을 할 수 있다. 그러나 기존의 문학수업은 작품분석이나 문학이론 학습에 치중하는 경우가 많아서 학생들이 문학작품을 통해 공감능력을 향상시키거나 타자의 입장이나 처지를 이해하고 수용하기에는 부족한 측면이 많다. 이러한 국어과 교육의 문학수업에 대해 진선희는 "문학교육의 가장 중요한 목표인 총체적인 삶에 대한 이해와 상상

---

34 김상욱, 206.

력 신장이 인간에 대한 이해와 공감능력 획득에 가장 효율적인 교육내용으로 판단되므로 문학교육의 역할이 확대되어야 한다"고 주장한 바 있다.[35] 김혜숙 역시 다문화 시대의 국어교육은 우리 사회 내의 다양한 문화와 적극적으로 상호협력하는 방향으로 이루어져야 하며 타자를 존중하는 관계 중심의 공감 및 배려교육으로 교수-학습 목표가 변화되어야 한다고 역설하고 있다.[36]

3) 공감능력 함양 측면의 국어 교과서 분석

다문화 사회로의 이행이 가속화되면서 국내 교육과정에서 다문화교육에 대한 요구가 반영되기 시작한 것은 2007 개정 교육과정에서부터이다. 그 후 2009 개정 교육과정에서는 다문화교육이 본격적으로 표방되었는데, 먼저 2009 개정 교육과정 총론에서 추구하는 인간상을 살펴보면 다음과 같다.

가. 전인적 성장의 기반 위에 개성의 발달과 진로를 개척하는 사람
나. 기초 능력의 바탕 위에 새로운 발상과 도전으로 창의성을 발휘하는 사람
다. 문화적 소양과 다원적 가치에 대한 이해를 바탕으로 품격 있는 삶을 영위하는 사람
라. 세계와 소통하는 시민으로서 배려와 나눔의 정신으로 공동체 발전

35 진선희, 422.
36 김혜숙, 17.

에 참여하는 사람

특히 '다'와 '라' 항목을 통해 2009 개정 교육과정 총론은 다문화 사회에 진입한 국내 현실을 고려해서 다원적 가치를 추구하고 타자에 대한 배려와 나눔의 정신으로 상호공존하는 세계 시민을 길러내는 것을 목표로 삼고 있음을 보여 준다.[37]

2009 개정 교육과정 총론의 '학교급별 교육과정편성과 운영'에서는 중학교 교육목표를 다음과 같이 밝히고 있다.

가. 중학교 교육목표

(3) 자신을 둘러싼 세계에 대한 경험을 토대로 다양한 문화와 가치에 대한 이해를 넓힌다.

(4) 타인과 공감하고 소통하는 능력, 배려하는 마음, 민주 시민으로서의 자질과 태도를 갖춘다.

2013년 중학교 교과서는 2009 개정 교육과정에 기초한다. '2009 개정 교육과정에 따른 교과 교육과정 적용을 위한 국어과 교과서 집필 기준'은 오늘날의 사회를 다문화, 다민족, 글로벌 사회로 정의하고 이에 필요한 역량을 함양할 수 있어야 한다고 제시하고 있다. 아울러 국어교육의 본질과 교과서 집필의 방향에 따르면, "다문화, 다민족, 글로벌 사회에 맞게 배타적이거나 편협한 태도를 버리고, 관용과 배려, 나눔의 태도를 함양할 수 있는 교과서를 개발하

37 참조 송영아, 13 이하.

여야 한다".

중학교 교과서의 제재 선정은 교육과정 반영, 학습자 수준 고려, 사회적 요구라는 세 가지 기준을 따른다. 이 중에서 사회적 요구 측면에서는 특히 다문화 시대를 대비하여 인성과 공감능력이 제시되어 있고 이를 함양할 수 있는 제재가 선정되도록 요구하고 있다.

> ① 미래 사회 대비: 국제화, 정보화, 다문화 시대에 필요한 창의성과 인성을 갖춘 인재 육성에 도움이 되는 제재를 활용한다.
>
> ③ 배려와 공감의 태도 함양: 지역, 성, 인종, 국적, 종교, 직업 등의 측면에서 편견을 가지지 않게 하고, 타인의 삶과 다른 문화에 대한 이해를 넓히며, 배려와 공감의 태도를 기를 수 있는 제재를 선정한다.

교육과정과 교과서 집필 방향에 제시된 공감능력 함양의 학습목표를 배경으로 다음에서는 갈등상황을 다룬 미래엔의 『중학교 국어』(윤여탁 외 저), 비상교육의 『중학교 국어①』(한철우 외 저), 비상교육의 『중학교 국어②』(김태철 외 저)를 분석의 대상으로 삼아 각 교과서가 어떤 학습목표를 제시하고 있으며, 어떤 작품을 다루고, 갈등해결과 공감능력 함양을 위해 어떤 학습활동이 제시되고 있는지 살펴보고자 한다.

(1) 미래엔 『중학교 국어』①(윤여탁 외 저)

미래엔 『중학교 국어①』은 총 여섯 단원으로 구성되어 있다. 공감에 대한 내용 성취 기준은 4단원 「갈등과 대화」에 명시되어 있으며 주요 작품으로는 수필 「괜찮아」를 선정하였다. 소단원 (2) 「괜찮아」에 대한 학습목표는 공감과 배려의 경험을 쓴 수필을 통해 공감과 배려의 감정을 이해하고 상대의 입장과 처지를 고려하며 듣고 말하는 방법을 학습하는 것이다.

이 교과서는 공감에 대한 개념을 다른 사람의 감정, 의견, 주장 등에 대하여 자기도 그렇다고 느끼는 기분이라고 정의하고 있다. 그리고 공감하며 듣고 말하기 위해서는 갈등을 겪거나 고통당하는 사람의 처지를 이해하고 상대방의 의견이나 가치관을 존중하며, 상대방의 말을 수용하면서 이해하는 자세가 필요하다고 언급하고 있다. 이러한 공감적 듣기는 다른 사람을 "이해하려는 의도를 가지고 경청하는 것, 다른 사람을 통해 사물을 보는 것"과 일맥상통한다. 공감적 듣기의 본질은 "우리가 누군가에게 동의하는 것을 의미하는 것이 아니고 어떤 사람을 감정으로는 물론 지적으로도 완전하고 깊게 이해하는 것"으로, 상대방을 판단하는 것보다 먼저 이해하는 데 중점을 두고 있다.[38]

교과서에 수록된 「괜찮아」는 영문학자인 장영희 교수의 수필인데 소아마비로 어린 시절에 친구들과 뛰어놀지는 못했지만 친구들이 자신을 배려해 소외감이나 박탈감을 느끼지 않았다는 내용을 담고 있다. 이 소단원의 학습활동은 이해활동과 적용활동으로 이루어져 있는데, 「괜찮아」와 연계된 학습활동은 주로 이해활동에 해당한다. 이해활동에는 "괜찮아"라는 말에 담긴 의미를 생각하며 주변에서 힘든 상황에 처한 사람을 찾아 위로와 격려의 말을 해 보고, 반대로 자신이 힘든 상황에 처했을 때 듣고 싶은 말을 적어 보라는 활

38 경은정, 25 이하.

동이 있다. 이 활동은 우선 학습자 자신이 과거의 아픈 경험을 끄집어내어 성찰함으로써 극복할 수 있는 계기를 마련해 준다. 아울러 자신의 아픈 경험에 대한 감정을 토로하고 위로의 말을 찾게 되면서 비슷한 아픔을 가진 타자의 처지에도 상대적으로 쉽게 공감할 수 있는 능력을 키우게 된다.

또 다른 이해활동에는 시각 장애인이자 재벌 사업가인 톰 설리번이라는 인물이 친구의 "함께 놀래?"라는 따뜻한 말 한마디 덕분에 고립되지 않고 세상 밖으로 나올 수 있었다는 상황을 제시하면서 본인이라면 어떤 말을 건넸을까 말해 보라는 활동이 있다. 이 활동 역시 제시 인물에 대한 공감을 통해 학생들이 삶의 총체성을 인식하고, 타자의 삶을 자기 삶과 연관 짓는 공감의 내면화와 관련된다. 공감의 내면화는 학생들이 타자의 삶을 이해하기 위해 그와 공감적 관계를 형성하고, 그런 다음 타자의 삶을 자기 삶에 조응하여 자기 삶을 성찰하는 내면화 과정을 거치는 것이다.[39]

문학교육의 특수한 목표가 문학작품 자체의 이해보다는 그 영향에 있다면, 항상 학습자의 삶에의 전이가 핵심과제로 제기된다. 즉, 학습자가 읽고 이해한 것이 자신의 사고와 판단, 행위에 어떤 의미를 갖는가 항상 염두에 두어야 할 것이다. 이런 점에서 문학작품을 통해 학습된 공감은 학습자의 실제 삶의 공간에서 어려운 처지에 있는 사람을 위로하고 배려하는 타인지향적 감정으로 구체적으로 실천되어야 하는 것이다.

「괜찮아」에 대한 학습활동을 전체적으로 살펴보면 공감능력을

39 선주원, 318.

함양하기 위해 위로와 격려가 필요한 상대방의 감정과 입장에 대해 생각해 보고 말해 보고 써 보는 활동이 주를 이루고 있음을 알 수 있다. 본문에도 제시되어 있듯이, 소외감과 박탈감을 느끼지 않도록 공감대상의 심리와 처지를 잘 살펴서 배려하고 위로하고 너그러움을 베푸는 학습활동은 공감능력을 함양하는 데 큰 의미를 갖는다. 이러한 공감 및 배려교육은 인간관계의 상대성을 강조하고 타자에 대한 개방성과 수용성을 갖게 하여 차별 없고 편협하지 않은 정체성을 형성해 줄 수 있다.[40] 그러나 현실에서는 배려 받지 못하고 우호적이지 못한 다양한 갈등상황도 수없이 존재하기 때문에, 이에 관련한 상황설정이 없다는 점은 아쉬움으로 남는다. 특히 서로 간의 가치관이나 입장이 크게 대립되는 첨예한 갈등상황에서는 다른 사람의 입장과 시각을 수용해서 그들의 감정과 처지를 이해할 때, 공감능력도 신장될 수 있고 갈등상황도 잘 해결될 수 있기 때문이다. 이와 관련해서는 역할극과 같이 다양한 상황과 입장, 그리고 시각을 비교하면서 비판적으로 경험할 수 있는 행위지향적 학습활동이 핵심적인 역할을 할 수 있다. 또한 공동으로 함께하는 모둠별 프로젝트 활동을 통해 다른 집단의 의견과 시각에 대해 귀 기울이고 소통하는 것도 학습자의 공감능력과 다양한 시각의 수용능력을 향상시킬 수 있는 학습활동이 될 수 있다.

---

40 김혜숙, 17.

(2) 비상교육 『중학교 국어①』(한철우 외 저), 『중학교 국어②』(김태철 외 저)

비상교육의 두 교과서는 시나리오 『달리는 차은』을 대상으로 다문화 가정 내 갈등의 원인과 해결책, 갈등을 지나 공감의 단계로 가는 과정을 다루고 있다. 『달리는 차은』은 한철우의 교과서에서는 「갈등은 성장의 비타민」 단원에서, 그리고 김태철의 교과서에서는 「갈등에서 공감으로」 단원에서 다루어진다.

『달리는 차은』에는 시골 학교의 육상부가 폐지되고 모두 서울 학교로 전학하게 되자 자신의 꿈과 현실적 상황 사이에서 고민하는 주인공 차은과 서울로의 전학을 반대하는 아버지, 차은을 이해하고 차은의 꿈을 지지해 주는 필리핀 출신의 어머니, 그리고 다문화 가정이라고 놀려대는 영찬과의 갈등과 그 해결과정이 잘 그려져 있다.

차은은 엄마가 필리핀 사람이라는 것을 친구들이 아는 것이 부끄럽다. 친구들이 엄마가 필리핀 사람이라고 놀리니까 차은은 친엄마가 아니라고까지 한다. 그러나 시나리오의 등장인물 중에 공감능력이 가장 뛰어난 인물은 필리핀 출신의 엄마다. 필리핀 출신의 새엄마지만 등장인물 중에 누구보다도 차은의 고민과 입장, 처지를 잘 이해하고 공감하며 차은의 입장에서 해결책을 생각해 보려고 한다. 서울 학교로의 전학을 동경하는 차은을 데리고 서울로 가서 육상 운동장에 서 보게 함으로써 차은의 꿈을 전폭적으로 지지한다. 이러한 모습을 통해 상대방의 감정과 입장에 대해 이해하고 공감하는 일이 결국 갈등의 우선적인 해결책이라는 점을 알 수 있다.

차은 역시 세 살 때 가지 말라고 붙들어서 떠나지 않은 새엄마의 사랑과 희생을 느낀다. 이를 통해 학습자는 타국인의 긍정적 모습에 공감하며 편견을 버리고 새로운 시각을 갖게 된다. 어려운 처지와 상황에 있는 인물에만 공감을 느끼는 것이 아니라, 차은의 엄마처럼 절망과 좌절을 뛰어넘는 긍정적 모습도 학습자에게 공감을 불러일으킨다.

한철우의 교과서에서는 '생각 모으기'와 '생각 펼치기'의 순서로 『달리는 차은』을 대상으로 한 학습활동이 전개된다. 생각 모으기의 학습활동에서는 등장인물의 성격 알아보기, 등장인물 간의 갈등의 원인과 해결과정에 대해 파악하기 등의 활동을 통해 시나리오에 대한 심층적인 이해를 도모하고 있다. 반면에 생각 펼치기의 학습활동에서는 시나리오를 생산적 방법으로 소설이나 다른 짧은 텍스트로 만들어 보게 한다. 이를 통해 시나리오와 소설 장르에 대한 특성과 구조에 대해 알게 하고 동시에 학습자의 생활주변에 일어나기 쉬운 갈등상황과 해결방법에 대해 써 보게 함으로써, 실천적인 이해와 일상생활 속의 구체적 실행을 모색하게 하고 있다.

한철우의 교과서에서는 특히 다음과 같은 학습활동이 주목을 끈다.

-이 시나리오를 차은의 심리가 잘 드러나도록 소설로 바꿔 써 보자.
-인물과 인물 사이의 갈등이 잘 드러나도록 짧은 이야기를 만들어 보자. (등장인물: 아파트 경비원, 회사원, 노점상, 중학생)

이러한 생산적 학습활동을 통해 학습자는 시나리오와 삶의 연계성에 대해 다시 한 번 성찰하게 되고 갈등의 원인과 해결과정을 학습자의 삶 속에서 적용해 보는 기회를 갖게 된다. 이렇듯 텍스트의 내용과 형식을 변형하여 새롭게 생산해 내는 활동은 대표적인 생산지향적 문학교수법에 해당하는데, 생산지향적 활동에서 "독서는 단순히 텍스트로부터 어떤 내용을 습득하는 것이 아니라, 독서 자체가 텍스트에 어떤 것을 첨가하게 된다. 즉, 독서는 그 자체로 능동적이며 생산적인 활동인 것이다. 이러한 독서는 문학 텍스트의 경우에 인지적이면서 동시에 상상적인 과정, 즉 생산적 환상(produktive Phantasie)이 작용하는 과정이 된다".[41] 이러한 창의적인 생산지향적 학습활동은 다른 사람의 입장과 처지가 되어 다른 시각으로 바라보게 함으로써, 타자에 대한 배려와 공감능력을 형성할 수 있으며 낯선 시각을 수용하고 인정하는 능력을 향상시키고 학습자 자신의 경험지평을 확대할 수 있는 기회를 제공해 준다.

그러나 한철우의 교과서에는 예를 들어 필리핀 출신의 엄마와 주인공 차은의 갈등과 해소과정을 통해, 그리고 필리핀 출신 엄마라고 놀려대는 남학생들과 엄마가 아니라고 부인하는 차은의 입장과 심정을 통해 다문화 가정과 편견에 대한 학습자 자신의 인식을 알게 하고 다문화적 갈등과 문제점에 대해 해결책을 성찰하고 모색해 보는 학습활동이 없다는 점이 아쉬움으로 남는다.

반면에 김태철의 교과서에서는 『달리는 차은』을 분석 대상으로 삼아 이해-적용-수행의 3단계로 학습활동이 제시된다. 이해의 학습활동에서는 『달리는 차은』에 등장하는 인물들의 성격을 파악해 보고, 등장인물 간의 갈등이 어떻게 드러나는지 살펴보게 하여 텍스트에 대한 심층적인 이해를 우선적인 과제로 제시하고 있다. 특

---

41 Waldmann, 98.

히 차은과의 갈등이 해결되지 않은 인물을 찾게 하고 그 갈등을 해결할 수 있는 방법에 대해 생각해 보라는 학습활동은 텍스트에 대한 심층적인 이해뿐만 아니라, 학습자의 삶 속에서 갈등의 해결책을 모색하게 하는 학습활동으로도 연계될 수 있다는 점에서 그 의미를 찾아 볼 수 있다.

적용의 학습활동에서는 "안과 밖이 다른 가족"이라는 공익광고와 『달리는 차은』을 비교 감상하게 하고 갈등의 원인과 해결과정에 대해 더 생각하게 해 본다. 아울러 광고 속의 갈등과 자신의 경험을 연계지어 발표하게 함으로써 학습자 자신에 대한 반성적 성찰을 유도한다. 마지막으로 수행의 학습활동에서는 "우리 주변에서 다문화에 대한 이야기를 찾아 동영상을 만들어 보면서 함께 어울려 살아갈 방법을 찾아 보자"라는 행위지향적 학습활동이 제시된다. 이를 통해 학습자 스스로 다문화 가정의 이야기를 통해 갈등과 문제점을 인식하게 되며 이를 해결하는 방법에 대해 모색하고 학습자 자신의 삶 속에 적용해 보는 기회를 갖게 된다. 아울러 동영상을 만들면서 느낀 점을 학우들과 서로 토의하게 함으로써 다양한 문제점들과 해결방식들을 접할 수 있게 된다. 모둠별 학습자들이 동영상 제작 후기에 대해 서로 토의하는 과정에서 상호공존의 방법으로 다양한 생각과 가치관의 인정, 타자에 대한 배려와 공감, 타자의 시각에서 바라보기 등이 자연스럽게 논의의 대상으로 제기될 수 있다.

그리고 「갈등에서 공감으로」 단원의 세 번째 소단원인 「공감을 나누는 대화」에서는 "대화의 상황과 맥락을 이해하고 상대의 이야기에 공감하며 듣고 말한다"는 학습목표가 제시된다. 이와 연계된 학습활동으로는 부모님이나 친구 사이에 갈등을 겪었던 대화상황을 공감하며 대화하는 상황으로 다시 고쳐 쓰는 생산지향적 학습활동이나 갈등을 겪었던 상황을 바탕으로 역할을 정하고 맡은 인물의 입장과 처지에 공감하며 역할극을 하는 행위지향적 학습활동이 제시된다. 역할극을 통해서는 자신의 입장과 처지를 벗어나 자신이 맡은 역할인물의 입장과 처지에서 타인의 감정과 생각, 태도에 공감하고 수용하는 연습을 하게 된다. 또한 다른 모둠의 역할극을 공감의 측면에서 평가하는 학습활동을 통해 가정과 학교, 사회 내 서로 다른 다양한 생각과 가치관을 이해하고 공감하게 되면서 갈등을 해결할 수 있는 방법에 대해 모색하는 기회를 갖게 된다.

이러한 역할극은 앞서 언급하였듯이 자신의 역할을 바꾸어 보고 상대방의 입장에서 상황을 보게 하는 학습방법으로서 상대방의 입장과 처지에 대해 공감하고 자신의 고착화된 시각을 벗어나 시각의 변화를 유도하는 대표적인 행위지향적 문학교수법 중 하나이다. 이런 점에서 역할극은 상호문화교육에서 가장 중요한 활동으로 평가된다. 특히 J. 피셔(J. Fischer)와 S. 란(S. Vander Laan)과 같은 학자들은 역할놀이(Role playing)가 학생들의 공감 표현 능력을 높이기 위해 효과적인 방법이라고 주장한다. 역할놀이를 통하여 학생들의 시각을 다른 사람으로 전이시켜 그들의 생각과 감정에 대한 공감을 증진시킬 수 있다고 생각한 것이다.[42]

42 Fischer/Laan, 25 이하.

4) 나가는 말

지금까지 공감능력 함양을 다문화 사회의 필수적인 학습목표로 보고 2009 개정 교육과정을 반영한 중학교 국어 교과서를 분석하여 학습목표와 학습활동을 살펴보았다. 2009 개정 교육과정은 2007 개정 교육과정에 이어 다문화에 대한 인식을 핵심적인 과제로 판단하고 공감능력의 함양을 사회적 요구로 보고 있다.

분석한 중학교 국어 교과서는 문학작품을 통해 제시된 갈등상황과 대화의 맥락을 이해하며 갈등을 겪거나 고통당하는 사람의 처지를 이해하고 공감하는 것을 학습목표로 삼고 있다. 학습활동으로는 본문의 내용을 바탕으로 상대방의 입장 서술하기, 공감하는 대화해 보기, 갈등상황 이해와 해결을 통한 타인에 대한 배려와 공감 등이 제시되고 있다. 아울러 생산지향적 창의적 글쓰기와 역할극과 같은 행위지향적 학습활동을 통해 갈등과 공감의 상황을 학습자의 삶과 연계하여 다른 사람에 대한 공감과 입장 이해하기를 구체적으로 실천하도록 요구하고 있다.

그러나 분석한 교과서에서는 학급목표가 공감에 집중되어 있다 보니 공감과 배려를 넘어 편견 극복이나 시각변화에 대한 요구는 미진한 편이다. 다문화 사회 내에서 상호문화교육의 핵심은 공감능력과 시각변화에 있기 때문에, 공감과 배려와 더불어 편견의 기능과 편견 깨기, 다양한 시각을 통한 학습자 고유의 시각 성찰, 시각의 변화까지 학습되어야 할 것이다. 그래야만 복잡하고 다양한 갈등상황의 정확한 인식과 갈등의 진정한 해결이 가능하기 때문이다.

국어과 교육은 문학작품을 통해 상호문화적인 학습의 중추적인 역할을 할 수 있다. 문학은 독자로 하여금 타자 및 타 문화에 대한 보편적인 공감을 유도하고 타자의 낯선 시각을 수용해서 타자와 타 문화를 이해하게 한다는 점에서 이미 상호문화적일 수밖에 없다. 타자와 타 문화에 대한 기존의 편협한 사고와 시각을 벗어나 자신과 타자에 대한 상을 재구성하고 확대된 새로운 시각을 갖는 것을 시각의 변화라고 할 수 있다. 문학연구자 호네프-베커는 시각의 변화를 "공감을 위한 연습"이라고 했다.[43] 한편 또 다른 학자들은 공감과 시각수용을 동일선상에서 보거나 공감을 정서적 공감과 인지적 공감으로 구분하고 인지적 공감을 시각수용으로 보기도 한다. 혹은 공감을 다른 사람의 감정과 처지에 대한 정서적·감정적 반응으로서 많은 경우에 시각변화를 유발하는 동기라고 보기도 하고 공감대상과의 동일화에서 시작하여 공감을 거쳐 시각수용으로 자연스럽게 이어지는 발전에 대해 언급하는 학자도 있다.[44] 이렇듯 공감능력과 시각변화의 관계에 대해서는 연구자마다 여러 의견이 분분하지만, 국어교과 수업에서는 타자 및 타 문화에 대한 다양한 상을 보여줌으로써 공감능력을 함양하고 나아가 시각의 변화까지 지지해 주는 문학 텍스트를 주로 다루어야 한다. 특히 학교 현장에서 타자와 타 문화를 빈번하게 만나게 되고 이를 통해 의식과 시각을 형성하게 되는 아동 청소년들에게 공감능력을 함양하고 시각의 변화를 유도하기 위해 국어 교과서는 지역학적 정보를 제공하는 객관적 텍스트를 제공하기보다는 다양한 상황과 입장을 보여 주는 문학 텍스트

43 Honnef-Becker (2007), 230.

44 Abraham/Beisbart, 183.

를 선정해야 한다. 아울러 교수법적인 접근에서는 텍스트 이해와 분석을 넘어 행위 및 생산지향적인 창의적 학습활동을 통한 학습자의 공감능력 함양과 시각변화를 목표로 해야 할 것이다.

5. 결론

독일과 한국의 교육과정과 국어 교과서 분석을 통해 상호문화교육의 새로운 경향을 반영하고 있는지, 선정된 텍스트를 교수법적으로 어떻게 다루고 있는지, 그리고 학습과제는 다문화 사회의 상호문화적 요구를 반영하고 있는지 고찰하였다.

독일의 국어 교과서 구상은 독일 내 외국인 이주나 다문화 사회로 변화하는 사회과정과 전적으로 연계되어 있다. 과거의 국어 교과서는 문화적 낯섦과 민족적 차이를 강조하는 차원에서 구상되었다. 그러나 1990년대 이후의 국어 교과서는 낯선 타 문화권의 삶에 친숙하게 하고 상호문화적 공존을 목표로 하는 주제가 자주 다루어지고 있다. 특히 최근의 국어 교과서에서는 아시아, 아프리카, 라틴 아메리카 출신 작가의 작품이 소개되고 이주배경이 있는 작가들의 아동 청소년 문학작품이 빈번하게 선정되었다. 과거 독일 작가의 시각에서 낯섦과 다름이 외부에서 안으로 묘사되었다면, 이제는 점차 내부에서 바깥으로의 묘사가 증가한다. 즉, 최근의 국어 교과서에는 점차 이주배경을 지닌 작가들의 목소리를 담기 시작했고 낯선 타 문화가 외부가 아닌 내부의 시각에서 고찰되는 것이다. 이와 더불어 국어 교과서에 선정된 아동 및 청소년 문학작품 속에는 이주자 자녀의 사회적 차별과 억압에 대한 정서적 공감, 편견 깨기를 통한 타자이해의 과정, 그리고 타자와 타 문화에 대한 시각의 변화 등이 주요 학습대상으로 등장한다. 이런 점에서 국어교과 내 상호문화교육에서는 상호문화적 아동 청소년 문학이 중요한 역할을 한다고 볼 수 있다.

그러나 우리의 경우는 다문화 사회 속에서 공감, 편견 개념의 중요성에 대해서는 주목을 했지만, 시각이나 시각변화에 대해서는 아직 언급이 부족한 편이다. 교과서에 선정된 텍스트가 주로 국내 작가에 한정되어 있다 보니, 아직은 다문화 사회에 대한 우리의 시각이 지배적이다. 국내로 이주해 온 작가가 바라보는 시각이나 다양한 문화와의 접촉을 통해 생긴 이중적인 시각을 형상화한 작품이 아직은 거의 없는 실정이다. 또한 우리의 경우 이주문제에 대한 작품 창작과 출판이 전반적으로 저조하고 외국의 상호문화적 아동 청소년 문학 번역과 출판이 상당히 부진하기 때문에, 교육과정이나 교과서에 상호문화적 문학작품을 선정하는 것이 매우 어려운 상황이다. 앞으로 우리도 교육과정 내 상호문화교육의 필요성 제기, 상호문화적 아동 청소년 문학의 창작 및 번역과 교과서 내 작품 선정, 교사양성과 재교육 시 상호문화적 문학교육 교수법 개발과 활용 등의 차원에서 상호문화교육이 구체적으로 실행되어야 할 것이다.

앞서 고찰하였듯이, 독일의 자국어 교육은 이미 교실 환경의 다민족, 다언어, 다문화 특성을 인정하고 학습자에게 다양한 국가의 아동 및 청소년 문학작품을 통해 그들의 감정, 태도, 사고방식, 문화 등을 이해하게 하여 다문화 사회 내의 화합과 평화를 도모하고 있다. 상호문화교육의 최종적인 목표는 공감과 시각변화를 통한 편견 극복과 타자이해 그리고 상호공존이다. 이와 관련하여 독일의 국어 교과서 역시 상호문화적 아동 청소년 문학의 역할에 주목하고 이를 적극적으로 활용하고 있는 것이다.

학습자는 교과서에 실린 상호문화적 아동 청소년 문학작품과 이와 관련된 학습과제를 통해 우선 타자와 타 문화에 대해 알게 되고 이를 통해 자신의 감정, 태도, 사고를 성찰하며 자신의 현실을 여러 다른 현실의 하나로 인식하는 것을 배운다. 문화적 갈등과 문제는 자아와 타자와의 만남과 관계에서 생겨날 수밖에 없는데, 결국 의식과 태도 그리고 입장의 측면에서 '나'라는 대상과 똑같은 타자가 존재할 수 없다는 인식이 서로를 이해하는 핵심적인 전제가 되어야 한다. 이를 통해 타자와 타 문화에 대한 자신의 인식과 사고의 절대성을 극복하고 다른 사람의 인식과 사고와 대결하고 수용하는 과정을 거치게 되는 것이다. 아울러 공감과 시각변화를 목표로 하는 행위 및 생산지향적 학습과제를 통해 학습자는 주체적으로 그리고 창의적으로 타자 및 타 문화에 대한 공감과 편견 극복, 시각변화를 학습하면서 언어적·문화적 다양성에 대해 개방적이고 상호공존적인 자세를 갖고 준비하게 된다.

미래의 교과서는 다문화 시대의 상호문화교육을 적극적으로 실천하는 방향으로 구상되어야 할 것이다.[45] 교과서에 선정되는 문학

---

45 이에 대한 대표적인 사례로 독일의 DaF 교과서 『새로운 시각변화(*Sichtwechsel neu*)』를 들 수 있다. 가령 이 교과서의 학습자를 위한 서문에는 다음과 같은 학습목표가 적혀 있다. "시각변화(Sichtwechsel)는 탐구여행의 시작이다. (…) 이것은 타 문화의 모험 속으로의 탐구여행이다. 이 여행 도중에 당신은 다른 문화를 발견할 뿐만 아니라 자신의 문화도 새롭게 보는 법을 배우게 된다. 그러면서 당신은 낯선 것에 대한 두려움을 떨쳐낼 것이며 (…) 낯선 것이 종종 그렇게 낯설

텍스트 역시 자국의 민족문학에서 벗어나 상호문화적 정전 텍스트로 확대되어야 할 것이다. 이러한 상황에서 미래의 교과서 내용과 학습방법에 대한 호네프-베커의 제안은 우리의 교과서 구상에 시사하는 바가 많기 때문에 귀를 기울일 필요가 있다.[46]

- 언어적·상호문화적 행위능력의 매개의 경우 문학 텍스트 작업이 중요한 역할을 한다.
- 학교는 이미 다문화 교실이 되었기에 관용, 배려, 편견 극복이 학습되어야 한다. 이에 대해서는 아동 청소년 문학이 중요한 역할을 한다.
- 전통적 정전은 상호문화적 문학으로 확대되어야 한다.
- 표준문화, 주도문화 대신에 다양성의 문화가 서술되어야 한다.
- 편견과 스테레오타입이 수업 중에 다루어져야 하며 그 기능이 밝혀져야 한다.
- 텍스트에 관해서는 분석적 작업과 창의적 작업이 서로 보완되어야 한다.
- 문화특수적 지식과 상황이 전달되어야 한다.
- 시각의 변화가 상호문화적 교수법의 중심과제가 되어야 한다.

지 않다는 경험을 하게 될 것이다."

46 Honnef-Becker (2007), 228 이하.

제4장

아동 청소년 문학을 활용한 상호문화적 외국어 교육

최근 외국어 교육에서는 외국어를 통한 언어습득이라는 지엽적인 학습목표를 넘어서 타자와 외국문화에 대한 학습자의 이해와 시각의 확대라는 심층적인 목표로 나아가야 한다는 목소리가 강하게 제기되고 있다. 의사소통적 외국어 교육은 1970년대 해외여행이 급증하는 상황에서 외국에서 일상적인 의사소통을 가능하게 하는 실용적 차원의 관광 외국어 습득을 주요 목표로 설정하였다. 그러나 최근 해외여행의 보편화, 세계화, 이주민의 증가, 유럽통합 등으로 인해 전체적으로 다문화, 다언어 사회로 진입하고 있는데, 이 새로운 사회 속에서는 과거와는 다른 외국어 교육의 새로운 목표설정이 절실하게 제기된다.

또한 의사소통적 외국어 교육이 추구하는 반복적·기능적 훈련이 학습자의 학습동기를 상실하게 하고 외국어 교육에서 지역사정과 문화에 대한 학습자의 관심이 증가하는 한편, 외국어 수업에서 네이티브 스피커를 지향하는 목표의 문제점과 한계가 지적되면서 학습자를 거의 완벽한 목표언어의 화자로 만드는 것보다 상호문화적 상황 속에 성공적으로 소통하는 것이 더 중요하다는 점이 외국어 교육 학자들에 의해서 줄기차게 주장된다. 예를 들어 한스-위르겐 크룸(Hans-Jürgen Krumm)과 같은 외국어 교육 학자는 언어뿐만 아니라 언어 외적인 태도에도 관계하고 이를 통해 고유 언어와 문화를 객관적으로 고찰하게 하는, 이른바 외국어 학습의 상호문화적 특성을 다음과 같이 피력하고 있다.

> 외국어 소통능력은 다른 문화와의 만남 속에서 자신이 사용하는 언어적 그리고 문화적 태도의 한계를 인식하고 다른 언어적 그리고 언어 외적인 태도방식에 관계하는 것을 포함한다. 학습자가 외국문화와 체계적으로 만나게 되는 장소인 외국어 교육은 (…) 그러한 의미에서 모든 차원에서 상호문화적이다.[1]

이에 반해 네이티브 스피커를 지향하는 의사소통적 외국어 교육은 다양한 문화권의 화자가 만나는 상호문화적 상황을 고려하지 않으며 외국어를 학습할 때 화자가 자신의 문화를 활용한다는 점을 간과하고 있다.

상호문화적 외국어 교육은 기존 외국어 교육의 기능적 언어습득에서 벗어나 학습자의 외국문화에 대한 관심을 만족시키면서 동시에 타자 및 타 문화에 대한 학습자의 편견과 고착화된 시각을 상대화하고 확대할 가능성을 제공해 준다. 또한 상호문화적 외국어 교육에서는 학습자가 외국의 지배문화에 동화되는 것이 아니라, 자신의

1 Bausch/Christ/Krumm, 157.

언어와 문화를 유지할 권리를 가지면서 새로운 정체성을 습득해 나간다. 그 결과 상호문화적 외국어 교육이 목표로 하는 '상호문화적 스피커'는 다문화 사회 속에서 양쪽의 문화 사이에 있는 새로운 정체성을 지니면서 양쪽의 문화를 매개하는 능력을 갖게 되는 것이다.

이러한 배경에서 이 장에서는 우선 외국어 교육에서 기존의 의사소통능력이 다문화, 다언어 사회를 맞이하여 상호문화적 능력으로 대체되어야 한다는 점이 외국어 교육에 관한 연구결과를 중심으로 집중적으로 논의된다. 아울러 외국어 교육에서 목표로 하는 상호문화적 능력이 구체적으로 어떤 능력인지를 알아보고, 상호문화적 외국어 교육에서의 문학작품 활용의 의미와 중요성, 상호문화적 아동 청소년 문학 텍스트의 선정 기준, 그리고 상호문화적 아동 청소년 문학을 활용한 외국어 교육의 학습테마 및 학습방식을 구체적으로 분석, 고찰한다. 또한 아동 청소년 문학을 활용한 상호문화적 외국어 교육을 통해 의사소통능력과 상호문화능력을 동시에 습득할 수 있다는 점을 페터 헤르틀링(Peter Härtling)의 『벤은 안나를 사랑해(*Ben liebt Anna*)』를 통해 강조하고자 한다.

1. 상호문화적 외국어 교육

최근 외국어 교육의 연구경향을 살펴보면 외국어 교육의 목표로 상호문화적 이해, 상호문화적 학습, 상호문화적 능력을 강조하고 있음을 쉽게 알 수 있다. 유럽연합의 형성과 세계화 시대의 이주 물결 그리고 이와 연계된 종교적·문화적 갈등과 충돌은 외국어 교육

뿐만 아니라 다양한 학문 영역에서 상호문화적 소통과 이해를 학습 목표로 요구하고 있는 것이다.

이미 90년대 초 여러 외국어 교육 학자들은 "상호문화적 소통이 외국어 교육의 우선적인 목표이고 이 때문에 의사소통적 능력은 최근에 뒷전으로 물러났다"는 현상을 목도하였고 "모든 살아 있는 언어의 최상의 학습목표는 상호문화적 소통능력이다"[2]고 공언한 바 있다. 가령 1991년 독일 브란덴부르크 연방주의 영어 교육과정을 보면 외국어 소통능력뿐만 아니라 타 문화와 고유 문화의 관계 속에서 문화적 다양성과 관용에 대한 의식을 신장하는 상호문화학습이 강조되고 있음을 알 수 있다.

> 영어교육에서는 일반적인 의사소통능력의 학습과 관련하여 점점 더 상호문화적 학습이 실현되어야 한다. (…) 목표국가에 대한 정보가 전달되어서 외국의 문화와 고유의 문화가 갖는 본질적인 측면에 대해 통찰이 이루어져야 한다. 상호문화적 학습은 문화적 다양성과 다른 생활형태, 행동방식에 대한 관용에 관해 문화적 의식을 습득하는 것을 목표로 삼는다.[3]

헤센 연방주의 외국어 교육 교육과정 역시 상호문화적 소통능력에 중점을 두고 있다.[4]

---

2 Kiffe, 62 이하.

3 Kiffe, 65.

외국어 교육은 학생들의 지금까지의 경험영역 밖에 있는 문화와 언어를 규명하여 상호문화적 소통능력에 도움이 되어야 한다.

그러기 위해서 헤센 주의 교육과정에 따른 외국어 교육은 학습자에게 다음과 같이 제공하는 것을 목표로 한다.

-구성적인 호기심을 깨우고
-다른 나라의 일상과 문화 속으로 들어가 사람들과 교류할 자세를 장려하고
-다른 언어권의 생활현실 속으로 다양하고 실제적인 통찰을 하게 하고
-다른 문화의 실상, 입장, 가치, 규범과 대결하도록 학생들을 자극하고
-자신의 시각과 거리를 취하고
-다른 문화에 공감적으로 관용을 갖고 그리고 동시에 비판적으로 접근할 기회를 주어야 한다.

2009년에 개정된 바이에른 연방주의 외국어 교육과정도 상호문화적 학습을 주된 학습영역으로 표방하고 있다.[5] 가령 영어와 프랑스어 교육과정을 살펴보면, 언어 영역, 텍스트와 매체와의 만남 영역, 상호문화적 학습과 지역사정 영역의 3영역으로 구조화되어 있음을 알 수 있다. 언어 영역에서는 듣기, 읽기, 말하기, 쓰기의 언어적 지식과 능력이 학습되고 텍스트와 매체와의 만남의 영역에서는

4 Burwitz-Melzer, 109.
5 Der Lehrplan für das Gymnasium in Bayern im Überblick.(online)

사실적 텍스트 및 문학 텍스트의 이해와 분석이 학습된다. 그리고 상호문화적 학습과 지역사정 영역에서는 가령 미국과 영국, 프랑스의 일상문화, 지리, 역사, 제도 등에 대한 지식뿐만 아니라, 문화적 다양성에 대한 개방성, 다른 사고방식에 대한 톨레랑스, 다양한 가치 및 규범을 통한 문화적 다양성에 대한 학습이 이루어진다.

그러나 언어교육의 목표가 언어적 소통을 넘어서 그 소통의 전제가 되는 문화적 함의뿐만 아니라 소통하는 사람의 정신과 가치까지 포함해야 한다는 점은 그리 새로운 주장은 아닌 것 같다. 왜냐하면 19세기 초 훔볼트는 언어교육의 중요한 과제는 "지금까지 세계관에서의 새로운 시각의 획득"[6]이라고 강조하면서 언어와 문화, 삶과 세계관의 연관성을 지적한 바 있다. 왜냐하면 모든 언어는 "인간의 개념과 생각의 전체 조직"을 내포하기 때문이다. 또한 독일의 문학가이자 철학자인 헤르더 역시 "언어의 정신은 한 민족의 문학의 정신"[7]이라고 말하지 않았던가.

그러나 1970년대에 시작해서 최근에까지 그 맹위를 떨치고 있는 의사소통적 외국어 교육은 이러한 새로운 세계관, 시각의 획득보다는 언어의 4기능에 대한 반복적인 학습과 목표언어 국가의 문화와 지역사정에 대한 사실적 지식의 획득에만 치중해 왔다. 이러한 왜곡된 외국어 교육은 언어를 통해 문화까지 배워야 한다는 점에는 동의를 하고 문화를 외국어 학습 영역으로 끌어들였지만, 문화가 갖는 다양한 차원의 스펙트럼 중 객관적 차원에만 국한된 문화 개념만 받

6 Humbolt, 225.

7 재인용 Baumann, 90.

아들였다. 앞서 제1장에서 언급했듯이, 가령 포스너와 같은 학자는 문화의 개념을 물질적·정신적·사회적 차원에서 정의하고 있다.

그러나 지금까지의 외국어 교육은 텍스트와 건축과 같은 가공품, 교육제도와 사회기관 등 물질적·사회적 차원에만 머물러 있었다. 즉, 외국어 교육에 문화를 포함하였지만 지역사정에 관한 객관적 지식습득에 치중하였을 뿐이다. 외국어 교육이 언어를 넘어서 문화를 가르치고 또한 상호문화적 학습을 목표로 한다면 지역사정을 넘어서 타민족의 심성, 세계관까지 나아가야 한다. 문화 간의 갈등과 편견 극복을 통한 상호문화적 소통과 이해가 외국어 교육의 핵심이 되려면, 타자 및 타 문화의 정신, 가치, 규범이 문화의 핵심대상으로 진입해야 하는 것이다. 외국어 교육에서 외국어와 외국문화를 알려고 하는 것은 궁극적으로 학습자 자신의 지식과 경험의 지평을 확대하려고 하는 것이다. 이를 통해 자신이 갖고 있는 한정된 시각을 열어 놓고 타자의 시각을 수용해 자신의 편협한 시각을 상대화시켜 봄으로써, 자신의 시각을 교정하고 변화시킬 수 있다. 특히 상호문화적 외국어 교육은 타 문화와 타민족에 대해 알게 하면서 동시에 자신의 고유 문화에 대한 비판적 성찰을 통해, 문화적 다양성의 인정, 타자 및 타 문화에 대한 배려, 상호공존의 태도까지 신장하려고 한다.

그러나 인위적 현실 상황을 재현해 놓고 문법지향적 문구의 반복적·기능적 학습 형태를 추구하는 어학교재로는 타자, 타 문화에 대한 정보와 상호문화적 이해가 이루어질 수 없다. 지역사정에 관한 텍스트 역시 낯선 문화에 대한 객관적인 정보와 지식을 제공하여 학습자의 기존 지식지평을 확대해 줄 수 있다는 점에서는 상호문화적 학습의 토대가 될 수 있다. 우선 객관적인 정보가 타 문화에 대한 이해에 도움이 될 수 있기 때문이다. 그러나 상호문화적 외국어 교육은 지역사정 교육과는 달리 학습자 개개인의 사고 및 입장을 중요시하며, 타자 및 타 문화에만 초점을 맞추지 않고 타자의 사고와의 대결을 통해 학습자 자신과 자신의 고유 문화에 대해 비판적으로 성찰할 것과 시각의 변화도 요구한다. 그래서 상호문화적 외국어 교육에서의 지역사정 수업은 객관적 사실의 전달보다는 해당 문화 소속원의 가치, 규범, 시각, 의식구조 등 주관적 요소에 더 많은 관심을 두고 있는 것이다.

> 지역사정의 우선적인 과제는 정보가 아니라, 민감화이자 낯선 문화와의 만남 능력과 전략의 개발이다. 이를 통해 낯선 문화적 현상들은 더 잘 평가되고 상대화되어야 하며 자신의 고유한 현실과 연관을 맺게 된다. 그래서 편견과 상투적 사고가 가시화되고 제거될 수 있으며 비판적 톨레랑스가 개발될 수 있다.[8]

따라서 상호문화적 외국어 교육에서는 목표언어 국가에 대한 사회문화적 지식, 언어학적 능력과 소통적 능력뿐만 아니라, "자존감, 다른 사람에 대한 존중, 톨레랑스, 사고의 개방성, 그리고 무엇보다 공감능력, 자기 자신의 시각을 뛰어넘어 시각의 변화를 수용할 자세가 있는 능력"이 학습되어야 하는 것이다.[9]

---

8 Bausch, 116.

9 Nünning/Surkamp, 27 이하.

이 때문에 기존의 의사소통 외국어 교육 옹호자들은 이 새로운 상호문화적 외국어 교육이 언어의 실용능력 학습을 소홀히 할 수 있다는 위험을 지적하곤 하는데, 실제로 상호문화적 외국어 교육에서는 외국어의 완벽한 구사보다는 공감능력이나 시각의 변화, 민족 간의 이해 등 정서적 학습목표가 중심에 있기 때문에 그런 주장이 어느 정도 타당할 수 있다. 그러나 상호문화적 외국어 교육이 언어 학습을 소홀히 한다는 생각은 잘못된 것이다. 기존의 의사소통적 외국어 교육처럼 언어학습에만 관심을 두는 것이 아니라, 상호문화적 학습, 상호문화적 소통능력에도 관심을 두는 것이다. 이 두 가지 목표가 서로 보완의 관계이지 모순과 배척의 관계는 아니다.

2. 외국어 교육에서의 상호문화적 능력

일반적으로 외국어 교육에서 상호문화적 학습은 두 가지 전제 조건에서 출발한다. 우선 외국어 교육은 학습자 고유 문화의 배경 속에서 목표언어권의 언어와 문화를 배운다는 것이다. 그러므로 외국어 교육에서는 항상 낯선 것과 고유의 것이 동시에 연관되어 고찰된다. 또 다른 전제 조건으로는 다양한 문화의 동등성을 들 수 있다. 그래서 상호문화적 외국어 교육에서는 다양성을 견뎌내고 학습자 자신이 갖고 있는 규범에 대해 의문시하는 자세가 중요한 학습 목표가 되는 것이다.[10] 이런 두 가지 전제조건하에 최근의 외국어

10 Bausch, 118.

교육은 상호문화적 능력을 핵심적인 목표로 설정하고 외국어 교육의 패러다임 전환을 강력하게 요청한다.

독일 내 외국어 교육에서의 상호문화적 의식과 능력에 대한 관심은 2003년 각 연방주 교육부장관협의회의 결의를 통해 도출해 낸 '제1외국어 교육 표준(Bildungsstandards für die erste Fremdsprache: Englisch/Französisch)'[11]에 의해 증폭된다. 제1외국어로서의 영어와 프랑스어 교육의 표준적인 학습목표를 제시하고 있는 이 안에 따르면, 기존의 의사소통적 외국어 교육이 추구하는 언어습득 목표 외에 상호문화적 능력을 강조하는 새로운 학습목표가 상세하게 기록되어 있다. 중등 1단계 10학년을 기준으로 외국어 능력 영역에는 말하기, 듣기, 읽기, 쓰기와 같은 언어 4기능적인 의사소통능력 외에 상호문화적 능력도 포함되어 있다. 이 상호문화적 능력은 사회문화적 기본지식, 문화적 차이에 대한 이해, 상호문화적 만남 상황의 실제적인 수행 등 세 가지 영역을 포함하는데, 전체적인 학습목표와 각 영역 내의 실천사항이 구체적으로 기술되어 있다. 전체적인 학습목표로 학생들은 "다른 문화특수적 사고방식과 생활방식, 가치, 규범에 대한 관심과 이해"를 형성하여 "자신의 시각, 가치, 사회적 연관성"을 다른 국가의 그것과 "관용을 갖고 그리고 비판적으로 비교할" 수 있어야 한다. 첫 번째 영역에서는 다른 생활세계에 대한 정보를 획득한다. 두 번째 영역에서는 스테레오타입 극복, 고유 문화와 타 문화의 특성 인식, 시각변화의 능력을 형성한다. 세 번째 영역에서는 학생들은 실제적인 상호문화적 상황을 맞이하여 상이한 문

11 참조 Beschlüsse der Kultusministerkonferenz.

화적 배경에서 야기되는 다른 규범과 가치를 개방적으로 그리고 관용적으로 접할 수 있으며 비판적으로 대결할 수 있다. 외국어를 배우는 학생들은 10학년까지 구체적으로 다음과 같은 상호문화적 능력을 습득해야 하는데, 지역사정이나 일상문화에 관한 지식에만 제한되지 않고 문화특수적 가치, 규범, 사고방식, 입장 등도 외국어 교육의 대상이 되고 있음을 알 수 있다.

-낯선 것, 다른 문화에 대해 호기심과 개방적인 자세를 가지고 문화적 다양성을 수용한다.

-특별한 경험을 적극적으로 하면서 낯선 것을 두려움을 주는 요소로 인지하지 않는다.

-타 문화에 소속하는 상대방의 상황과 사고방식에 감정이입해 본다.

-고유 문화와 타 문화의 사고방식, 인지방식, 스테레오타입과 편견을 인식하고 적극적으로 대결한다.

-문화적 차이, 오해, 갈등을 인지하고 상호적으로 이해하며 경우에 따라서는 공동으로 행동한다.

이러한 독일의 외국어 교육 표준은 유럽 국가에 공통적으로 외국어 교육 커리큘럼의 토대를 제공하는 '언어 학습, 교수, 평가를 위한 유럽공통참고기준(Gemeinsamer europäischer Referenzrahmen für Sprachen: lernen, lehren, beurteilen)'[12]을 그대로 반영한 것이다. 이 공통적 참고기준은 언어교육의 중요한 목표로서 상호문화적 능력을 지목하고 있다. 유럽공통참고기준의 5.1.1.3장을 보면 "상호문화적 의식(interkulturelles Bewusstsein)"은 "출발국가의 세계와 목표언어 공동체 세계 사이의 관계에 대한 지식과 의식 그리고 이해로부터 생겨난다". 상호문화적 의식은 또한 "두 세계 사이의 지역적·사회적 다양성을 의식하는 것"을 의미하며 객관적인 지식을 넘어서 "어떻게 하나의 공동체가 다른 공동체의 시각에서 비쳐지는가를 의식하는" 것을 말한다. 아울러 유럽공통참고기준은 5.1.2.2장에서 상호문화적 능력에 해당되는 세부적인 능력을 다음과 같이 열거한다.

-출발문화와 낯선 문화를 서로 연관지어 보는 능력
-다른 문화권 사람들과의 만남을 위한 다양한 전략을 세우고 활용할 줄 아는 문화적 민감성과 능력
-고유 문화와 낯선 문화 사이의 중재자로 활약하고 상호문화적 오해 및 갈등상황에 효과적으로 대처할 줄 하는 능력
-정형화된 관계를 극복할 줄 아는 능력

유럽공통참고기준이 상호문화적 능력을 통해 이루고자 하는 정치적 목적은 유럽의 사회현실적인 상황에서 기인한다. 유럽의 정상들은 "외국인 적대와 극단적 민족주의로의 회귀는 유럽 내 이동과

---

12 이하 참조 Gemeinsamer europäischer Referenzrahmen für Sprachen: Lernen, lehren, beurteilen.(Online) 90년대 프랑스어권 외국어 교육 역시 상호문화적 소통능력에 중점을 두고 있는데 상호문화적 접근법의 목표는 네 가지로 정리될 수 있다. 첫째, 학습자는 자국문화와 외국문화의 가치를 비교 고찰함으로써 자신만의 참고체계를 상대화할 수 있어야 한다. 둘째, 학습자는 자기에게 익숙하지 않은 것에 대한 불안감을 해소할 수 있어야 한다. 셋째, 학습자는 출신문화와 목표문화에 대한 고정관념을 넘어서야 한다. 마지막으로 학습자는 다른 문화 체계에 잘 적응할 수 있어야 한다(서영지, 100).

통합의 주요 장애물로 그리고 동시에 유럽 내 안정과 민주주의의 건강한 작동에 대한 심각한 위협"으로 간주하고 있다. 유럽공통참고기준의 정치적 지향점은 다음과 같다.

- 모든 유럽인에게 강화된 국제적 이동과 긴밀한 협력의 과제에 대비하게 한다.
- 효과적인 국제적 소통을 통해 상호 간의 이해와 톨레랑스 그리고 정체성과 문화적 다양성에 대한 존중을 강화한다.
- 민족적·지역적 언어들에 대한 확대된 지식을 통해 유럽 내에 문화적 삶의 풍부함과 다양성을 유지하고 확대·발전시킨다.
- 언어적·문화적 경계를 넘어서 서로 소통할 수 있는 능력을 명확하게 함양하여 다언어적·다문화적 유럽의 요구에 다가간다.

유럽공통참고기준이 제시하는 상호문화적 능력은 전체적으로 볼 때 유럽의회가 유럽연합 회원국가의 통일을 위해 추진하는 언어정책 목표와 일치한다. 이 목표를 실천하기 위해 유럽연합 회원국가들은 무엇보다 "언어와 문화의 다양성을 소통의 방해 요소로 간주하지 않고 상호 간의 풍요와 이해의 원천"으로 전환해야 하며 "상호 간의 이해와 공동작업을 장려하여 편견과 차별을 극복"해야 한다. 아울러 "다른 사람의 생활방식과 사고방식 그리고 그들의 문화유산에 대해 더 나은 심층적인 이해"를 도모하고 "상호 간의 이해, 톨레랑스, 그리고 다양한 정체성과 문화적 다양성에 대한 존중"을 장려해야 한다.

유럽공통참고기준이 의사소통능력을 넘어서 추구하는 상호문화적 능력은 타자에 대한 개방성과 호기심, 공감과 시각변화, 상호 간의 이해와 공존 등을 통해 구체적으로 실천되고 있는데, 이러한 상호문화적 능력의 모델로는 마이클 바이램(Michael Byram)의 연구가 대표적으로 거론될 수 있다.[13] 바이램은 우선 기존 외국어 교육이 목표로 하는 네이티브 스피커는 첫째, 외국어를 제1언어처럼 배우는 것은 불가능하고 이런 유토피아적 목표는 학습자에게는 좌절만 안겨줄 뿐이라는 점에서, 그리고 둘째, 이 경우 자신의 문화를 포기하고 새로운 사회문화적 정체성을 받아들여야 한다는 점에서 비판받아야 한다고 주장한다. 그러면서 그는 유능한 외국어 사용자는 네이티브 스피커 능력이 아니라, 두 문화 사이를 서로 매개하는 상호문화적 스피커(intercultural speaker) 능력을 갖추고 있어야 한다고 말한다. 바이램이 말하는 상호문화적 의사소통능력은 표준어 규칙에 대한 지식을 적용할 수 있는 "언어적 능력(linguistische Kompetenz)", 대화상대자의 언술이 함의하는 바를 이해하는 "사회언어학적 능력(soziolinguistische Kompetenz)", 대화상대자의 문화관습을 따르는 텍스트나 상호문화적 텍스트의 생산과 해석에 필요한 전략을 구사할 수 있는 "담화적 능력(Diskurskompetenz)"이 "상호문화적 능력(interkulturelle Kompetenz)"과 통합적으로 작동하는 것으로 이해되는데, 그중 상호문화적 능력은 "savoirs(지식)" 개념을 통해 다섯 가지 요소로 설명된다.

-savoirs: 고유 문화와 타 문화에 대한 지식, 또한 상호작용에 대한 지식

---

13 참조 Byram.

	스킬(Skills)	
지식(Knowledge)	교육(Education)	태도(Attitudes)
	스킬	

〈그림 4〉 바이램의 상호문화적 의사소통능력 모델

-savoir comprendre: 타 문화를 이해하고 해석하고 자신의 고유 문화와 연관시키는 능력

-savoir apprendre/faire: 주체적으로 타 문화에 대해 새로운 것을 배우는 능력, 실제 소통적 상호작용 속에 지식, 태도 등을 적용하는 능력

-savoir être: 타 문화에 대한 호기심, 개방성과 같은 태도

-savoir s'engager: 자신의 문화와 타 문화 속의 시각, 관습, 문화적 생산물을 비판적으로 평가할 수 있는 비판적 문화의식

물론 이 다섯 가지 요소는 분리되는 것이 아니라, 서로 연관되어 있어 다소 중첩될 수 있다. 또한 여기서 비판적 문화의식은 상호문화적 의사소통을 뛰어넘어 세상을 변화시키는 정치적·철학적 교육으로 귀결된다. 그래서 〈그림 4〉에서 알 수 있듯이, 바이램의 상호문화적 의사소통능력 모델에서는 사회 내에서 가치, 신념, 행동방식 등이 어떻게 생기고 관철되며 변화되는지에 대한 비판적 문화의식과 평화와 인권을 목표로 하는 정치교육이 가장 핵심적인 위치를 차지하고 있으며, 지식, 스킬, 태도가 이 핵심적인 목표를 지원하는 형태로 나타난다.

상호문화적 소통의 중요한 능력은 민족중심주의적 시각에서 벗어나는 것인데, 바이램은 이러한 시각변화는 시각의 상대화, 다른

시각을 통한 고유 문화의 비판적 성찰을 통해 구체화될 수 있다고 본다. 상호문화적 소통에서는 정보의 교환 그 이상이 중요한데, 그것은 바로 수신자와 발신자가 시각을 변화시키고 대상을 상대방의 눈으로 바라보는 능력이다. 바이램 역시 네이티브 스피커 대신에 상호문화적 스피커를 외국어 학습의 목표로 설정하고 있다. 이는 외국어를 완벽하게 구사하는 사람이 아니라, 다른 문화권의 사람들과 아무런 문제없이 소통하고 그와의 관계를 구축할 수 있는 사람을 의미한다. 즉, 상대방에 대해 열린 자세를 보이며 편견 없이 다가가고 공감적으로 이해하려고 하며, 다름을 원칙적으로 거부하지 않고 오히려 다름에 열린 자세와 비판적 톨레랑스로 다가가는 것을 의미한다. 이를 통해 상호문화적 소통능력은 타 문화에 대한 지식이나 의사소통 기술의 차원을 넘어서 정서적 차원과 윤리적 의지와도 연관되어 있다는 점을 알 수 있다.

바이램과 마찬가지로 아넬리에 크납-포트호프(Annelie Knapp-Potthoff)도 고유 문화와 타 문화의 차이에 대한 문화특수적 지식만큼 공감능력과 톨레랑스와 같은 정서적 요소 역시 상호문화적 소통의 중요 목표로 제시하고 있다.[14] 우선 크납-포트호프가 생각하는 문화는 변화하지 않는 어떤 정적인 것이 아니라, 항상 접촉과 변화 과정에 있는 동적인 성질의 것으로서 "소속 일원에 의해 공유되는 지식체계, 인지, 믿음, 평가, 행위의 표준"으로 이해된다. 또한 그녀는 상호문화적 소통능력의 네 가지 구성요소에 대해 언급하면서 정서적 요소, 문화특수적인 지식, 문화와 소통에 관한 일반적 지식, 그

14 참조 Knapp-Potthoff, 181-205.

리고 마지막으로 다른 문화권 사람들과의 소통을 성공적으로 수행하기 위한 전략이 전체적으로 상호문화적 능력을 이루어낸다고 보고 있다. 그녀는 특히 다른 사람의 시각수용을 상호문화적 스피커의 가장 중요한 능력으로 간주하고 이를 성공적으로 실행시키기 위해서는 다른 사람에 대한 공감능력과 톨레랑스를 갖고 있어야 한다는 점을 강조한다. 외국어 교육에서 공감능력과 톨레랑스가 특히 타자와 타 문화와 만나고 그 만남을 원활하게 지속하기 위해 가장 중요한 목표라고 평가하는 것이다. 물론 바이램이나 크납-포트호프가 말하는 시각의 수용이나 시각의 변화는 상호문화적 스피커가 갖고 있는 정체성의 상실을 의미하는 것은 아니다. 자기 정체성의 상실이 아니라 오히려 자아와 타자에 대한 상호적인 교류와 성찰을 통해 정체성의 확대와 풍요를 경험하는 것으로 해석되어야 할 것이다.

끝으로 외국어 교육의 학습목표로 상호문화적 능력과 민족초월적 소통능력을 내세운 '슈투트가르트 테제(Stuttgarter These)' 역시 상호문화적 외국어 교육의 토대를 제공하였다. 지금까지 외국어 교육에서 학습하는 지역사정은 새로운 다문화 현실을 제대로 반영하지 못한다는 비판에서 출발한 슈투트가르트 테제는 1982년 외국어 교육에서 상호문화학습을 강조한다.[15] 특히 프랑스어 교육에 있어 지역사정의 역할에 관해 새롭게 정립한 슈투트가르트 테제는 의사소통능력을 민족적 한계를 극복하는 "민족초월적 소통능력(transnationale Kommunikationsfähigkeit)"으로 확대시킨다. 슈투트가르트 테제가 지향하는 "민족초월적 소통능력"의 학습목표는 "개개인

15 참조 Robert Bosch Stiftung.

은 민족적 사회, 역사, 그리고 그 사회 내의 위치에 따른 특성을 지닌다는 가정에서 출발한다. 이에 따라 외국어 교육은 다른 언어와 문화에 속한 사람들에 대한 입장, 인지, 태도 모형을 더 많이 다루어야 한다".

슈투트가르트 테제는 또한 인간의 평등한 권리와 평화적인 공동생활의 영위 등 민족 간의 이해를 외국어 수업의 정치적 과제로 설정하고 있다. 이 과제를 해결하기 위해선 외국어 수업에서 학습자가 다른 언어와 타 문화를 가진 사람들에 대하여 개방적인 태도를 갖도록 교육해야 하고, 타 문화권의 사람들과 원활한 의사소통을 할 수 있는 방법과 가능성을 제시해 주어야 하며 사회문화적 오해를 야기하지 않게 하는 입장과 태도를 학습해야 한다. 그래서 과거 지역사정 중심의 외국어 교육과는 달리 상호문화 지향의 외국어 교육에서는 더 이상 다른 문화에 대한 정확한 정보제공이 아니라, 구체적인 문화권과 연계되어 있는 타자의 독자성과 다름을 인정하고 존중하기, 타자의 낯선 사고와 행위의 근거를 청취하고 진지하게 받아들이기, 자신의 사고와 행위의 한계성에 대해 성찰하고 그 한계를 극복하려는 용기와 국제적인 개방의 자세 갖기 등이 중심사항이 되고 있다.

이에 따라 외국어 교육의 학습소재 역시 다른 문화권의 특성을 다양한 형태로 제시해서 학습자에게 고정된 스테레오타입이 형성되지 않도록 해야 한다. 또한 타자이해의 가장 기본적인 전제는 공감능력이기 때문에, 외국어 교육의 학습소재는 순전히 사실적 정보만 제공해서는 안 되고 오히려 공감능력의 목표를 달성할 수 있는 그런 소재가 되어야 한다. 이런 점에서 슈투트가르트 테제의 구상은 외국어 교육의 영역을 의사소통능력과 지역사정 습득을 넘어서 타문화에 대한 민감성과 비판적 관용의 신장, 편견과 스테레오타입의 문제화 등 정서적·인지적 영역까지 확대하였다는 평가를 받는다.[16]

3. 상호문화적 외국어 교육과 문학작품

일반적으로 외국어 수업에서의 문학작품 활용에 대해서는 반대 입장이 우세하다. 반대 입장을 피력하는 학자들의 논의는 대부분 문학작품에서 활용되는 언어는 어렵고 구조적으로 복잡하며 일상적인 언어와는 상당한 차이를 보이기 때문에 실생활에서 소통되기 어렵다는 식으로 귀결된다. 이러한 반대논의의 형성에는 과거 외국어 수업에서 문학작품의 단어를 하나하나 읽고 그대로 번역하는 문법·번역 중심의 학습방법이 상당한 영향을 미쳤다. 과거 번역과 문법 학습법에서는 "문학적 교양(literarische Bildung)"의 추구가 주요 핵심 목표이기 때문에, 일반 순수 문학작품이 외국어 교육의 중심에 서게 되고 이 작품들을 번역함으로써 인문적 교양을 쌓고 고전적 가치를 계승·발전시키는 것이 주된 과제였다.[17] 괴테, 쉴러, 릴케, 토마스 만, 카프카 작품 등 문학정전 위주의 작품을 번역하면서 독일 유명 학자의 해석을 일방적으로 수용하고 모방하는 것이 외국어 교육의 핵심이었다. 그러나 이 번역학습법에서는 텍스트와 작가를 지향하

16 Burwitz-Melzer, 39.

17 Neuner, 66.

다보니 고정된 해석을 일방적으로 강요하고 해석의 다의성과 해석의 주체인 독자의 창의적 참여를 무시함으로써 오히려 학습자로 하여금 문학 텍스트로부터 멀어지게 하는 폐단도 있었다.

1970년대 새롭게 등장한 의사소통적 외국어 교육에서는 문어체보다 구어체가 외국어 학습의 중심에 서게 된다. 외국에 나가서 자주 마주치게 되는 일상적 상황, 예를 들어 식당방문, 기차 여행, 표 사기, 길 묻기, 방 예약하기 등의 상황에서 직접적으로 활용할 수 있는 의사소통을 강조하기 때문에, 외국어 수업에서 듣기와 말하기 교육에 초점이 이루어져 문학 텍스트의 역할은 자연스럽게 부차적인 기능으로 축소되었다. 그러나 이러한 의사소통적 외국어 교육은 언어학습의 실용적·기능적 차원만 강조하며 언어모형을 모방하고 반복 숙달하는 방법론을 사용함으로써, 학습에 대한 동기를 상실하게 하는 단점을 지니고 있었다. 아울러 인위적으로 설정된 의사소통적 상황이 여행에서 경험하는 수준의 피상적인 지역학적 지식만을 전달하기 때문에, 해당 외국의 문화, 관습, 심성 등에 대한 심층적인 접근을 처음부터 차단시킬 수밖에 없었다.

그러나 최근에는 외국어 교육에서 학습자의 창의적·생산적 학습과 상호문화적 학습의 중요성이 부각되면서 외국어 교육에서의 문학작품 활용에 대한 목소리가 높은 편이다. 학습자의 기계적·반복적 대응과 외국문화에 대한 피상적인 지역학적 이해 수준 때문에 다시금 새로운 외국어 교육을 모색해야 한다는 주장이 제기되는 것이다. 외국어 교육에서 언어 구문과 문법만 추구하다 보면 텍스트의 내용과 그 의미를 잃어버리기 쉽다. 또한 낯선 타 문화의 새로움에 호기심과 관심이 있는 외국어 학습자도 많기 때문에, 언어적 표현과 문법적 지식에 대한 반복적인 학습은 외국어 학습에 대한 동기를 상실시킬 수 있다. 그리고 주지하다시피 모든 언어 속에는 특정한 세계상이 반영되어 있다. 그러므로 문화를 이해할 때에만 외국어를 제대로 말하고 배울 수 있다는 점에 관해서는 대체로 전문가나 일반인 모두 폭넓은 공감대를 형성하고 있다. 예를 들어 우리말의 '보릿고개'도 이에 대한 역사문화적 배경지식이 먼저 전제되어야 이해될 수 있는 것이다.

그러나 실제 외국어 교육에서 문화가 어느 정도, 어느 수준으로 활용되어야 하는가에 대해서는 의견이 분분하다. 예를 들어 관광용어 수준의 지역문화적 지식에 대한 일방적·피상적 수준의 습득이냐 아니면 독일인의 의식, 세계관, 관습 등을 포함하여 성찰적·비판적 입장표명까지 나아가는 심층적 문화이해 수준이냐의 문제는 그렇게 쉽게 합일될 수 있는 사안은 아니다. 이것은 바로 외국어 교육에서 어떤 목표를 추구할 것이냐의 선택의 문제인 것 같다.[18] 후자의 목표를 선택할 경우 그 대안으로 부상하는 것이 바로 상호문화적 외국어 교육이다. 외국어 교육은 어떻게 보면 이미 새로운 언어습득을 통해 타 문화를 만나기 때문에 상호문화적 속성이 강하다. 그래서 외국어 교육에서 상호문화를 강조한다는 것이 어떻게 보면 새삼스럽게 들리기도 하지만, 이 상호문화적 외국어 교육 학습법은 최근의 다민족 사회, 다언어 사회, 혼종(hybrid)의 다문화 사회를 반영하

18 중등교육의 초급단계에서는 의사소통적 외국어 교육이 필요하고, 대학교육부터의 중급과 고급단계에서는 생각하는 외국어 교육, 상호문화적 외국어 교육으로 이행되어야 한다.

며 문화 상호 간의 접촉을 통한 문화적 차이와 문화적 공존을 존중한다. 그래서 가령 클레어 크람쉬(Claire J. Kramsch)나 브레델라와 같은 학자도 의사소통적 외국어 교육이 갖는 한계를 관광지향의 단순한 지역사정 지식, 외국어 학습내용의 통속화와 동기유발 상실, 방법론적 경직화와 사고과정의 피상적인 구조로 지적하면서 다문화 사회라는 새로운 외국어 교육 상황을 반영하는 상호문화적 외국어 교육을 제안한다.[19]

과거의 외국어 수업에서는 일반적으로 언어습득의 과정에서 네이티브 스피커를 지향하고 타 문화에 일방적으로 적응하게 하는 것을 목적으로 삼았다. 그러나 상호문화적 외국어 교육에서는 학습자를 거의 완벽하게 목표언어의 모국어 화자나 목표문화 참가자로 만드는 것보다 자신의 고유한 가치와 문화를 유지하면서 상호문화적 상황 속에 성공적으로 소통하는 것이 중요하다. 그러기 위해서는 언어적으로 충실한 모범이 아니라 상호문화적 행위능력이 중요시 된다.[20] 외국어 학습자는 자신의 언어적·문화적 배경을 완전히 도외시한 채 완벽하게 외국어, 외국문화를 습득할 수는 없다. 그러므로 의사소통적 외국어 교육에서 네이티브 스피커를 지향하는 목표설정은 일종의 다가갈 수 없는 환상에 불과한 것이다. 상호문화적 능력이란 외국어를 습득하는 과정에서 자신의 문화와 정체성을 유지하고, 타자, 타 문화에 대한 개방과 공감능력 그리고 관용의 자세를 갖는 것을 의미한다. 아울러 타자, 타 문화를 통해 다양한 시각을 수용

19 Bredella (2002), 132 이하.

20 Boeckmann, 9.

하고 자신의 고정된 시각을 변화시켜 자신의 고유 문화와 정체성에 대해 비판적으로 성찰하는 능력까지 포함한다. 이 능력은 결국 타자 이해는 자아이해라는 의미에서 출발하여 타자, 타 문화에 대한 일방적인 접근이 아니라 상호문화적 시각에서 양자를 비판적으로 성찰한다.

이러한 상호문화적 외국어 교육에서는 문학 텍스트의 활용이 다시금 크게 부각된다. 의사소통적 외국어 교육이 지향하는 네이티브 스피커 수준의 언어습득이 달성되기 힘들다는 인식과 피상적인 수준의 지역학적 이해로 인한 한없는 가벼움 때문에, 상호문화적 외국어 교육에서는 문학작품을 통해 언어습득과 문학이해 그리고 상호문화적 이해의 목표를 동시에 추구하려고 한다. 문학작품은 구체적 사회적 현상을 다루고 또한 이러한 사회적 콘텍스트 속에서 창작된다. 문학작품의 언어적 현상 역시 실제적인 현상의 콘텍스트로부터 분리될 수 없다. 그래서 외국문학은 결국 그 나라의 언어로 외국의 지역사정과 문화에 대해 소개해 주는 중요한 기능을 갖는 것이다. 특히 아동 청소년 문학은 아동 청소년의 관심을 고려하는 다양한 주제를 다루면서 아울러 동시대적인 사회현상과 문화를 상당 부분 반영하고 있기 때문에, 외국어 교육에서 아동 청소년 문학은 지역사정과 문화 수업에 매우 적합하다. 이 점은 독일 아동 청소년 문학 분야의 대표적인 연구자인 에버스 교수의 의견에서도 확인된다. 그에 따르면 최근 독일의 현대문학이 갖는 지역사정적 가치는 상당 부분 축소된 반면에, 아동 청소년 문학은 어린 독자에게 과도한 부담을 주지 않은 채 역사적·지역사정적 지식을 전달하고 독자의 지평을 확대해 주는 기능을 여전히 유지하고 있는 것이다.[21]

그러나 최근 연구에서는 문학작품이 외국어 교육에서 지역사정에 관한 정보를 제공하는 것으로만 그 역할이 축소되어서는 안 되고 타자 및 타 문화에 대한 공감적 이해와 시각의 변화를 추구하는 상호문화적 능력의 습득까지 나아가야 한다는 목소리가 높다. 특히 자라나는 아동 청소년의 공감능력과 시각의 변화를 통해 타자, 타 문화에 대한 일방적인 이해가 아닌 진정한 상호문화적 이해를 목표로 하는 경우, 외국어 교육에서 문학작품의 활용, 특히 아동 청소년 문학작품의 활용은 큰 의미가 있다고 볼 수 있다.

요컨대 외국어 교육에서 상호문화적 학습목표를 달성하기 위해서는 정서적 차원의 감정이입이나 시각변화가 핵심적인 역할을 하는데, 이러한 학습목표를 달성하기 위해서는 문학작품이 큰 의미를 지닌다. 왜냐하면 문학작품을 통해 학습자는 우선적으로 다음과 같이 경험하게 되기 때문이다.

1) 목표문화 내지 타 문화 생활세계에 대한 지식을 얻게 된다.
2) 위의 정보수합의 단계를 넘어 문학작품은 상상의 자유공간을 목적으로 한다. 독자는 상상력을 통해 타 문화 세계에서 벌어지는 가상의 사건에 참여하고 등장인물의 상황과 운명에 감정이입하여 동참하게 된다.
3) 문학작품은 낯선 세계모델을 다양한 관점을 갖고 묘사한다. 이러한 다중관점적인 텍스트를 통해 독자는 동일한 사건을 다양하게 바라보

---

21 참조 Ewers (2016).

게 되고 다양한 시각과 대결하게 된다.[22]

즉, 외국어 교육에서 상호문화학습을 위해 문학작품을 활용할 경우 타자, 타 문화에 대한 정보습득, 감정이입을 통한 정서적 이해, 다양한 시각을 통한 비판적 이해가 가능한 것이다. 여기서 타자, 타 문화에 대한 정보습득은 어학 교재나 실용 텍스트를 통한 지역사정 교육을 통해서도 이루어질 수 있으나, 상호문화학습을 위한 문학작품의 주요 역할은 타자, 타 문화에 대한 감정이입과 시각의 변화에 있다. 상호문화이해에 있어서 가장 중요한 것이 타자의 세계관, 타 문화에 대한 동등한 가치인정이라는 점은 다양한 학문 영역에서 통용되고 있다. 이를 위해 우선적으로 문학작품을 통한 타자, 타 문화의 세계관과 생활방식에의 공감 및 정서적 이해가 필요하다. 이해는 낯선 태도와 사고에 대한 인지적 지식을 통해 이루어질 수도 있지만, 일차적으로는 정서적 영역을 통해, 즉 낯선 타자에 대한 감정이입적 연습을 통해 이루어질 수 있다.

> 우리가 문학작품을 읽을 때면, 종종 우리를 다른 인물들에 이입하고 세상을 이들의 눈으로 바로 보게 된다. 이로써 우리는 다른 의식의 세계로 들어서게 되고 다른 사람이 어떤 목적을 추구하고 그가 스스로를 어떻게 바라보고 다른 사람을 어떻게 평가하는지 상상하게 된다. 이러한 경우 우리는 엠파티의 발전에 대해 말하게 되는 것이다.[23]

---

22 Nünning, 131 이하.

23 Jäger, 94.

그러나 이러한 감정이입적·공감적 이해만으로 상호문화적 이해를 달성하기에는 부족하다. 정서적 이해는 학습자의 무감각을 깨우쳐 타자의 감정, 기쁨, 고통, 아픔에 다가가게 하고 정서적 공감을 통해 학습자와 타자 사이의 거리를 좁히는 역할을 할 수 있다. 그러나 이 정서적 이해는 비판적·성찰적 이해로까지는 나아가지 못한다. 그 결과 타자, 타 문화에 대한 학습자의 이해는 우월적 이해, 동정적 이해, 시혜적 이해에 머무를 경우가 많다. 이 단계를 넘어 타자 및 타 문화의 동등한 가치를 인정하기 위해 학습자는 자신이 갖고 있는 상투적인 사고, 잘못된 편견을 교정해야 한다. 특히 타자에 대한 이해를 방해하거나 오히려 잘못된 이해를 조장해서 문화 간의 갈등과 충돌을 야기하는 것을 방지하기 위해 편견과 스테레오타입을 타파하는 것이 중요하다. 그 결과 학습자는 타자, 타 문화를 자신의 입장과 시각에서 재단하고 자신의 입장과 시각 그리고 규범에 끼워 맞추는 것이 아니라, 오히려 타자 및 타 문화라는 창을 통해 자아 및 자국문화를 점검하고 성찰하게 된다. 즉, 상호문화적 이해를 위해서는 타자 및 타 문화를 바라보는 나의 생각, 나의 시각이 유일하고 절대적인 판단기준이 아니라는 점에서 출발해야 하는데, 그러기 위해서는 문학작품을 통한 다른 생각, 다른 시각과의 만남이 중요하고 자신의 편협한 생각과 시각을 깨고 확대하여 시각의 변화로 나아가야 하는 것이다.

그러면 상호문화적 외국어 교육에서 활용되는 문학작품은 학습자의 시각변화와 어떻게 구체적으로 연계되는가? 상호문화교육에서 타자를 이해하는 데 있어 중요한 것은 다른 사람의 입장이 옳거나 합리적이라고 판단해서 이를 인정하는 것이 아니라, 비록 동의하지는 않더라도 다양한 의견과 소통하는 능력이다.[24] 그런데 의사소통 교수법에서 활용되는 실용적 텍스트에서는 상황에 대한 옳고 그름의 표현과 이에 대한 독자의 옳고 그름의 반응만 있을 뿐이다. 반면에 문학 텍스트의 경우는 작가가 텍스트 속에 자신의 특정한 시각과 세계관을 담고 있으며 독자 역시 자신의 경험과 선지식을 바탕으로 독자적으로 텍스트의 의미를 파악하고 새로운 시각으로 세상을 해석한다.

> 문학 텍스트는 우리에게 올바른 사명을 전달하는 데 그 의미가 있지 않다. 이것도 중요하지 않은 것은 아닌데, 유일한 척도가 되어서는 안 된다. 오히려 우리로 하여금 이 세상을 새로운, 도전적인 시각으로 보게 하고 우리의 견해와 텍스트의 견해를 넘어서는 창의적인 대답을 유도하는 데 그 의미가 있는 것이다.[25]

즉, 문학 텍스트는 세상을 바라보는 하나의 정답을 제공하는 것이 아니라, 학습자의 기존 시각을 변화시켜 새로운 시각으로 독자적이고 창의적인 답을 찾게 한다는 것이다. 아울러 문학 텍스트 속의 다른 생활방식과 사고체계와의 만남을 통해 다른 시각을 수용하여 학습자는 자신의 고유한 사고체계와 시각을 상대화하고 확장하게 된다.

---

24 Bredella (1997), 17 이하.

25 Bredella (2001), 14.

> 문학 텍스트는 수많은 세계적 측면과 세계를 바라보는 시각들을 포함하고 있기 때문에, 외국어를 배우는 학습자에게 자신의 인지와 인식의 지평을 확대하고 자신의 시각을 상대화하며 목표언어 문화와 그 소속원에 대해 더 많은 것을 이해할 수 있는 가능성을 제공한다.[26]

여기서 학습자의 시각의 수용과 시각의 변화에 대해 보다 자세하게 고찰할 필요가 있다. 우선 시각이란 어떤 의미인가?

> 시각 개념은 한 인간의 총체적인 현실모델 내지 전제조건 체계를 포함한다. 즉, 그의 가치, 규범, 내면화된 습관, 심리적 성향, 전기적 배경, 문화적 인지 스키마와 해석 스키마, 소망, 욕구, 지식, 그리고 능력인데, 이것들은 시각변화의 행위 속에 재구성되어야 한다.[27]

낯선 문화권 사람의 상황과 입장에 이입하여 그의 시각을 인식하는 것을 시각의 수용이라고 하는데, 이런 작업을 통해 우리는 우리가 갖고 있던 기존의 생각이나 시각이 유일한 것이 아니며 동일한 사안을 다르게 바라보는 다양한 생각과 시각이 있다는 점을 알게 된다. 이렇게 이루어진 다른 시각의 수용은 다양한 여러 시각들을 서로 연관지어 보고 자신의 시각과도 대비해 봄으로써 기존 자신의 시각을 확대하고 변화하는 과정으로 연결되는데, 이 시각수용과 시각변화는 타자이해와 상호문화적 소통의 토대가 되는 전제조건이다.

---

26 Ehlers (2010), 1531.

27 Freitag, 200.

물론 여기서 다른 사람의 시각을 수용한다는 것이 자신의 시각을 포기함을 의미하는 것은 아니다. 기센 대학의 타자이해 프로젝트의 대표적인 연구자인 브레델라는 이에 대해 내부시각(Innenperspektive)과 외부시각(Außenperspektive) 사이의 지속적인 상호작용을 언급한다.[28] 브레델라 역시 시각의 수용이 자기 고유 시각의 포기를 의미하는 것이 아니며 서로 간에 거리를 취하면서 두 시각을 지속적·비판적으로 성찰하는 것이 중요하다는 점을 강조한다. 그는 상호문화적 이해에서 중요한 것은 우선적으로 내부시각에서, 즉 낯선 문화권 사람들의 눈으로 그들의 감정과 사고, 문화를 이해하고 수용하는 것이다. 그러나 브레델라에 따르면 상호문화적 이해를 위해서는 내부시각의 수용만으로는 충분하지 않다. 다른 사람의 입장을 다르다는 점에서 이해하는 것은 자신의 입장이 배제되어 있기 때문이다. 여기에 더불어 외부시각의 수용은 낯선 문화를 우리 고유의 시각으로, 즉 외부에서 바라보는 것이다. 이는 타자의 다른 문화에 무조건적으로 순응하는 것이 아니라, 다른 문화 현상을 거리를 두고 비판적으로 해석하는 것을 의미한다. 이러한 내부시각과 외부시각의 긴장관계 속에서 학습자 자신의 시각도 바뀔 수 있고 확대될 수 있는 것이다.

> 다른 속성의 낯선 문화를 이해하기 위해 우리는 한번은 내부시각을 받아들여서 낯선 문화 출신 사람의 사고를 재구성해야 한다. 그러나 사람들은 자기 자신에 대해서도 잘못 생각할 수 있기 때문에 자신의 외부시

28 참조 Bredella/Christ, 65 이하.

각도 작동시켜야만 한다. 내부시각은 인종중심주의를 극복하는 데 필요하고 외부시각은 그때마다의 내부시각에 무비판적으로 빠져들지 않기 위해 필요하다. 이 내부시각과 외부시각의 긴장관계가 전개되면서 성찰된 상호문화적 이해가 이루어진다.[29]

또 다른 타자이해 연구자인 다니엘라 카스파리(Daniela Caspari)는 시각변화를 잠시 자신의 입장을 벗어나서 "낯선 시각을 수용하는 것"이고 동시에 자신의 시각과 낯선 시각을 바라보면서 "자신의 원래 시각을 수정하고 이해를 통해 새로운 입장을 습득하는 것"이라고 말한다.[30] 이것은 정서적·인지적 과정으로서 타인의 사고와 감정을 추수하고 인정해야 하며 동시에 자신의 시각을 상대화하고 경우에 따라서는 넘어서야 한다는 것을 의미한다. 상호문화적 외국어교육에서 학습자는 낯선 것과의 만남에서 자신의 시각과 타자의 시각을 파악하고 서로 비교하며 서로를 매개할 줄 알아야 하는데 일반적으로 학습자의 시각변화는 다음의 단계를 거친다.[31]

1) 다양한 관습과 가치를 다른 것으로 인식한다.
2) 이러한 관습과 가치가 왜, 어떻게 발전해 왔는지, 그리고 무슨 의미가 있는지에 대한 학습과정이 이루어진다.
3) 세상을 낯선 다른 시각을 통해 바라보고 체험한다.

---

29 Bredella (2001), 12.
30 Caspari, 170 이하.
31 Jäger, 43.

4) 자신과 타자와의 대결에서 원래 시각의 변화와 발전이 이루어진다. 학습자는 자신의 입장에서 탈중심화하고 자신의 명제에 질문해 보며 결과적으로 상대화해 본다.

외국어 교육에서 학습자는 문학 텍스트 내에 서술된 사건과 등장인물의 감정과 태도에 정서적으로 이입하고 인지적으로 같이 사고하면서 함께 느끼고 체험을 공유하게 된다. 그러나 허구적 등장인물의 시각을 수용하면서 사건과 세상을 그의 눈으로 바라보지만, 학습자의 감정과 사고, 판단이 완전히 포기되는 것은 아니다. 학습자 역시 자신의 시각으로 등장인물의 감정과 사고 그리고 서술된 사건을 평가하고 판단을 내릴 수 있는 것이다. 특히 상호문화 테마를 다룬 문학 텍스트 속에는 타자 및 타 문화에 관한 다양한 측면의 문제와 갈등, 해결책이 형상화되어 있으며 이를 다루는 다양한 시각이 표출되어 있다. 이를 통해 학습자는 낯선 타자의 시각과 만나기도 하고 자신의 것과 비교해 보기도 하면서 자신의 시각을 상대화하고 타자의 시각과 자신의 시각을 넘어서는 새로운 시각에 도달하는 것이다. 이러한 시각변화는 상호문화적 이해의 핵심적인 요인이며 궁극적으로는 "다른 삶의 방식에 대한 톨레랑스이자 수용으로서 평화와 민족 간 이해"의 기본 토대가 된다.[32]

그러나 상호문화적 외국어 교육에서 새롭게 부각되는 문학 텍스트는 과거 문학적 교양을 목표로 삼았던 외국어 교육에서의 문학 텍스트와는 다른 성질의 것이다. 특히 아동 청소년을 대상으로 한

32 Bredella (1995), 41.

상호문화적 외국어 교육에 적합한 문학 텍스트는 우선 아동 청소년 학습자의 정체성을 확립해 주면서 낯선 타자와 타 문화에 대한 호기심과 욕구를 충족시켜 주어야 한다. 동시에 문화의 다양성과 이질성을 제시하면서 민족중심주의적인 사고방식에 대해 비판적으로 성찰하게 하며 학습자의 공감능력 향상과 시각변화에 자극을 주고 동기를 부여하는 그런 문학작품이어야 한다.

또한 상호문화적 외국어 교육에서 문학 텍스트를 활용할 경우에 과거처럼 미리 짜인 해석모형을 그대로 주입시켜 수용하게 하는 것이 아니라, 외국어, 외국문화 속에 표현된 다양한 세계관, 생활방식과의 대결 속에서 학습자 스스로가 자신의 상상력, 창의성을 발휘할 수 있게 자극을 주는 그런 방법이 활용되어야 한다. 다양한 창의적·생산적·행위적 수업방식을 통해 학습자가 자신의 정체성과 경험지평 그리고 시각을 확대하고 작품 속의 허구적 현실을 독자 자신의 현실세계와 연관시켜 텍스트의 의미를 학습자가 주체적으로 찾게 해야 한다. 그렇게 하여 문학 텍스트가 학습자의 경험세계와 실제 생활과 직접적으로 연계되어 학습자 자신의 것이 되어야지 학습자와는 전혀 무관한 작가만의 문학작품이 되어서는 안 된다.

4. 아동 청소년 문학을 활용한 상호문화적 외국어 교육의 실제

1) 언어습득

외국어 교육에서 아동 청소년 문학을 활용하는 첫 번째 이유는 외국어 습득 때문일 것이다. 그러나 기존 외국어 교육에서 문학작품을 통해 언어능력을 향상시키려고 할 때 항상 두 입장, 즉 "문학은 구조적인 복잡성과 독특한 언어의 사용으로 이 목적에 거의 기여하지 못한다"는 입장과 오히려 정반대로 "문학은 다양하고도 미묘한 단어사용과 복잡하고 정확한 구문을 사용하는 예를 보여 주어 언어지식을 확장시킴으로써 모든 언어기능을 향상시킨다"[33]는 입장이 충돌해 왔다. 그러나 과거의 전통적인 문학정전 텍스트와는 달리 아동 청소년 문학을 언어습득에 활용할 경우 언어구문이 비교적 간단하며 일상생활을 반영하는 대화체가 많고, 무엇보다 의사소통 외국어 교육의 말하기 중심에서 벗어나 읽기, 쓰기, 말하기, 듣기의 통합적 언어교육이 가능하다는 장점을 지니고 있다. 혹자는 아동 청소년 문학도 문학작품에 해당되기 때문에 문학이 갖는 구조적 복합성과 고유한 언어사용이 언어학습에 방해가 된다고 주장하기도 하지만, 아동 청소년 문학의 경우는 일반 문학정전과는 달리 일상생활에 사용되는 구어적·관용적 표현 및 어휘나 문형이 작품 속에 많이 등장한다. 또한 일반 회화교재처럼 인공적으로 만들어진 상황 속에서 특

33 최석무, 172.

정한 문법을 집중적으로 연습하기 위해 일련의 대화가 등장하는 것이 아니라, 현실성 있는 언어자료를 사용하고 있으므로 생생하고 흥미로운 학습활동을 가능하게 한다. 이러한 점은 『플러스 도이치(*Plus Deutsch*)』 독일어 학습교재와 현대 아동 청소년 문학의 대표작품인 크리스티네 뇌스틀링어(Christine Nöstlinger)의 『오이대왕(*Wir pfeifen auf den Gurkenkönig*)』에 등장하는 가족 소개 장면을 비교해 보면 확연하게 드러남을 알 수 있다.[34]

1) Meine Familie

Ich heiße Claudia Schmitz, ich bin verheiratet. Ich habe zwei Kinder, einen Jungen und ein Mädchen, also einen Sohn und eine Tochter. Mein Mann hat einen Bruder und eine Schwester, das sind mein Schwager und meine Schwägerin. Meine Kinder haben einen Onkel und eine Tante. Meine Mutter und mein Vater leben in Köln. Das sind meine Eltern.[35]

2) Also, ich muß wahrscheinlich zuerst sagen, wer wir sind. Wir, das sind Opa und Mama und Papa und Martina und Niki und ich. (…) Papa ist um vierzig und Abteilungsleiter in einer Autoversicherung, aber nur ein sehr kleiner Abteilungsleiter. Mama sagt, daß er in

---

34 이에 대한 아이디어는 카린 추브(Karin Chubb)에 많은 것을 의지한다. Chubb, 28.

35 Plus Deutsch 1, 31.

einer Firma höchstens drei Leute anschreien darf. Darum schreit er wahrscheinlich zu Hause so viel, meint Opa.[36]

1) 『플러스 도이치』는 전반적으로 밋밋하고 무미건조하며 인위적이고 화석화된 이미지를 준다. Vater, Mutter, Bruder, Schwester, Onkel, Tante 등 가족관계에서 사용될 수 있는 단어를 반복적으로 외우고 습득하기 위해 작위적으로 만들어낸 구문에 불과하다. 또한 부정관사 4격 목적어와 소유대명사를 문법적으로 습득하려는 목적의 특정한 구문이다. 학습자는 이 문구를 기계적으로 반복하여 독일어를 습득하게 되는데, 텍스트의 내용에 관해서는 별반 관심과 호기심을 갖지 못해 곧 지루하다는 반응을 보이게 된다. 반면에 2) 『오이대왕』의 가족 소개는 더 다채롭고, 생동적이다. 또한 Opa, Mama, Papa 등의 사용을 통해 알 수 있듯이, 보다 실제적인 일상어를 사용하고 있어 더 현실적이고 일상적이라는 이미지를 준다. 아울러 전자의 회화 텍스트와는 달리 학습자로 하여금 앞으로의 줄거리 진행상황에 대해 호기심과 긴장감을 갖고 주목하게 만든다. 예를 들어 간단한 가족소개지만 줄거리 전개에 핵심적인 역할을 하는 아버지의 권위적인 성격을 드러내 주고 그 원인에 대해 궁금하게 하여 학습자의 관심과 흥미를 불러일으킨다.

터키 출신으로 최근 독일에서 대표적인 상호문화적 아동 청소년 문학 작가로 인정받고 있는 야데 카라의 『세람 베를린(*Selam Berlin*)』 중 가족 소개 장면은 간단한 독일어지만 외국인 노동자 이

36 Nöstlinger, 7.

주, 독일 베를린 지역 소개, 독일인과 터키인이 추구하는 가치 비교까지 보여 주고 있어 독자의 흥미와 긴장감을 더욱 제고하고 있다.

> Mein Name ist Hasan Kazan. In Berlin nennen mich einige Leute ≫Hansi≪, obwohl mir meine Eltern den schönen Namen Hasan Selim Khan gegeben haben. Ach ja, meine Eltern··· Vor Jahren verließen sie Istanbul und emigrierten nach Westberlin, Kreuzberg. Dort kam ich auf die Welt. Meine Eltern glaubten an den Westen. Er bedeutete Fortschritt, Technik und Arbeit für sie. Doch als ich und mein Bruder Ediz heranwuchsen und mit den westlichen Werten, mit Moral und Erziehung in Berührung kamen, wendeten sich meine Eltern ab. Sie befürchteten, daß wir in Berlin zu ≫Kiffern≪, ≫Hippies≪ oder ≫Homos≪ würden. Deshalb schickten sie uns auf die deutsche Schule in Istanbul. Ich war dreizehn ….[37]

내 이름은 하산 카잔입니다. 우리 부모가 내게 하산 세림 칸이라는 예쁜 이름을 지어줬지만, 베를린의 몇몇 사람들은 날 "한시"라고 불렀죠. 아 그래요, 우리 부모 말이죠. 몇 년 전에 이들은 이스탄불을 떠나서 이곳 서베를린, 크로이츠베르크로 이주해 왔습니다. 이곳에서 내가 태어났지요. 우리 부모는 서구를 믿었습니다. 이들에게 서구는 진보와 기술 그리

---

37 Kara, 5. 이 작품은 2002년 '독일 도서상(Deutscher Bücherpreis)'을 수상하였고 2010-2011년 니더작센 연방주에서 통합학교 10학년의 필독서로 선정되었다.

고 일자리를 의미했지요. 그런데 나와 형 에디츠가 자라면서 서구의 가치와 도덕, 교육과 접하게 되자, 우리 부모는 생각을 바꿨습니다. 우리가 베를린에서 "대마초 흡연자"나 "히피", "호모"가 될까봐 걱정한 거지요. 그래서 우리를 이스탄불에 있는 독일 학교로 보냈습니다. 당시 난 열세 살이었어요.

학습자는 이처럼 기존의 외국어 교육방식과는 달리 아동 청소년 문학작품을 통해 흥미진진한 이야기에 호기심을 갖고 실생활에서 사용되는 언어를 습득할 수 있는 장점을 갖게 된다. 또한 언어의 4기능이 분리되어 학습되거나 어느 특정한 기능에만 제한되는 것이 아니라, 텍스트 듣기와 읽기, 텍스트 내용에 대한 말하기와 쓰기 등 통합적 언어교육의 목표를 달성할 수 있다. 아동 청소년 문학작품을 활용하여 언어의 4기능을 습득하는 학습방법은 구체적으로 다음과 같이 구현될 수 있다.[38]

듣기: 교사가 텍스트를 낭독해 주거나 CD나 MP3 등으로 녹음된 텍스트 혹은 영화화된 텍스트를 통해 청취 연습을 할 수 있다.

읽기: 문학 텍스트의 읽기는 가장 중요한 의미를 지닌다. 학습자의 능력과 흥미를 고려하여 텍스트의 일부 혹은 전체를 읽을 수 있다.

말하기: 등장인물의 성격, 줄거리 전개, 작품 내용과 학습자의 현실과의 연관성 등 다양한 대화거리를 제공해 줄 수 있다. 작품에 대해 질문하고 이야기하기, 토론하기, 발표하기 등 다양한 형식으로

38 참조 김정용 (2011), 212 이하.

말하기 능력이 습득될 수 있다.

쓰기: 이 영역은 외국어 교육에서 지금까지 거의 무시되거나 소홀하게 취급을 당하는 등 다소 하위의 역할을 해 왔다. 그러나 외국어 교육에서 쓰기는 학습자의 창의성과 비판성을 형성하는 데 가장 중추적인 역할을 하기 때문에, 이 영역에 더 많은 학습시간과 노력을 투자할 필요가 있다고 판단된다. 독서일기, 평가 쓰기, 작가나 등장인물에 편지 쓰기, 다양한 형식의 문학으로 고쳐 보기 등 문학작품과의 창의적·생산적 만남을 가능하게 하는 생산지향적 방법론이 적용될 수 있다.

2) 상호문화

상호문화적 외국어 교육에서는 외국인이 속한 낯선 문화에 대한 지리, 역사, 정치적 지식과 같은 사실의 전달이 중요한 것이 아니라, 그들의 감정, 사고, 행위에 대한 통찰이 중요하다. 따라서 상호문화적 외국어 교육에서는 외국어 학습과 지역사정적 정보습득과 더불어 타자, 타 문화에 대한 공감능력 함양, 시각의 수용과 변화를 통한 고유 시각의 상대화 및 자아 성찰까지 나아가야 한다. 이와 관련하여 문학작품을 활용한 외국어 교육에서 언어습득뿐만 아니라 지역사정에 관한 지식습득, 엠파티와 시각변화를 통한 상호문화이해까지 학습할 수 있다는 주장을 헤르틀링의 『벤은 안나를 사랑해』를 통해 구체적으로 살펴보고자 한다. 이 문학작품에는 청소년의 사랑과 이별의 아픔, 타 문화 소개(폴란드), 지역학적 사정(폴란드로 추방된 독일인, 독일인 이주, 탄광 노동자 등), 편견과 고정관념 깨기, 타 문화 이해 등이 혼재되어 있다. 그러나 이 작품 속에 등장하는 지역정보는 예를 들어 일반 외국어 교재의 단순한 지역학적 정보와는 차이를 보인다. 물론 외국 문학작품도 외국문화에 대한 정보를 제공한다. 그러나 문학작품은 외국문화를 그대로 모방하는 도큐먼트가 아니다. 여기에는 지역사정과 문화를 바라보는 작가의 시각이 스며들어 있어서 독자는 새로운 시각과 만나게 되고 자신의 시각과 경험을 확충하면서 외국어 습득 이외에 상호문화적 소통의 능력까지 배울 수 있는 것이다. 특히 이 작품 속에서는 타자와 타 문화에 대한 배려가 사춘기 청소년의 첫사랑과 맞물려 있어서 독자는 정서적으로 이들의 심성과 처지에 감정이입되어 자연스럽게 타자이해와 문화공존을 체득할 수 있게 된다.

이 작품은 새 학교로 전학 온 외국인 자녀 안나에 대한 학급 친구들의 멸시와 편견, 차별로 시작된다. 폴란드에서 부모님과 함께 이주해 온 안나는 청바지 대신 종아리까지 닿는 구식 원피스를 입고 있었으며 머리는 한 갈래로 땋은 모습을 하고 있어서 주인공 벤에게도 "우스꽝스럽고(komisch)" "끔찍하게(scheußlich)"[39] 생각된다. 말대꾸를 하지 않는 안나는 "미련한(doof)"(16) 아이로 "냄새가 나고 제대로 글씨도 쓰지도 못한다(Die stinkt, (…) und richtig schreiben kann sie auch nicht)"(13). 심지어는 지독한 냄새 때문에 폴란드에서 쫓겨났다고 생각한다. 벤도 처음에는 학급 친구들이 안나의 외모와 어눌한 언어표현 그리고 출생지와 연관지어 안나를 무시하고 배척하며 편견을 내세우는 데 동참한다.

39 Härtling (1979), 12. 이하 본문 속에 직접 인용함.

안나를 무시하고 멸시하자 선생님은 학급 학생들에게 안나와 부모의 처지를 이해하게 하고 동시에 누구나 낯선 경험을 한다는 점을 강조한다.

> Es kann jedem von euch passieren, dass er in eine andere Stadt und in eine andere Schule kommt. Und jeder von euch wäre erst mal fremd. Bei Anna ist das noch viel schlimmer. Sie ist in einem anderen Land, in Polen, aufgewachsen und zur Schule gegangen. Dort, in der Schule, hat sie nur polnisch gesprochen. Zu Hause deutsch und polnisch. Ihre Eltern haben in Polen gelebt, aber sie sind Deutsche. Sie haben den Antrag gestellt in die Bundesrepublik umzuziehen. Nun sind sie da. Sie wollen endlich zu Hause sein. Anna auch. Ihr macht es ihr schwer. (14)

안나와 부모의 상황을 소개하는 이 독일어 문장들은 간단하지만 일상어로도 활용할 수 있는 생생한 표현인데 학습자는 이를 통해 다양한 문법도 배울 수 있다. 의사소통적 외국어 교육에서는 가령 passieren 동사가 3격을 지배한다는 점과 현재완료 시제가 haben이나 sein과 결합하여 이루어진다는 점을 다양한 문장을 통해 반복적으로 배운다. 그러나 이 경우 전체적인 콘텍스트와 줄거리가 존재하지 않은 채 독립된 문장으로만 동떨어져 있어 학습자의 호기심과 학습 동기가 미약한 편이다. 그러나 인용한 문장에는 독일과 폴란드와의 관계, 독일로 이주하려는 폴란드계 독일인 소수 이주자에 대한 지배사회의 태도에 관한 내용이 포함되어 있기에, 학습자는 줄거리 진행에 대해 호기심과 관심을 가지면서 외국어를 학습할 수 있다. 학습자는 또한 문법과 읽기 학습뿐만 아니라 교사가 텍스트를 낭독해 주거나 CD나 MP3 등으로 녹음된 텍스트 혹은 영화화된 텍스트를 통해 청취 연습을 할 수 있다. 그리고 등장인물의 성격, 줄거리 전개, 이주와 전학으로 인한 낯선 상황에 대한 자신의 경험 등에 대해 이야기하기, 토론 및 발표하기 등 다양한 형식으로 말하기 능력을 습득할 수 있다. 그리고 주인공 벤과 안나에게 편지 쓰기, 간단한 연극장면으로 고쳐 써 보기 등 문학작품과의 창의적·생산적 만남을 가능하게 하는 생산지향적 방법론을 적용하여 쓰기 연습을 할 수 있다. 그러나 무엇보다도 이 작품에는 소수 이주자인 타자에 대한 독자의 공감을 유도하고 상황에 따라 누구나 타자가 될 수 있음을 내세워 시각의 변화를 도모하는 요소들이 포함되어 있어 언어의 4기능 습득의 단계를 넘어 상호문화학습의 단계로 진척될 수 있다.

언젠가부터 벤은 안나의 "눈이 무척 슬퍼 보이고 보는 사람을 불안하게 만든다고([Die Augen] waren ungeheuer traurig. (…) Sie machen einem Angst)"(12-13) 느끼면서 안나의 눈빛을 통해 슬픔과 걱정을 읽어낸다. 왜 그런 감정을 갖게 되었는지 그 자신도 모른다. 벤은 학급 친구들의 말과 행동이 너무 지나치다고 생각한 끝에 "그만해, 너한테서도 냄새난단 말이야(Hör bloß auf. Du stinkst doch selber)"(13)라고 말하면서 폴란드 이주민과 독일인과의 차별을 극복하려고 한다. 아울러 벤은 안나가 혼자 있기 때문에 그런 모습이 꼴 보기 싫고 "욕을 먹어도 싸다(Richtig vorwurfsvoll)"(16)고 하면서도 안나가 학교생활에 적극적으로 동참할 수 있도록 다양한 방법을 모색한다. 벤은 안나에게 관심을 보이고 적극적인 동참을 유도하기 위해 안나에게 공을 던진다. 벤은 안나에게 이름을 불러 주고 좋아한다는 표현을 한다. 점차 벤은 안나가 다니는 학교에 가는 것을 즐겁고 기쁘게 생각한다. 친구 베른하르트가 안나랑 사귄다고 할 때에는 질투의 감정도 느낀다. 안나가 학교 교정에서 옌스와 귓속말을 하고 있었을 때에는 벤은 체험화법을 통해 자신의 감정을 간접적으로 드러내기도 한다.

> 그는 그녀를 때리고 싶었다. (…) 그는 울고 싶었다. 획 뒤돌아서 학교를 빼먹고 싶었다. Er könnte sie verprügeln. (…) Er könnte heulen. Am liebsten würde er umdrehen und die Schule schwänzen. (82)

독자는 이미 주인공 벤과 안나의 사랑 이야기에 빠지게 되고 이들과 동일시하게 되면서 이들의 감정과 상황 속으로 이입하게 된다. 안나에 대한 차별이나 무시는 더 이상 존재하지 않는다. 벤이 안나에게 편지를 쓰고 부끄러워하여 쓰레기통에 던져 버리는 장면에서 독자는 주인공 벤과 상당한 정서적 공감을 체험하게 된다. 이 체험화법은 맨 마지막 장면의 사랑고백에서 내적 독백으로 바뀌면서 벤의 감정을 직접적으로 표현한다. 전체적인 콘텍스트로부터 분리되어 독립된 문장으로 존재할 때에는 유치하고 평범하게 전달될 문장이 여기 문학작품 속에서는 진심과 사랑을 담아 간절하게 다가오고 공감을 갖게 한다.

> 난 안나를 사랑해. 안나가 떠나. 곧장 안나에게 편지를 써야겠어. 안나가 우릴 찾아올 수 있게, 난 안나를 정말 사랑해. Ich hab Anna lieb. Anna

geht weg. Ich muss Anna gleich einen Brief schreiben. Anna kann uns ja besuchen. Ich hab Anna wirklich lieb. (92)

벤은 안나의 슬픔과 걱정에 정서적으로 공감하고 안나의 처지를 이해하고 관심과 호감을 가지면서 타자 및 타 문화에 대해 갖고 있던 기존의 시각을 수정하고 변화하는 과정을 거치게 된다. 안나의 집은 판자촌인데 비좁은 한 방에 많은 사람들이 모여 산다. 그러나 벤은 "일곱 명이 한 방에서 자야만 하는 사람들도 있구나(Dass die zu siebt in einem Zimmer schlafen müssen)"(37) 하면서 이해하고 공감을 갖는다. 그러면서 나중에는 "안나는 가난하지만 행복해. 그건 아마 안나네 식구가 다른 사람들과는 다르기 때문일 거야(Die Anna ist arm. Aber sie hat es trotzdem gut, weil die so anders sind)"(60)라고 말하면서 벤의 시각이 서서히 변화한다. 벤과 안나는 판자촌 앞의 지저분한 공터를 지나 작은 텃밭들 사이로 난 좁은 길을 달려간다. 벤 혼자서는 한 번도 걷지 않았던 좁은 길이고 판자촌이 있는 지저분한 공터다. 그러나 벤의 시각변화로 이제 이 지저분한 공터, 이 좁은 길이 "샘이 나기도 하고 부럽기도(neidisch oder eifersüchtig)"(61) 하다.

벤의 시각변화는 안나네 가족이 먹는 내장요리를 통해서도 확인할 수 있다. 벤의 엄마는 "뭐든지 요리해서 먹을 수 있지만 내장만은 아니라고(sie könnte alles kochen und essen, bloß Kutteln nicht)"(61) 벤에게 편견을 심어 준다. 그러나 벤은 안나에 대한 호감과 공감을 갖게 되면서 타 문화를 수용하고 인정하려는 자세를 갖게 된다. 벤은 안나네 가족에 초대되어 처음으로 내장요리를 먹어 보게 된다. "맛있는데(Die sind gut)." 그리고 자신과 엄마가 갖고 있는 편견을 서서히 깨기 시작하고 시각의 변화를 이루게 된다.

> 벤은 아까보다 음식을 더 많이 받았다. 엄마 말이 늘 옳은 것은 아닐 거라고 생각하면서. Er ließ sich eine zweite, größere Portion aufladen. Grete hatte doch nicht immer Recht. (61)

이 시각의 변화는 자신만의 시각이 옳고 정당하다는 자세에서 탈피하는 것으로 시작된다. 나의 시각이 틀릴 수 있음을 받아들이고 내 시각의 절대성을 깨는 작업이 이루어져야 타자와 타 문화의 동등함을 인정하고 나와 고유 문화에 대한 비판적 성찰이 가능하다. 그러나 이 작품에서 시각의 변화는 적극적인 형태가 아니라 변화의 기미가 미미하게 보일 뿐이다. 전체적으로 볼 때 벤의 입장에서만 타자, 타 문화에 대한 감정과 시각의 변화가 일어나고, 벤이 소속된 지배문화에 대한 비판적 성찰이나 안나, 즉 소수 이주자 자녀의 측면에서 지배문화를 바라보는 시각은 크게 드러나지 않고 있다.

이처럼 헤르틀링의 『벤은 안나를 사랑해』는 상호문화적 외국어 교육의 학습목표를 실현하기에 적합한 작품이다. 학습자는 이 작품을 통해 독일과 폴란드의 지역사정에 대한 지식과 이해를 도모할 수 있으며 타자, 타 문화에 대한 공감과 배려하는 마음을 갖게 되면서도 다른 시각과의 만남을 통해 고정된 시각의 변화를 경험하게 된다. 무엇보다 이 작품은 청소년의 사랑 이야기와 접목되어 학습자의 관심과 흥미를 제고할 수 있다. 문학작품에 대한 흥미와 줄거리 진행에 대한 호기심은 학습자에게 동기를 부여하여 외국어 습득에도 큰 도움이 될 수 있다. 그러므로 이 문학작품을 외국어 교육에 활용할 경우 언어습득, 문학작품의 향유, 지역사정 학습, 상호문화 이해 등의 여러 학습목표를 동시에 이룰 수 있는 장점을 지니게 된다. 작가 자신의 말대로 그는 문학작품을 통해 한편으로는 아동, 청소년이 "사랑, 분노, 웃음, 슬픔을 표현하는 데 도움을 주면서" 무감각하고 무관심한 아동, 청소년의 마음에 감성적으로 다가가 이들의 감각을 깨우고 관심을 유발하려고 한다. 다른 한편으로 그는 문학작품을 통해 아동과 청소년에게 새로운 시각을 접하게 하여 "세상을 이해하고 통찰하고 회의하고 의문시하며, 필요하다면 공격하는"[40] 데 도움을 주려고 하는데, 이 두 측면이 바로 상호문화적 외국어 교육의 핵심적인 학습목표에 해당하는 것이다.

5. 결론

외국어 교육이 의사소통이나 지역사정에서 상호문화로 변환해야 한다는 논의는 외국어 교육이 유럽 내 다문화 사회와 다민족 학급환경을 반영해야 한다는 당위성에서 출발한다. 다문화 사회와 다민족 학급환경 속에 학생들은 점점 더 정체성 문제로 고민에 빠지게 되고 문화적 갈등과 충돌을 첨예하게 경험하게 된다. 이러한 상황에서 외국어 교육도 타자, 타 문화의 외적 상황(지리, 음식, 주거, 문화유적지, 관광 등)뿐만 아니라, 입장, 심성, 태도, 사고방식, 가치, 의식, 세계관, 규범까지 심층적으로 이해해야 한다는 사실은 선택이

40 Härtling (1989), 22.

아닌 당위의 문제가 되었다.

외국어 교육에서의 상호문화적 학습은 자신의 것과 낯선 것에 대한 상을 새롭게 발전시키기 위해 외국어의 역할을 의식적으로 활용하는 것이다. 즉, 상호문화적 외국어 교육에서는 과거 청각적 그리고 의사소통적 외국어 교육 방법이 간과했던 엠파티, 편견 극복, 시각변화가 다시 핵심 사항이 된다. 상호문화적 외국어 교육에서 엠파티, 편견 극복, 시각변화를 도모하기 위해서는 문학작품의 중요성이 더욱 강조된다. 문학작품은 우선 낯선 타자의 감정과 처지 그리고 생활방식에 대해 정서적으로 다가가게 함으로써 학습자의 공감능력을 함양한다. 아울러 문학작품의 특성은 체계적인 낯설게 하기에 있다. 이 점에서 문학 텍스트는 일상 텍스트보다 더 복잡하고 다의적이며 그래서 이해하기 어렵다. 즉, 독자가 쉽게 이해하는 것을 저지하고 획일적이고 즉각적인 수용을 늦추어서 곱씹어 성찰하게 하는 것이 문학 텍스트의 특성이자 장점인 것이다. 이런 점에서 외국어 교육에서 문학 텍스트의 활용은 이해하기가 다소 어렵다는 단점에도 불구하고 독자의 다양한 생각과 성찰을 유도하여 각자의 논의를 활성화할 수 있다. 또한 문학 텍스트는 학습자를 낯선 문화와 다양한 관점에 초대한다. 구체적으로 말하자면, 문학작품을 통해 학습자는 낯선 타자의 생활세계 및 사회문화적 상황, 사고방식에 대해 알게 되고 작가나 등장인물의 관점을 통해 자신과는 다른 시각을 접할 수 있다. 문학작품 속 다양한 시각과의 대결을 통해 학습자는 자신의 고착화된 편견이나 스테레오타입을 깨고 시각의 확대와 변화를 도모할 수 있는 것이다. 이 점은 기존 단편적인 지역학적 지식습득과 특정한 언어구문의 반복적인 학습이 도달할 수 없는 중요한 학습목표로 평가될 수 있다.

특히 상호문화적 외국어 교육에서 문학작품을 활용하는 경우 학습자의 관심과 욕구를 반영하는 아동 청소년 문학작품 선정이 중요한 문제로 부각된다. 외국어 교육에 적합한 아동 청소년 문학은 우선 언어적으로 학습자의 언어습득능력에 맞아야 하고 실제 일상을 반영하는 단순한 구조의 대화체를 많이 포함해야 한다. 다음으로 문학과의 만남을 가능하게 하기 위해 문학미학적 경험을 가능하게 하면서 동시에 학습자의 경험과 관심, 문제를 다루어 독서의 즐거움과 문학작품에 대한 친숙함을 불러일으키는 그런 작품이 선정되어야 한다. 또한 외국어 교육에서 활용되는 아동 청소년 문학은 대화와 토론을 통해 학습자의 경험지평을 확대시켜 주고 시각을 변화시켜 주는 그런 작품이어야 한다. 끝으로 다문화 사회, 다민족 학급환경에 직면하여 타자와 타 문화에 대한 공감과 배려에 대한 인식을 확대하여 상호문화적 이해와 공존을 모색하게 하는 역할도 주요 작품 선정기준이 되어야 할 것이다.

특히 상호문화적 외국어 교육에서 상호문화학습을 위해 아동 청소년 문학이 활용되는 경우에도 정서적 공감과 더불어 편견의 문제를 제기하고 다양한 시각을 제시해 주는 작품이어야 그 활용도가 높다고 볼 수 있다. 그러나 마르틴 젤레츠키(Martin Seletzky)와 같은 학자는 상호문화적 외국어 교육에서 낯선 세계의 다름을 너무 강조하는 것에 대해 경고하기도 한다.[41] 학습자의 입장에서 낯선 타자 및 타 문화에 대한 이해의 어려움과 고통으로 오히려 오해와 두려

41 Jäger, 41.

움이 생길 수 있다고 보고 있는 것이다. 그래서 그는 오히려 자국문화와 타 문화 사이의 공통점을 부각시키고 엠파티를 불러일으키며 다름과 차이가 있는 상황에서도 서로 부러워할 만한 긍정적인 요소를 강조할 필요가 있다고 주장한다.

결론적으로 상호문화적 외국어 교육은 기존 의사소통적 외국어 교육이 지향한 실용적 차원의 외국어 학습 효과를 넘어서 "엠파티와 비판적 관용의 개발과 갈등극복의 능력"[42]이라는 사회적·교육적 차원의 학습 효과까지 획득할 수 있다. 그러므로 상호문화적 외국어 교육은 실용적·의사소통적 외국어 교육을 보완할 수 있는 외국어 교육으로 평가될 수 있다. 현대 사회가 다문화 사회로 접어들고 타자 및 타 문화와의 경험 속에 상호문화 간 소통이 중요시되는 현재의 학급상황을 고려해 보면, 기존 외국어 교육의 목표가 상호문화적 학습의 방향으로 확대되어야 하는 것은 자명할지도 모른다. 그래서 브레델라와 같은 학자는 아예 외국어 교육의 목표를 "타자의 인정"으로 설정하고 네이티브 스피커에서 상호문화적 스피커로 학습목표의 모델을 새롭게 설정해야 한다고 주장하고 있는 것이다.[43] 마지막으로 상호문화적 외국어 교육에서 습득된 엠파티, 편견 극복, 시각변화, 타자 및 타 문화에 관용과 인정이 학습자의 구체적인 생활환경에서 적용되고 실천될 때, 비로소 상호문화적 외국어 교육의 학습목표가 실제로 달성되었다고 평가될 수 있다. 왜냐하면 상호문화적 외국어 교육의 학습과정의 성공 여부는 타자 및 타 문화에 대한

42 Bausch/Christ/Krumm, 159.

43 Bredella/Delanoy, 16.

"정보의 증가"를 통해 평가되는 것이 아니라, 학습자 자신의 "고유 시각의 변화"[44]를 통해 측정될 수 있기 때문이다.

44 Brunzel, 70.

제5장

아동 청소년 문학에 나타난 '낯선 요소'의 번역과 상호문화적 이해

아동 청소년 문학의 국제적 연구는 아동 청소년 문학작품의 활발한 번역과 국가 간의 비교연구에 그 토대를 두고 있다. 아동 청소년 문학작품의 번역을 통해 아동 청소년 독자들은 우선적으로 외국의 문화와 사고를 접하게 된다. 특히 아동 청소년 문학작품 속에 문화적 특수성을 제시하는 '낯선 요소(das Fremde)'의 번역은 외국문화에 대한 우리의 수용 자세를 어느 정도 반영해 주기 때문에, 이에 대한 연구 역시 이 책의 핵심적인 내용이 된다.

출발 텍스트의 '낯선 요소'가 목표문화적인 친숙한 것으로 대체될 수 있는지 혹은 출발 텍스트의 '낯선 요소'가 유지되어야 하는지는 아동 청소년 문학 번역 논의의 중요한 쟁점으로 떠오른다. 후자라면 목표언어권의 독자를 위해 어느 정도의 설명이 필요하며 어떤 형태의 설명이어야 하는지도 번역의 관심이 된다.

번역 작가는 아동 청소년 문학 번역 시 '낯선 요소'를 어떻게 처리해야 하는가? '낯선 요소'를 재현하는 이국화 번역인가 혹은 조정하는 자국화 번역인가에 대한 경험적 연구는 없지만 점차 이국화 번역이 증가하는 경향을 관찰할 수 있다. 최근에는 과거와는 달리 아동 청소년 독자의 이해를 돕기 위해 낯선 문화를 한국의 친숙한 문화로 대체해서는 안 된다는 주장이 강하게 제기된다. 아동 청소년 문학의 낯선 요소를 자국의 문화, 자국의 가치로 모두 바꿔 버리는 행위는 "문화 사이의 차이를 알고 수용하는 것을 토대로 하는 다문화성 대신에 문화 중립성, 특별하지 않은 평균화된 국제적 상품이 등장하는"[1] 것을 의미하기 때문이다.

이러한 배경에서 이 장에서는 국내에 소개되어 있는 독일어권의 아동 및 청소년 문학 번역작품을 대상으로 문화 특수성을 반영하는 '낯선 요소'의 번역에 초점을 맞추어 번역의 실제를 분석하고자 한다. 그리고 그 '낯선 요소'가 어느 정도 문화적 특수성을 반영하는지 그리고 이에 대한 인식이 상호문화적 이해에 어느 정도 공헌하는지도 중요한 고찰 대상이 된다. 마지막으로 국내에 번역 소개된 크리스티네 뇌스틀링어의 아동 청소년 문학작품 중 『오이대왕』(유혜자 역, 사계절), 『언니가 가출했다』(한기상 역, 우리교육), 『교환학생』(김재희 역, 동녘)을 구체적인 분석 대상으로 삼는다.

1. 아동 청소년 문학 번역의 특수성

21세기에 들어서 세계화와 정보화로 인해 하나의 지구촌에 사는 우리들은 일상생활뿐만 아니라 다양한 학문분야에서도 문화의

1 O'Sullivan (2000), 295.

이동이 화두가 되고 있음을 쉽게 알 수 있다. 한편 매년 국내 문화 시장에 쏟아지는 다양한 분야의 수많은 번역물을 접하다 보면 문화 간의 소통을 이루게 하는 일차적인 매체가 번역인 것처럼 생각된다. 이러한 인상은 번역이 단순히 언어를 다른 언어로 대체시킨 것이 아니라, 문화의 전이라는 최근의 번역개념에 의해 더욱 생생하게 다가온다. 번역가가 "세계 문화들의 파수꾼이요, 보호자요, 전파자"[2]로 자리매김할 정도로 번역문화는 우리의 삶과 가까워진 것이다.

현재 국내 출판계에서 가장 많이 번역되는 분야는 아동 청소년 문학 영역이다. 특히 독일의 아동 청소년 문학은 최근 독어독문학계의 독일 아동 청소년 문학에 대한 연구에 발맞추어 가장 활발하게 번역되어 실제 번역된 아동 청소년 문학작품을 정리하는 것도 쉬운 작업이 아닐 정도이다. 그러나 종종 출판계에서 그리고 아동 청소년 문학작품을 접하게 되는 독자를 통해 작품 번역의 문제와 질에 대한 비판이 종종 제기되기도 하였지만, 독어독문학 연구자의 측면에서 독일 아동 청소년 번역작품에 대한 연구와 비평은 거의 전무하다. 번역된 아동 청소년 문학작품을 살펴보면 타 문화의 낯선 요소 삭제, 그림 삭제, 작가의 의도 왜곡, 제목과 레이아웃 등의 자의적 변형, 전체 문장의 삭제 혹은 설명을 위한 장황한 보충 등을 쉽게 발견할 수 있다. 그러나 이러한 제멋대로의 조정은 독자의 관심과 수용능력을 고려하여 읽기 편안하게 번역한다는 미명하에 상업주의와 원본 텍스트에 대한 몰이해를 보여 주는 왜곡된 번역으로, 원작품의 미학적 질을 저하시키는 것임을 알아야 할 것이다.

2 전성기 역, 201.

일찍이 번역학자 E. 캐리(E. Carry)는 "아동 문학의 번역은 특수한 문제와 기대하지 않은 어려움이 가득한 독자적인 복합체"라고 주장하였으며 한스 요아힘 슈퇴리히(Hans Joahim Störig)는 좋은 고전에 해당되는 아동책을 쓰는 것보다 좋은 아동책을 훌륭하게 번역하는 것이 더 어렵다고 주장한 바 있다.[3] 이와 같은 이유로 최근까지 번역학의 연구대상에서 아동 청소년 문학이 제외되는 경향이 지배적이었다. 그러나 최근의 번역 이론에서는 핀란드의 리이타 오이티넨(Riitta Oittinen), 독일의 에머 오설리번(Emer O'Sullivan), 터키의 투르가이 쿠룰타이(Turgay Kurultay) 등이 아동 청소년 문학의 번역 문제를 집중적으로 다루면서 아동 청소년 문학도 번역학 연구에서 중요한 연구대상으로 부각되고 있는 실정이다.

일반 문학의 번역에 있어서는 충실한 번역과 자유로운 번역이 가장 핵심적인 논의가 되고 있지만, 아동 청소년 문학의 경우에는 이 논의가 크게 부각되지 않는다. 아동 청소년 문학처럼 원작에 대한 충실한 번역이 진지하게 받아들여지지 않는 영역도 별로 없다. 그래서 아동 청소년 문학 번역에서는 '번역(Übersetzung)'보다는 '조정(Adaption)'이라는 표현을 더 잘 쓴다.[4] 이렇게 원전으로부터 이탈이 심한 이유는 아동 청소년 문학 번역에는 특수한 문제가 있으며, 이 문제는 일반 문학 번역에서와는 달리 해결되어야 한다는 주장이 강하게 제기되고 있기 때문이다. 이러한 주장은 아동 청소년 문학이 갖고 있는 본질적 특성에 그 기반을 두고 있다. 오설리번에 의하

3 O'Sullivan (2000), 179.

4 참조 Tabbert, 97-108.

면 아동 청소년 문학은 소통과정상 비대칭적인 특성을 보인다.[5] 즉, 성인이 창작을 하고 성인이 매개해 주며 아동 청소년이 독자로 존재하는 것이다. 이처럼 아동 청소년 문학은 아동과 청소년만 지향하는 것이 아니라 성인 매개자를 지향하기도 한다. 이런 의미에서 에버스는 "이중지향적 아동 청소년 문학(doppeltadressierte Kinder- und Jugendliteratur)"[6]이라는 표현을 사용한다. 아동 청소년 문학의 또 다른 특성으로는 교육적·미학적 가치의 양면적 특성이 강하다는 것이다. 교육적 가치로서의 아동 청소년 문학은 아동 및 청소년 독자에게 지식이나 규범을 전달한다. 사회화에 유용한 지식을 전달하고 사회적 규범에 적합한 도덕적 행동을 습득하게 하는 목적을 갖고 있는 것이다.[7]

이러한 아동 청소년 문학의 내재적 특성 때문에 여러 번역 연구자들은 아동 청소년 문학 번역은 성인 문학과는 다르게 이루어지고 있다는 주장을 한다. 그중 대표적인 번역학자인 카타리나 라이스(Katharina Reiss)에 따르면 아동 청소년 문학 번역의 특성은, 첫째로 성인이 창작과 번역의 주체이고 독자는 아동 청소년이기 때문에 독자의 언어능력과 세계지식 그리고 연령을 우선적으로 고려해야 한다는 것이다.[8] 그래서 번역자는 아동 청소년의 언어뿐만 아니라 그들의 지적 수준도 알아야 하는 것이다. 라이스 역시 번역에 대한 연구는 많지만 아동 청소년 문학 번역에 대한 연구는 거의 없다는 사

5 O'Sullivan (2000), 111.

6 Ewers (2000), 103.

7 김정용 (2011), 6.

8 Reiss, 7.

실에서 출발하여, 아동 청소년 문학 번역에는 특수한 번역의 문제가 있는데 이는 일반 문학 번역과는 달리 해결되어야 하며 그 과정에서 어떤 요인이 중요한 역할을 하게 되는지 고찰해야 한다고 주장하고 있다. 둘째로 아동 청소년 독자에게 번역작품을 매개하는 심급의 압력이 있다는 것이다. 즉, 아동 청소년 문학 번역 시에는 부모, 교사, 사서, 출판사 등의 심급에 의해 종교적·정치적·민족적 터부와 관련된 생략 또는 조정의 압력을 받는다. 셋째로 아동 청소년의 제한된 지식과 경험 때문에 출발 텍스트의 언어적·내용적 요소가 목표언어로 번역될 때 조정되거나 설명이 추가되어야 할 경우가 있다는 것이다. 라이스가 언급한 아동 청소년 문학의 번역 문제는 이미 창작 시기에 해당되는 문제로서 아동 청소년 문학 작가인 키르스텐 보이에(Kirsten Boie)의 목소리에도 그대로 묻어난다.

> 언어이해가 나만큼, 성인만큼 그렇게 아직 발달하지 않은 아이들에게 부담을 주지 않으면서 내가 무얼 기대할 수 있을까? 교육적·발달심리학적·도덕적·미학적 요구에 저촉되지 않으면서 (…) 아이들에게 뭘 기대해도 될까? 그리고 유감스럽지만 이 세 번째, 즉 급변하는 매체환경의 조건에서 시장은 나한테 뭘 허락하고 요구하고 금지시킬 것인가?[9]

아동 청소년 문학 번역의 경우에는 목표언어권 독자의 능력과 욕구에 맞추어져 이루어지는 조정이 더 큰 역할을 할 때가 있다. 또한 출발 텍스트보다는 수용자가 속해 있는 목표 텍스트의 문화와

9 O'Sullivan (2000), 119.

언어를 지향하는 기능적 번역이 종종 시행되곤 한다. 심지어 아동 청소년 문학을 번역할 때에는 원본 텍스트 그대로가 아닌 번역 위임자의 목적에 따라 기능화된 번역 텍스트를 생산해 내는 경우도 비일비재하다.[10] 이러한 아동 청소년 문학의 조정적·기능적 번역은 최근의 번역이론에서 언어상의 등가를 찾아내는 이론보다는 번역의 목적과 기능에 초점을 두고 있는 지배적인 경향과 맞물려 있다.

최근 언어학적 방향으로부터 점차 멀어지고 있는 번역학 연구의 이론적 단초들을 살펴보면 원본 텍스트는 출발점만을 의미할 뿐이지 번역이 도달해야 할 최종의 목적이 아님을 알 수 있다. 그 결과 번역은 단순하게 원본을 모사하는 것이 아니라 목표언어와 목표 수용자의 조건을 고려해야 하기 때문에 새로운 텍스트로서의 번역이 형성되는 것이며 이 새로운 텍스트를 형상화하는 것은 결국 번역자의 몫이다. 즉, 번역자의 결정은 출발 텍스트의 특성에만 달려 있는 것이 아니라, 목표언어적 콘텍스트에도 종속되어 있는 것이다.[11]

최근에 번역이론에서 부각되는 스코포스 번역이론(Skopos-theorie) 역시 과거의 번역이론과는 달리 번역의 목적과 기능에 초점을 맞추고 있다. 이 번역이론은 목표언어권의 수용자에 초점을 맞추어 근본적으로 동일한 출발 텍스트는 목표문화의 상황과 수용자의 요구에 따라 상이하게 번역될 수 있다는 입장에서 시작하고 있다. 그 결과 번역에서는 단어 대 단어나 문장 대 문장의 일차적인 등가

10 김정용 (2011), 227.

11 Kurultay, 192 이하.

가 중요하기보다는 번역 위임자의 목적, 텍스트 전체의 의사소통적 기능, 그리고 수용자의 목표언어적 기능과 문화가 번역의 중심에 위치한다. 번역학자 울리히 카우츠(Ulrich Kautz)의 표현대로, "언어체계 단위 사이의 구조적 등가"보다는 "텍스트 전체 차원에서의 소통적 등가"[12]가 더 중요한 것이다. 그 결과 출발 텍스트의 권위는 상실되고 목표언어권의 독자층에 맞게 새로운 텍스트가 번역의 실제 형태로 등장하곤 한다.

> 번역의 실제에서는 목표문화의 관습과 규범이 사용된다. (…) 언어적 표현의 출발 텍스트는 권위를 상실하고 더 이상 번역의 토대나 출발점이 아니다. (…) 번역은 문화전이적 행위이다. 텍스트는 매번 다른 상황 속에서 수용되고 해석되기에 번역의 기능 역시 변화한다. (…) 다양한 문화 때문에 번역은 단어에 충실할 수 없는 것이다. (…) 번역자는 오히려 목표 수용자를 위해 새로운 다른 메시지를 표현한다.[13]

이런 측면에서 특히 특정한 수용자를 대상으로 삼으면서 교육적 가치를 전혀 무시할 수 없는 아동 청소년 문학을 다른 문화권의 언어로 번역을 할 경우에는 조정이 많이 이루어지는 편이다. 성인 문학의 경우와는 달리 아동 청소년 문학의 번역은 "단순히 의미만 전달할 것이 아니라 독자들로 하여금 원전을 읽은 독자들이 경험한 감정과 생각과 상상을 함께하도록 만들어야 한다. (…) 원전에

---

12 Kautz, 114.

13 Stolze, 198 이하.

서 벗어나는 일도, 만일 독자들이 받아들이는 데 필요하다면, 허용되는 정도가 아니라 적극 권장될 수도 있다".[14] 그래서 아동 청소년 문학 번역의 대표적인 연구자인 오이티넨 역시 아동 독자에 초점을 맞추고 있고 원전 텍스트의 모든 권위를 반박한다.[15] 그녀의 관심사는 아동 독자와 번역자인데, 아동 독자는 시기와 문화 그리고 상황에 따라 달라지는 속성을 가진다. 아동 문학 번역자는 번역 시 목표 문화권의 아동을 염두에 두고 있고 목표 텍스트가 독자에 의해 받아들여지는 것이 중요한 목표이기 때문에, 그녀는 정당한 이유에서 이루어진 조정과 개작을 모두 수용하는 입장이다.

> 모든 번역은 조정을 포함한다. 그리고 가장 최상의 번역행위는 항상 변화와 자국화를 포함한다. 언어의 변화는 항상 스토리를 목표언어권의 독자에게 더 가까이 다가가게 한다.[16]

그녀의 업적은 이렇듯 번역 시 아동의 역할과 의미를 부각하고 아동 독자의 수용조건과 요인들을 중점에 두고 고찰하였다는 점이다. 그러나 오이티넨의 아동 청소년 문학 번역이론은 번역과 개작을 구분하지 않은 채 그 의미를 거의 동일하게 사용하였고 실제 자신의 이론을 대부분 유아용 그림책에 적용하고 있다는 점에서 한계를 보이고 있다.[17]

---

14 김서정 역, 51.
15 Oittinen (1999), 250 이하.
16 Oittinen (2000), 6.
17 O'Sullivan (2000), 189.

그러나 이에 반해 최근 아동 청소년 문학의 번역을 비교문학적 관점에서 연구한 오설리번의 경우는 아동 청소년 문학의 조정적 번역에 대해 반대하는 입장을 표한다. 그녀는 우선 아동 청소년 문학의 두 가지 번역방식을 제시한다. 모놀로그적 번역에서는 번역가의 목소리로 원본 텍스트를 통제하며 원본 텍스트 화자의 목소리를 삼켜 버리고 자신의 목소리 이외에 다른 목소리는 들리게 하지 않는다.[18] 이렇게 내포된 번역자의 심급을 통해 이루어지는 조정은 변형, 추가, 삭제 등의 형태로 드러나고 목표문화권의 아동 독자가 이해하기 쉽다는 장점을 지닌다. 반면에 대화적 번역은 번역자가 자신의 목소리 이외에 텍스트에 있는 다양한 다른 목소리를 번역에서도 그대로 울리게 하는 것이다. 즉, 원작의 다양한 소리가 유지되어 번역자의 목소리에 의해 삼켜지지 않는다. 오설리번은 아동 청소년 문학의 번역에서도 대화적 번역 방식에 무게 중심을 두면서 최근 미학적 가치가 높은 아동 청소년 문학의 번역에서는 대화적 번역이 우세하다고 주장하고 있다.

이들 논의의 핵심은 아동 청소년 문학 번역에서 번역자가 어느 정도 변형을 가하면서 개입해야 하는가의 문제이다. 이 점은 분명 아동 청소년 문학의 미학적·교육적 측면과도 깊은 연관이 있다. 이와 연관지어 아동 청소년 문학의 번역에 두 가지 입장이 있다. 한편으로는 아동 청소년 문학의 자율미학을 강조하는 측면으로서 아동 청소년 문학도 문학으로 간주되어 원본 텍스트가 적절하게 존중되고 임의적인 변경은 시도되지 않는다. 다른 한편으로는 아동 청소년

18 O'Sullivan (2000), 248 이하.

독자가 텍스트를 이해할 수 있도록 번역자의 개입이 허용되어 모든 변형을 시도한다. 즉, 원본 텍스트에 대한 충실보다는 조정이 많이 이루어지는 편이다.

아동 청소년 문학의 경우 '목표집단 문학(Zielgruppenliteratur)'으로 정의되고 수용자의 눈높이가 중심에 서기 때문에, 아동 청소년 문학 번역 시 충실한 번역보다는 번역의 목적과 기능에 맞추어 자유로운 조정 번역이 이루어져야 한다는 점은 어느 정도 타당성이 있다. 그러나 과거에는 교육적 도구로서의 아동 청소년 문학이 강조되었던 반면에, 최근에는 이러한 경향이 축소되고 아동 내지 청소년에 적합한 문학으로서의 자율적인 아동 청소년 문학이 강조되고 있는 상황이다. 이런 측면에서 카르스텐 간젤(Carsten Gansel)이 언급한 "교육 위탁과 자율 사이에서(Zwischen Erziehungsauftrag und Autonomie)"[19]는 아동 청소년 문학이 사회화 문학에서 아동 및 청소년에 적합한 자율문학으로 중점 이동하는 경향과 역사를 극명하게 드러내고 있다. 또한 아동 청소년 문학이론에서는 최근의 독일 아동 청소년 문학의 문학적 질과 수준이 성인 문학에 못지않다는 평가가 자주 언급된다. 그러므로 아동 청소년 문학에서 모든 조정과 개작을 허용하는 자유로운 번역이 정말 수용자의 지적 수준과 관심을 고려한 타당한 번역인지, 아니면 이러한 조정 번역이 실제로는 작가의 의도와 작품의 의미를 제대로 이해하지 못해서 생긴 결과가 아닌지, 그리고 출판사의 상업적 이익추구에 영합하는 얄팍한 꼼수는 아닌지 명확하게 구분할 필요가 있는 것이다.

---

19 Gansel (1999), 13.

2. 아동 청소년 문학 속 '낯선 요소'의 번역

이러한 아동 청소년 문학 번역의 조정 가능성은 문화적 차이가 커 목표언어권의 학습자에게 낯설게 다가오는 문화특수적 요소의 번역에서도 그대로 드러난다. 일반 문학의 번역에서는 낯선 요소의 이국화 번역이 이미 일반적이다. 즉, 낯선 요소가 번역본에서도 수용되고 유지된다. 지르지 레비(Jiří Levý)는 이 낯선 요소들을 번역 시 유지할 것을 제안한다.[20] 그러기 위해 번역자는 설명이나 암시로 보충할 수 있다. 레비는 각주는 흐름을 방해할 수 있기 때문에 추천하지 않는다. 조정은 가급적 줄여야 하며 개작은 번역으로 평가되지 않는다. 조정 번역의 경우는 독자 친화적이고 가독성이 있으나 충실의 원칙에서 벗어나고 번역 문학이 민족화해에 도움이 될 수 있다는 목적과도 부합되지 않는다. 레비에 따르면 전체적으로는 원본에 대한 충실이 우선이고 가능한 한 조정은 그 수를 줄여야 한다. "문화적 콘텍스트 조정은 규칙보다는 예외가 되어야" 하는 것이다.

영미권의 번역학자인 로렌스 베누티(Lawrence Venuti) 역시 기존 영미권의 지배적인 번역방식은 자국화라고 지적하면서, 이 방식은 원본의 이국적 텍스트를 목표언어권의 언어적·문화적 가치와 규범에 맞추어 변형한 것으로 영미권의 자민족 중심주의에 기인한다고 주장한다.[21] 그러면서 그는 목표언어권 독자에게 이질적으로 느껴질 문화적 특수성에 번역자가 개입하지 않는 이국화 번역을 제안한

20 Levý, 94.

21 참조 Venuti.

다. 즉, 출발언어의 낯선 문화적 특수성이 번역본에서도 그대로 수용되고 유지되는 것이다.

아동 청소년 문학 번역에서도 문화특수적인 낯선 요소의 번역에 대해 여러 주장이 제기되고 있다. 스웨덴의 아동 청소년 문학 학자인 클링베리는 출발문화의 문화특수적 요소를 유지하는 것을 옹호하면서도 개별적인 측면에서는 목표문화에 맞춰 조절하는 것도 필요하다는 절충적인 입장을 취한다. 즉, 수용을 지향하면서도 출발 텍스트에 충실하려고 하는 입장인 것이다.[22] 이에 반해 핀란드의 아동 문학 번역학자인 오이티넨은 번역 시 출발 텍스트와 목표 텍스트의 목적은 다를 수밖에 없고 텍스트를 읽는 독자가 다른 언어적·문화적 배경을 갖고 다른 방식으로 읽기 때문에, 출발 텍스트의 낯선 요소 역시 목표 텍스트에서는 다를 수밖에 없다고 지적한다. 이에 반해 독일의 아동 청소년 문학 연구자인 리하르트 밤베르거(Richard Bamberger)는 낯선 요소를 친숙한 요소로 대체하거나 낯선 미지의 것을 삭제하는 번역은 "가장 단순하고 습관적인 것으로 도망쳐서 낯선 특성을 회피하는 것"[23]이라고 비난한다. 또 다른 아동 청소년 문학 연구자인 오설리번은 아동 청소년 문학의 번역은 독자의 이해수준에 낯선 요소를 조정하는 것과 목표문화를 풍부하게 하는 효과를 갖는 낯선 요소의 유지 사이의 곡예운행과 같다고 말하면서,[24] 다양한 문화권의 차이를 인정하게 하는 번역이 필요하다고 주

22 O'Sullivan (2000), 181.

23 Bamberger, 28.

24 O'Sullivan (2000), 170.

장한다. 그녀는 또한 아이들 역시 낯선 콘텍스트를 가진 외국의 텍스트를 자국문화 텍스트와 원칙적으로 다르게 수용하지 않으며 아이들도 이해하지 못하는 것을 건너뛰고 낯선 요소에 의해 방해받지 않으면서 독서의 흐름을 중단하지 않는 능력을 갖고 있다고 본다.

최근 20여 년 동안 독일에서 출간된 아동 문학의 번역작품을 살펴보면 아동의 수준에 맞게 조정된 번역작품이 아니라, 출발 텍스트에 나타나는 것을 가능한 그대로 번역한 작품이 점차 증가하는 경향을 확인할 수 있다. 오락적이고 교훈적인 아동 문학에서는 낯선 요소의 삭제와 조정이 종종 일어나지만, 수준 있는 아동 문학의 번역에서는 낯선 요소가 거의 그대로 유지된다.

아동 청소년 문학 역시 전체적인 문학의 소통 내에서 고찰되어야 한다. 독자인 아동 청소년의 이해를 돕기 위해 낯선 문화를 자국의 친숙한 문화로 간단하게 대체해서는 안 된다. 아동 청소년 문학의 번역을 통해 아동 청소년 독자는 우선적으로 외국의 문화와 사고를 접하게 된다. 이들이 외국의 아동 청소년 문학을 읽는 동기를 살펴보면 낯선 타 문화에 대한 호기심이 가장 큰 요인으로 작용한다. 그러므로 아동 청소년 문학의 번역에서도 낯선 세계에 대한 경험이 그대로 전달되어 아동 청소년의 호기심을 충족시켜 주어야 한다. 최근에는 글로벌한 대중 매체의 영향 때문에 아동 청소년이 출발언어권의 문화특수적 상황을 이해하지 못하는 경우가 예전보다 훨씬 적다. 그러므로 과거처럼 등장인물의 이름이나 음식명이 자국의 언어로 변형된다든지 문화특수적 상황이 자국의 친숙한 상황으로 대체되는 것을 무조건 받아들일 수는 없다. 최근 들어 아동 청소년 문학 번역서도 이국적인 낯선 요소를 적극적으로 소개하는 추세이다. 간혹 교육적인 목적과 이해수준에서 문화특수적인 요소를 번역할 때 어려움이 생기면 삭제하거나 조정하는 것이 아니라, 원본 텍스트 그대로 번역하면서 부연설명이 첨가되기도 한다.

상호문화적 문학에서도 여러 문화를 하나로 뒤섞는 동화주의적 용광로(melting pot) 정책을 지양하고 다양한 문화의 인정과 다양한 시각을 통한 절대주의적 시각의 극복과 시각의 변화를 핵심적으로 요구하듯이, 아동 청소년 문학에서도 새로운 문화적 특수성의 번역은 목표언어권 독자의 시각과 문화를 다양하게 하고 풍요롭게 하는 방향으로 나아가야 할 것이다. 아울러 아동 청소년 문학작품 속의 문화특수적인 '낯선 요소'의 번역은 외국어와 외국문화에 대한 우리의 개방적·관용적 수용 자세를 반영해 준다는 사실에도 주목해야 할 것이다.

3. '낯선 요소'의 번역: 번역의 실제 분석

다른 문화와 비교할 때 한 문화에 대해 특수하다고 생각되는 경우 문화 특수성이라고 말할 수 있다. 문화적 특수성들은 '문화소(culturemes)'라고 명명된다. 국내 번역학자 김효중은 문화소란 "어느 특정의 상황에서 특정의 이해 그리고 이에 상응하는 행위를 유발하는 어느 언어권의 모든 문화, 사회·경제 소여성을 일컫는데, 언어적 요인뿐만 아니라 원어 문화권에 나타나지만 역어 문화권에는 알려져 있지 않거나 다르게 정의된 비언어적 현상, 제도 등도 여기에 속한다"고 정의했다.[25] 독일의 대표적인 번역학자인 크리스티아네 노르트(Christiane Nord)에 따르면 문화소는 그 문화의 구성원들에 의해 유관하다고 여겨지는 X라는 문화의 사회적 현상이며, 대응하는 Y라는 문화의 사회적 현상과 비교할 때 X문화에 특수하다고 생각되는 사회적 현상이다.[26] 한 문화에 특수한 현상은 비교되는 두 문화 중 오직 한 문화에서만 특정 형태와 기능을 가지고 존재하는 것으로 생각되는 현상이라는 것이다.

그러므로 한 문화에 특수한 문화특수적인 낯선 요소는 타 문화권에 속하는 사람에게는 이해되기가 쉽지 않다. 그러므로 하이트룬 비테(Heidrun Witte)에 따르면 다양한 문화와 언어 간의 소통을 가능하게 하려면 번역자는 자기 고유의 문화뿐만 아니라 타 문화에 대한 지식을 겸비하고 있어야 한다.[27] 만약에 이런 사회문화적 지식이 없다면 번역자는 조사과정을 거쳐 문화특수적인 요소를 번역할 능력을 가지고 있어야 한다. 타 문화에 대한 사회문화적 지식을 완벽하게 습득하는 것이 가능하기 않기 때문에, 번역의 반은 조사과정에 있다는 말이 더욱 설득력 있게 다가온다.

문화특수적 요소의 경우 그 적용 대상을 베르너 콜러(Werner Koller)는 "실제(Realia)"라고 표현하면서 "특정 국가에 특수하게 나타나는 정치적·제도적·사회문화적·지리적 종류의 실상을 나타내는 표현이나 이름"[28]을 지시하는 협소한 의미에서 사용한다. 반면에

25 김효중 (2004), 34.

26 Nord, 34.

27 Snell-Hornby (1999), 346.

28 Koller, 232.

미하엘 슈라이버(Michael Schreiber)와 같은 학자는 "자연물, 가공품, 사회적 기관, 행동방식, 어떤 사안에 대한 전통적·집단적 입장, 경험범주, 사고범주" 등 출발문화권에서는 전형적이지만 목표문화권의 경우 전혀 또는 잘 알려져 있지 않은 모든 것을 포함하는 광의의 의미로 사용한다.[29] 즉, 아동 청소년 문학작품에 나타나는 낯선 요소는 자연, 이름, 장소, 음식, 의복, 화폐 등 물질적 요소일 수도 있고 한 문화의 구성원이 갖는 독특한 규범, 가치, 이데올로기 혹은 그 문화와 사회에 특수한 사회체계, 교육 시스템 등 비물질적인 요소일 수도 있다.

아동 청소년 문학 번역에서 문화소 번역은 모든 번역가들에게는 특히 어려운 난제 중 하나인데 출발문화권 독자에게 당연하게 이해되는 문화특수적인 낯선 요소들이 목표문화권의 최종 독자에게는 이에 대한 배경지식 부족으로 잘못 이해되는 경우가 많기 때문이다. 라데군디스 슈톨체(Radegundis Stolze)는 이러한 문화 차이에서 나타나는 문화소의 부등성을 다음과 같은 세 종류로 분류했다.[30]

1) 실제 부등성: 역어 문화권에 존재하지 않는 원어 문화권의 문화소
2) 형식 부등성: 역어 문화권에 문화소로서 존재하지만 다른 언어 형태를 지닌 원어 문화권의 문화소
3) 의미 부등성: 역어에서 원어의 뜻으로부터 일탈하거나 원하지 않는 연상작용을 일으키는 어휘의 문화 특유의 함축성

---

29 Schreiber, 183 이하.
30 재인용 김효중 (2004), 39.

독일의 대표적인 번역학자 콜러는 문화소 번역전략에 있어서 다음의 다섯 가지 방법을 제시한다.[31]

1) 원어 표현의 수용
2) 어의 차용어(Lehnübersetzung): 원어 표현의 문자 그대로의 번역, 예를 들어 독일어의 "Übermensch"를 "superman"으로 번역
3) 비슷한 의미로 사용된 기존의 표현을 사용
4) 설명 혹은 정의상 바꿔 쓰기: 원어 표현을 다른 말로 바꿔 쓰거나 코멘트하거나 정의하기
5) 조정: 목표언어 내의 비슷한 기능과 역할을 하는 표현으로 대체

영미언어권의 경우 대표적인 연구자인 클리퍼드 랜더스(Clifford E. Landers)와 마리아 티모츠코(Maria Tymoczko)의 분류를 참고하여 대체적으로 다음의 번역방법이 적용되고 있다.[32]

1) ST(source-language text) 보존
2) ST + 주석 설명
3) ST + 본문 내 설명
4) TT(target-language text) 표현으로 대체
5) 생략

31 Koller, 232 이하.
32 성승은, 55.

그러나 일반적으로 외국문학 작품에 등장하는 문화특수적인 요소를 번역할 경우 세 가지 방법이 있는데, 문화특수적인 요소를 그대로 번역하는 유지의 방법과 설명을 첨부하는 중립화 방법 그리고 출발 텍스트의 문화특수적 요소를 목표문화권의 친숙한 문화특수적 요소로 대체하는 조정의 방법이 있다. 유지의 방법은 이국화 번역으로 그리고 조정의 방법은 자국화 번역으로 표현되기도 한다.

이국화 번역에서 번역자는 출발 텍스트에 의지하여 문화특수적인 요소를 목표 텍스트로 수용하려고 하기 때문에, 출발 텍스트의 낯섦이 목표 텍스트의 독자에게 그대로 전달된다. 반면에 조정의 방법, 즉 자국화 번역의 경우 문화적 차이를 좁히고 낯섦의 색채를 열게 하면서 이해하기 쉬운 번역이 독자에게 제공된다. 자국화 번역을 선호하는 이유는 독자로 하여금 읽기 쉽고 명쾌한 이해를 도모하는 텍스트의 가독성을 강조하기 때문이다. 그러나 너무 자주 중립화하거나 조정하는 번역의 경우 출발 텍스트의 문화적 콘텍스트와 특성이 상실될 가능성이 높아 외국의 낯선 문화에 대한 독자의 관심과 호기심을 떨어뜨릴 수 있다.

그리고 간혹 문화적 특수성을 보존하여 외국문화에 대한 이해의 폭을 넓히면서 동시에 목표언어권 독자의 이해를 용이하게 하기 위해 원어와 설명의 추가 방식이 사용되기도 한다. 문화특수적 요소 번역에서 설명을 추가하는 사례는 독자의 지식수준에 대한 번역자의 기대를 드러내는 것인데, 원어 텍스트에 등장하는 낯선 요소를 독자가 잘 모른다고 판단해서 번역자에 의해 알기 쉽게 전달되어야 한다는 입장을 취하는 것이다.[33] 그러나 해당 요소가 이미 목표언어권 내에서 어느 정도 사용되어 친숙해진 경우에는 추가 설명이 필요하지 않다.

이와 같은 배경에서 다음에서는 뇌스틀링어의 세 가지 번역 텍스트, 즉 『오이대왕(*Wir pfeifen auf den Gurkenkönig*)』(유혜자 역, 사계절), 『언니가 가출했다(*Die Ilse ist weg*)』(한기상 역, 우리교육), 『교환학생(*Das Austauschkind*)』(김재희, 동녘)을 대상으로 문화특수적인 낯선 요소가 어떤 방식으로 번역되는가를 고찰하고자 한다.[34] 특히 『오이대왕』의 경우 사계절 출판사의 사계절 1318문고로 출간되었고 한국간행물윤리위원회의 청소년을 위한 추천도서로 선정되어 국내에 뇌스틀링어를 소개하고 국내 독일 아동 청소년 문학 출판과 연구의 계기가 된 작품이다. 현재 국내 아동 청소년 문학 출판계에는 뇌스틀링어의 작품이 가장 많이 번역 소개되기도 하였다.

1) 교육 시스템(나이 및 학년, 김나지움, 아비투어)

『오이대왕』의 번역자인 유혜자는 주인공 볼프강과 누나가 다니는 "김나지움(Gymnasium)" 번역을 생략한다. 인문계 학교라는 간단한 첨가로 글의 흐름을 중단하지 않은 채 김나지움 번역이 가능하지만 생략한 것이다.

유혜자의 번역은 서양식의 만 나이와 학년을 우리식으로 바꾸었다. 원작품에서 주인공 볼프강은 12세이고 김나지움 2학년에 다니고 있지만 번역본에서는 볼프강이 14세로 등장하고 학년도 중학

---

33 Wranke, 44.

34 이하 세 번역 텍스트는 본문 속에 직접 인용함.

교 1학년으로 바꾸어 놓았다. 우리식 나이 계산법을 따르다 보니 주인공의 학년이 중학교 1학년으로 바뀐 것이다. 또한 이런 자국화 번역이 일관성 있게 이루어지지 않아 번역본 내에서 또 다른 혼란을 야기하는 부분도 있다. 즉, 처음에는 중학교 1학년으로 등장하다가 번역본의 또 다른 부분에서는 2학년으로 표현되고 있는 것이다.

다른 문화에 대한 이해지평을 확대하는 경우 원본 텍스트 내의 문화특수적인 요소를 그대로 유지 번역하고, 문화적 차이가 큰 경우에는 독자의 이해를 쉽게 하기 위해서 번역을 조정하는 경우가 많다. 여기에 대해서는 다양한 답변이 가능하고 확실한 규칙은 없다고 할 수 있다. 그러나 조정 번역인 경우 전체 텍스트 이해에 꼭 필요한지 우선적으로 성찰해야 하고, 일관성 있게 조정이 이루어져야 한다.[35] 유혜자의 번역에서는 "김나지움"이 생략된 반면에, 오스트리아 구 화폐인 "실링"은 그대로 이국화 번역이 되었다. 전체적으로 보면 문화특수적 요소에 대한 번역에 일관성이 없다고 판단된다. 김나지움이나 실링에 대한 독자의 이해수준은 거의 비슷하다. 김나지움이 이해 불가능하고 실링은 이해 가능하다는 전제도 성립될 수 없다. 물론 아동 청소년 문학 번역에서 독자의 이해능력이나 교육적·규범적 가치 전달 등의 이데올로기적 영향으로 원본과 달리 목표문화권의 규범에 맞게 조정되는 경우가 많다. 그러나 이러한 조정은 일관성 있게 원칙을 세워 이루어져야지 번역자의 자의적 판단에 따라 이루어져 독자의 혼돈을 야기하고 원작의 훼손으로 이어져서는 안 된다.

---

35 Reiss, 11.

반면에 『언니가 가출했다』의 번역자 한기상은 학년과 나이를 원본의 표현 그대로 사용한다. 그 결과 작품의 후반부에 가면 독자는 독일의 경우 성인은 만 16세 이상임을 자연스럽게 알 수 있다.

> 그놈은 일제가 아직 열여섯도 안 됐다는 걸 몰랐다고 말하더군요. (160)
>
> 미성년자를 애인으로 사귈 정도로 바보가 아니지! (162)

국내 아동 청소년 독자는 서구와 한국의 나이 계산법이 다르다는 점을 이미 잘 알고 있다. 작가 뇌스틀링어 역시 새로운 문화를 수용할 능력이 아동 청소년에게 있다는 점을 강조하면서 문화특수적인 요소를 자국화하여 번역하는 방법에 대해 반대 입장을 명확하게 표방한 적이 있다.

한기상은 또한 “김나지움”과 “아비투어(Abitur)”도 이국화 번역 방법을 사용하여 그대로 번역하고 있다. 그러므로 오스트리아 출신 작가의 작품이지만 줄거리 배경이 오스트리아가 아닌 독일임을 알 수 있다. 오스트리아의 경우 독일의 아비투어에 해당하는 마투라(Matura) 시험제도가 따로 있기 때문이다. 그러나 김나지움 학년을 그대로 번역하다보니 5학년 여학생이 남자와 가출하고 가슴이 큰 15세 여학생으로 등장하는 것이 이해가 되지 않을 수 있다. 주인공 일제(Ilse)는 우리식으로는 중학교 3학년이 되어야 하고 일제가 사귀었다는 헤르베르트는 7학년에 다니고 있지만 우리식으로는 고등학교 2학년이라는 점을 간략하게 설명하는 것이 독자의 이해를 고려한 번역이 아닌가 생각해 본다.

그리고 아동 청소년 문학에서는 작품이 전달하는 규범과 가치가 종종 교육적인 주문 때문에 번역본에서 변경되는 경우가 많다. 즉, 교육적인 의도 때문에 목표문화권의 규범과 가치에 맞지 않는 현상과 묘사를 터부시하는 것이다. 그러나 한기상 번역본의 경우 오히려 "가슴이 큰 아이"라는 표현을 추가했는데, 이러한 표현이 독자의 작품 이해도를 제고하면서 동시에 현재 청소년의 성 이데올로기 수준을 고려할 때 청소년 독자가 수용하고 감당할 만하다고 판단한 것이다.

『교환학생』에는 주인공이 다니는 학교에 관한 언급은 없다. 주인공 에발트(Ewald)의 초등학교(Volksschule) 시절이 언급되고 누나가 좋아하는 세바스티안이 상급반 7b에 다니는 것으로 번역되고 있다. 주인공과 누나가 실제 어느 학교 몇 학년인지는 언급되지 않고 있다. 그러나 누나가 미술을 제외한 모든 과목이 1점(A)으로 나타나고 부모가 주인공 에발트의 성적에 대해 민감한 관심을 보이며 영어발음 때문에 영국에서 온 교환학생 재스퍼를 가정으로 초대하는 것으로 미루어 볼 때 김나지움 학생임을 유추할 수 있다.

그리고 주인공 화자 에발트가 자기 자신을 소개하는 시작 부분에서는 나이가 13세 1주였는데 6주간의 이야기가 전개된 후, 이야기 말미에 13세 7주로 등장한다. 그러므로 독자는 이를 통해 자연스럽게 서양식의 만 나이임을 알 수 있다. 그러나 번역자는 "내 이름은 에발트 미터마여, 나이는 열네 살"로 시작해서, 6주 동안의 사건 이후에는 "만 13세 7주짜리 소년"으로 번역하였다. 열네 살의 주인공이 이야기가 진행된 6주 이후 만 13세 7주의 소년으로 변신한 것이다. 서양식의 나이 계산도 아니고 우리식의 나이 계산도 아닌 혼합된 나이 계산으로 독자에게는 혼란을 야기한다.

2) 성적 시스템

유혜자의 『오이대왕』 번역에서는 원작품의 성적이 점수 혹은 가나다식으로 번역되었고, 한기상의 『언니가 가출했다』 번역에서는 "un-genügend"가 낙제로 번역되었으며, 『교환학생』에서는 abc식의 성적표기를 따랐다.[36]

『오이대왕』 번역에서는 수학과 지리 과목에서 "einen Fünfer"(5점)을 40점으로 표현하였다. 그리고 주인공 동생 닉이 행동발달 사항에서 받은 점수 "zwei"를 "나"로 표현하였다. 행동발달 사항이라서 가나다의 성적 표기법에 따라 "나"로 번역한 것 같지만 오스트리아 성적표에 "나" 표시는 없다. 또한 유혜자의 번역본에서는 2점과 1점이 우, 수로 번역되거나 점수로 환산되는데, 5점이 40점으로, 4점은 60점으로 환산되고 3점도 60점으로 환산되는 등 번역의 일관성이 없고 점수 환산에서도 그 기준이 없다. 이런 방식보다는 오히려 오스트리아의 1-5점 성적 시스템을 소개하여 우리와는 또 다른 문화를 알게 하는 것이 번역의 일관성 원칙을 추구하면서도 성적 시스템에 관한 상호문화적 이해에 도움이 될 것으로 판단된다.

『교환학생』의 경우에는 오스트리아의 성적 1, 2점을 A, B로, "gut", "befriedigend"를 B와 C로 번역했는데 영어 과목이기 때문에 어느 정도 설득력이 있다고 받아들여진다. 그러나 원본 텍스트의

36 독일의 성적 체계는 다음과 같다: sehr gut(1), gut(2), befriedigend(3), ausreichend(4), mangelhaft(5), ungenügend(6). 오스트리아의 성적 체계는 다음과 같다: sehr gut(1), gut(2), befriedigend(3), genügend(4), nicht genügend(5).

“nichtgenügend”에 해당되는 5점이 오스트리아 성적 시스템에서는 낙제 점수인데 번역본에서는 D로 번역했고 또 다른 부분에서는 5점을 낙제 점수 F를 받았다고 번역하였다. 번역자가 오스트리아의 성적 시스템에 대해 잘 몰랐거나, 알았다면 번역의 일관성을 따르지 않아 독자의 혼란을 야기한 사례로 지적될 수 있다.

3) 작품 배경(도시명, 거리명, 화폐단위)

세 번역작품에서 도시, 거리, 화폐의 경우 대부분 원어 그대로 번역되고 있다.

번역본 『오이대왕』의 경우 도시명, 거리명은 없다. 오스트리아 화폐단위 실링의 경우에는 실링으로 그대로 번역하면서 각주를 첨부하여 간략하게 설명하고 있다. 현재는 유로화가 도입되었지만 실링을 통해 작품 배경이 오스트리아임을 독자가 알 수 있다.

번역본 『언니가 가출했다』는 도시명과 거리명을 그대로 번역하고 있고(베네치아, 피렌체, 뤼케로트 거리), 화폐의 경우 원작에는 없지만 마르크를 첨부하여 무대 배경이 독일임을 알게 한다, 그러나 마르크에 대한 어떠한 부연설명도 없이 청소년 독자 스스로 알아내게 하고 있다. 물론 김나지움과 아비투어 단어도 등장하기 때문에 독자는 화폐단위 마르크와 더불어 무대가 오스트리아가 아닌 독일임을 연상할 수 있는 것이다.

『교환학생』의 경우에는 도시와 건물과 화폐 등에 각주를 통해 과도한 설명을 첨부하고 있다. 잘츠부르크는 “모차르트 고향”을 첨가하며 번역하였고 인스부르크의 경우에는 각주에 상세한 설명을 추가하였다. 피렌체와 빈 그리고 빈의 남부역, 서부역에 대해서도 각주를 통해 상세한 설명을 첨부하였다. 그러나 각주를 통한 설명 첨가에도 일관된 원칙은 없는 것 같다. 가령 비교적 친숙한 피렌체와 인스부르크의 경우에는 각주를 통해 자세한 설명을 첨부하고 있지만, 볼차노(Bozen)의 경우 국내 독자에게는 덜 친숙하지만 아무런 추가 설명도 없다.

화폐단위의 경우에도 실링에 각주를 달아 상세하게 설명하고 있다. 전체적으로 이 작품이 아동이 아닌 청소년을 대상으로 하고 있기 때문에, 이러한 각주 설명을 통해 청소년 문학의 교육적 기능을 과도하게 전면으로 내세우는 것은 독자의 독서 흐름을 방해할 수 있으며 청소년 독자의 이해능력을 과소평가한 것으로 판단된다.

실제로 성인 문학뿐만 아니라 아동 청소년 문학 번역에서도 독자의 사회문화적 지식을 전제로 하는 원본 텍스트 속의 문화특수적 요소의 과잉은 번역자에게 심각한 어려움을 가져올 수 있다. 특히 아동 청소년 문학작품의 경우 수용자의 텍스트 이해도를 고려하는 번역이 빈번하고 원본 텍스트 독자의 문화특수적 정보와 목표언어권 독자의 사회문화적 지식 간에 차이가 많이 나기 때문에, 번역자가 종종 추가적 설명을 통해 번역에 개입하는 경우가 많다. 그러나 『교환학생』에 등장하는 추가적 정보는 문화적 괴리가 큰 것도 아니고 이 정보 역시 독자가 문학 텍스트를 이해하고 수용하는 데 꼭 필요한 정보도 아니기 때문에, 굳이 상세한 설명을 추가하는 번역은 불필요한 것으로 판단된다. 『교환학생』에 등장하는 상세한 정보의 추가는 오히려 독서의 흐름을 방해하고 문학작품을 여행안내서로 전락시키는 부정적인 영향을 미칠 수 있는 것이다.

> 하나의 표현이 ST 독자들에게는 익숙한 것이지만 TT 독자들에게는 낯선 것이라고 생각되어 번역가가 지나치게 복잡하고 많은 정보를 제공한다면 이로 인해 오히려 독자들의 정보처리에 부담을 줄 뿐 아니라 읽는 흐름을 자주 끊어 독서에 방해가 되기도 한다.[37]

가령 독일 아동 청소년 문학을 터키어로 번역하는 경우에는 기독교 문화와 이슬람 문화의 차이 때문에, 특히 의복과 일상문화 그리고 전통과 규범 영역에서 교육적·이데올로기적 차원의 번역 조정이 필요한 경우가 많다. 그러나 우리의 경우 서구 문화와의 차이가 크게 드러나지 않는 상황이기 때문에, 도시명이나 화폐명과 같은 낯선 요소들을 추가 설명 없이 그대로 이국화 번역을 하더라도 독자가 이해하는 데 큰 문제가 발생하지 않는다. 아울러 아동 청소년 문학의 경우 작가가 아동 및 청소년 독자의 이해수준을 고려하여 이미 원작품 자체를 교육적·수용적 차원에서 어느 정도 조정했다고 보는 것이 타당하다.

4) 생활습관(음식과 일상문화)

번역본 『오이대왕』에서는 전체적으로 음식의 경우 자국화 번역이 지배적이다. "Sauerkraut"의 경우 사우어크라우트로 번역하고 역주를 첨부하였다. 반면에 인도네시아 음식 "Nasi-goreng"은 나지고랭으로 그대로 번역하고 있다. 이 음식이 국내 아동 청소년 독

37 김순미, 62.

자에게는 더 낯설게 다가오는 단어이지만 이국화 번역을 선택하면서 아무런 설명도 첨부하지 않은 것이다. 『오이대왕』의 번역작품 출간 당시 나지고랭은 독자들에게는 지금보다 더욱 낯선 음식이었기 때문에, 독자의 이해도를 전제한 번역으로 추정하기에는 무리가 따른다. 인도네시아의 쌀 볶음 요리라는 점을 간략하게 첨가하여 독자의 이해를 제고할 수 있다고 생각된다.

"Schnitzel"의 경우 사우어크라우트 만큼 현재 국내 청소년 독자에게도 친숙하게 다가오는 음식 종류다. 슈니첼 그대로 번역하거나 비프커틀릿으로 자국화 번역하는 것이 가능하다. 반면에 번역자는 "Schnitzel"을 한편으로 그냥 고기라고 번역했고 다른 곳에서는 스테이크로 번역하여 오히려 독자에게 혼란을 가중시키고 있다.

『오이대왕』에서는 몇몇 음식의 경우 자국화 번역으로 인한 오역이 드러난 사례도 있다. 가령 "Wurstbrot"는 소시지 빵의 의미인데 빵과 소시지로 번역하면서 두 개가 별개의 음식이라는 혼돈을 주었고, "Kartoffelpuffer" 역시 감자전의 의미를 으깬 감자로 번역하여 완전히 다른 음식을 가리키게 되었다.

『언니가 가출했다』의 경우 "Sauerkraut"를 절인 양배추로 번역했다. 이 단어를 제외한 경우에는 전체적으로 이국화 번역이 우세한 편이다. 여성잡지인 "Brigitte"는 브리기테로 번역했고 아동이 즐겨 읽는 책인 "Asterix", "Donald Duck"도 그대로 번역했다. 반면에 "Eau de Cologne"의 경우 향수라는 언급을 첨가해 독자의 이해를 도와주고 있다.

빨간 색 "BMW"도 그대로 번역을 했다. 독일 자동차에 대한 친숙도가 높아졌기 때문으로도 이해되지만 고급 자동차보다 이 단어가 내포하고 있는 문화적 콘텍스트가 이국화 번역일 경우 더 확연하게 드러난다고 생각한 것 같다. 국내에서 "BMW"가 연상시키는 이미지는 그냥 고급 자동차로 번역했을 때와는 사뭇 다르게 전달된다. 주인공 일제가 영화배우가 되려는 꿈을 갖고 있고 화려하고 사치스런 삶에 대한 동경을 갖고 있다는 작가의 의도가 "BMW"의 이국화 번역을 통해 구체적으로 전달된 편이다.

『교환학생』의 경우 음식의 경우에 전체적으로 원어 그대로 번역하는 이국화 번역이 우세한 편이지만, 여기서도 각주를 통한 과도한 부연설명이 첨부된다. "Kamillentee"의 경우 문장에서 "캐모마일차 정도를 마시면 바로 회복된다"라고 번역되어 있는데, 이미 마시는 차라는 것을 독자는 쉽게 알 수 있지만 이 차에 대한 상세한 정보를 각주 형태로 제공하고 있다. 또한 "Gulasch"의 경우에도 청소년에게 꽤 친숙하게 다가오는 헝가리 음식이지만, 굴라쉬로 번역을 하고 각주에 설명을 달았다. 반면에 헝가리 음식 "Langosch"의 경우 랑고쉬로 이국화 번역되었는데, 오히려 원본 텍스트에서는 작가가 따로 설명하고 있지만 번역본에는 이 음식에 대한 각주 설명이 없다. 국내 독자의 경우 굴라쉬보다 랑고쉬가 더 낯설게 다가오기 때문에, 설명의 첨가 여부가 독자의 지적·경험적 수준을 고려한 것인지 아니면 번역자의 자의적 판단인지 의문이다.

그러나 낯선 요소의 그대로의 수용이 독서의 흐름에 방해가 되거나 독자의 이해 수준에 미치지 못한다는 판단하에 자국화하여 번역하거나 과도한 설명을 첨부하는 것은 오히려 외국 아동 청소년 문학을 읽으면서 어느 정도의 낯선 요소를 경험하려는 아동 청소년 독자의 욕구를 완전히 무시하는 것으로 생각된다. 이런 점에서 J.

아이켄(J. Aiken) 역시 "적극적으로 즐거움을 찾는 독서활동에서 낯선 단어들을 발견하는 것은 매우 중요한 특징으로 어린이들은 천성적으로 책을 읽다가 멈추어 모르는 단어를 찾지 않고 의미를 추측하며 읽는다"[38]고 말한 점에 주목할 필요가 있다. 외국 아동 청소년 문학작품의 경우 독자는 특히 낯선 다른 세계의 아동 청소년들의 삶과 경험 그리고 사고방식에 대한 호기심과 관심이 매우 높기 때문에, 문화특수적 낯선 요소를 유지하는 형식으로 번역되어야 할 것이다. 아울러 낯선 요소의 이국화 번역은 목표문화권의 언어와 문화를 풍부하게 하는 효과까지도 덤으로 얻을 수 있다.

5) 문화, 관습

문화나 관습에 따른 특수한 요소에 대한 대표적인 사례로 『오이대왕』의 "거미(Spinne)" 번역을 들 수 있다. 원문에서는 볼프강의 엄마가 "Spinne"를 무서워하는 장면이 등장하는데, 번역자 유혜자는 "Spinne"를 바퀴벌레로 대체하여 목표문화 친화적인 번역을 했다. 그러나 이러한 대체 번역은 실상 독일에서는 많은 여성들이 거미를 무서워하고 혐오하며 보건위생 측면에서 독일에는 바퀴벌레가 많지 않다는 사회문화적 배경을 제대로 이해하지 못한 번역이다. 예를 들어 독일어 표현에도 "Angst vor Spinnen", "pfui Spinne!", "Spinnenfeind", "Spinnenphobie"가 자주 사용되고, 대략 35%의 여성들이 거미에 대한 공포로 고통을 받고 있다는 사실도 인터넷을

38 재인용 신지선 (2009), 151.

통해 쉽게 접할 수 있다.[39]

이처럼 번역자가 "타 문화에 대한 광범위한 지식을 갖고 있지 않을 때에는 상호문화적 상황 속에서 타 문화를 고유 문화적 인지와 가치 모형에 근거를 하여 해석하는"[40] 경향이 있다. 그 결과 "상호 간의 부적절한 태도와 해석, 즉 오해와 갈등의 상황"이 발생하게 된다는 것은 너무나도 자명한 일인 것이다.

아울러 문화특수적인 요소를 그대로 유지하여 번역하는 것이 작가 뇌스틀링어의 아동 청소년 문학관과 부합된다는 것을 인지하고 있다면, "거미"를 "바퀴벌레"로 대체 번역하는 것은 문제가 있다. 뇌스틀링어의 인터뷰에 따르면, 아동 역시 다른 문화에 대한 지식을 습득할 능력을 갖고 있기 때문에 자국화로 조정하는 번역은 타 문화에 관심을 갖고 타 문화로부터 새로운 것을 발견하고 배우려는 가능성을 박탈하는 것으로 간주할 수 있다.

> 나는 아이들도 자신에게 친숙하지 않은 것과 편안하게 만날 수 있다고 본다. 그러나 보통의 출판사들은 너무 많은 낯선 세계를 보여 주어 아이들에게 부담을 주어서는 안 된다는 잘못된 생각을 가지고 있다.[41]

다른 한편 앞서 언급하였듯이 문화특수적인 요소를 대체하는 조정 번역인 경우에 번역자는 이 자국화 번역이 원전 텍스트 이해

39 http://www.lebenshilfe-abc.de/spinnenphobie-spinnenangst.html.
40 Witte, 346.
41 Zach, 39.

에 절대적으로 필요한지 치열하게 성찰해야 하고, 일단 조정이 이루어진 후에는 일관성을 유지해야 한다.[42] 그러나 조정 번역의 타당성을 떠나 한 작품 내에 번역의 일관성이 유지되지 못한다면, 번역자의 성실성과 치열함 부족을 비판하지 않을 수 없다. 유혜자의 번역본에서는 "Spinne"가 "바퀴벌레"에서 다시 "거미"로 번역되는 치명적인 오류가 발견된다.

『교환학생』 번역작품에 등장하는 영어 성적 문제에 대한 번역은 문화특수적 요소 번역의 또 다른 사례로 고찰될 수 있다. 주인공 에발트의 영어 성적 때문에 엄마가 학교 선생님을 찾아가 상담하려는 내용이 등장한다. 원문에 등장하는 에발트 엄마의 "Schnorrerei"와 동사 "schnorren" 표현은 성적 문제 때문에 영어교사를 찾아가 성가시게 하며 부탁한다는 정도의 표현이지 번역자가 말하는 촌지와는 아무런 관계가 없다. 그러나 번역자는 출발문화권의 문화 특수성은 전혀 고려하지 않은 채, 과거 우리 사회의 폐단과 연결지어 번역작품 속에도 이와 비슷한 문화를 제시하려 한 것이다. 번역가들은 어떤 낯선 요소들을 번역하게 되는데,

> 친숙한 지식 지평에 통합되지 않는 요소들을 의식적이든 무의식적이든 간에 삭제하거거나 친숙한 것에 맞게 수정하는 경향이 있다. (…) 혹은 번역을 포기하거나 의미가 맞지 않는 번역을 만들어 내기도 한다.[43]

42 Reiss, 11.

43 Lönker, 60.

그러나 아동 청소년 문학 번역 역시 전체적으로 문학의 소통 내에서 고찰되어야 한다. 목표문화권 독자들의 이해를 돕기 위해 낯선 문화를 자국의 친숙한 문화로 대체하는 번역이 원작품의 의도를 훼손하거나 출발문화권의 문화를 오해한 오역을 양산하는 번역이 되어서는 안 된다. 아동 청소년 문학도 문학작품에 속하기 때문에 원작의 내용과 작가의 의도, 형식, 언어적 특성을 번역에서도 그대로 살려야 하는 것이다.

마지막으로 『교환학생』에서 영국에서 온 교환학생 재스퍼가 즐겨 읽는 『피네간의 경야』에 대한 번역 역시 번역자의 자국문화에 기초한 자의적 개입이 과도한 사례로 고찰될 수 있다. 『피네간의 경야』는 아일랜드 작가 제임스 조이스의 작품인데 번역자는 이 부분에서 책읽기를 정말로 싫어하는 사람을 위한 책이라고 자의적으로 설명을 추가한다. 그러나 이 작품은 독자에 따라 난해한 작품으로 평가될 수는 있지만 결코 책읽기를 정말로 싫어하는 사람을 위한 책은 아니다.

교환학생 재스퍼는 오히려 책읽기를 좋아하는 인물로 설정되어 있다. 아버지가 사다 준 영어로 된 만화책을 밤늦게까지 읽고 자기가 가져온 『피네간의 경야』를 종종 읽곤 한다. 재스퍼는 이 책에 관해 전체적인 의미는 잘 알지 못하지만, 무지하게 아름답다고 말하기까지 한다. 그러므로 『교환학생』 원본 텍스트에는 재스퍼가 책읽기를 싫어한다는 점은 어디에도 없다. 번역자는 재스퍼가 자주 말썽을 피우니까 책읽기도 싫어한다는 편견에 쉽게 빠져 지나치게 자의적인 개입을 한 것으로 판단된다. 그러나 이 청소년 문학작품은 교환학생의 모습을 통해 이방인 타자에 대한 편견을 깨고 두 문화권의 충돌과 갈등을 거쳐 타자 및 타 문화에 대한 이해를 그리고 있는 상호문화적 청소년 문학작품인 점을 번역자 역시 염두에 두어야 할 것이다.

4. 결론: 상호문화이해를 위한 아동 청소년 문학 번역을 지향하며

프랑스 학자 앙투안 베르망(Antoine Berman)의 표현대로, 번역가는 "원전에 담긴 낯선 것을 그대로 옮기려는 욕망과 이를 모국어로 옮김으로써 자신의 것으로 만들고자 하는 이율배반적인 욕망"[44]을 섬기고 있다. 이것은 과거 번역방법에 관해 괴테와 프리드리히 슐라이어마허(Friedrich Schleiermacher)가 각각 언급한 두 가지 번역방법 사이의 고뇌와 그 맥을 같이한다.[45]

> 두 개의 번역원칙이 있다. 그 하나는 외국의 작가를 우리에게 데려와 그를 우리 작가로 여길 수 있도록 하는 것이고, 다른 하나는 그와 반대로 우리가 낯선 것에 다가가서 그 상황과 언어방식과 그리고 그 고유성에 빠져 보도록 요구하는 것이다.

> 내 생각으로는 방법은 두 가지뿐이다. 번역가가 저자를 가능한 한 본래

44 재인용 윤진, 327.

45 Snell-Hornby (2006), 8 이하.

자리에 가만히 둔 채 독자들을 저자 쪽으로 끌어오든지 아니면 독자들을 본래 자리에 가만히 두고 저자를 독자 쪽으로 끌어오는 것이다.

그러므로 이 논쟁과 연관해서는 다양한 입장과 논거가 가능하기 때문에, 번역방법의 측면에서 절대적인 원칙을 고수할 필요는 없을 것이다. 아동 청소년 문학 번역에서 문화특수적인 요소를 번역하는 경우 번역자의 번역에 대한 의식과 소명에 따라 그리고 작품 속의 문맥과 상황, 목표문화권의 규범과 가치, 수용자에 따라 자국화와 이국화 번역 전략이 개별적으로 적용될 수 있을 것이다. 가령 다른 문화에 대한 이해지평을 확대하려는 의도가 있을 경우 원작품의 문화특수적인 요소가 번역물에서도 그대로 유지되는 반면에, 상당한 문화적 차이 때문에 독자의 이해가 어렵다거나 목표문화권의 규범에 맞지 않는다고 판단되는 경우에는 문화특수적인 요소를 목표문화에 맞게 조정할 수 있다. 그러나 문화특수적인 요소를 자국화하여 번역한 경우에 이것이 독자인 아동 청소년의 지적·경험적 수준을 고려한 번역인지 혹은 출발문화의 고유한 특수성을 이해하지 못한 번역인지는 엄밀히 구분되어야 할 것이다.

이국화 번역은 원본 텍스트의 문화적 특수성을 유지하고 낯선 타자의 존재와 문화적 차이를 목표언어권의 독자에게 인식시켜 주는 것이다. 그래서 이국화 번역은 목표언어권의 독자에게 낯선 독서 경험을 하도록 하는 효과를 낸다. 또한 자국화 번역이 민족중심주의라면 이국화 번역은 민족중심주의에서의 일탈을 의미한다. 베누티는 민족중심주의적인 자국화 번역에 강력 반대하고 이국화 번역을 현재 다문화 시대의 바람직한 번역으로 제안한다.

이국화가 번역의 자민족 중심적인 폭력을 억제하려고 하는 한 오늘날 매우 바람직한 번역방식이라고 제안하고자 한다. (…) 영어에서 이국화 번역은 민족중심주의, 인종차별주의, 문화적 나르시시즘, 그리고 제국주의에 대한 저항의 한 형태이며 민주적·지정학적 관계를 지향한다.[46]

과거에는 아동 청소년 문학의 번역과 성인 문학의 번역이 다르다는 입장이 우세한 반면, 최근의 연구경향을 보면 아동 청소년 문학 번역과 성인 문학 번역의 차이를 부각시키지 않는 실정이다. 예를 들어 번역학자 데니제 폰 슈토카르(Denise von Stockar)의 경우 아동 청소년 문학의 번역은 성인 문학의 번역과 질적으로 차이가 없다는 주장을 한다.[47] 또한 많은 연구자들이 주장하듯이, 아동 청소년 역시 타자와 타 문화와 대결할 수 있는 능력을 가지고 있다는 점을 간과해서는 안 된다. 성인과 마찬가지로 아동 청소년도 다른 문화에 대한 지식을 습득할 능력을 갖고 있기 때문에, 조정하는 번역은 이들에게 낯선 타 문화에 접근해서 그것으로부터 새로운 것을 발견하고 배우려는 가능성을 박탈하는 것이다. 따라서 아동 청소년 문학 번역에서도 원전 텍스트에 대한 이해가 정말 불가능한 것이 아니라면, 친숙하지 않은 낯선 요소들과도 만나게 하는 것이 바람직하다고 생각된다.

앞서 인용한 뇌스틀링어와 비슷하게 스웨덴의 아동 문학 작가 린드그렌 역시 타 문화에 대한 아동의 이해력을 높이 평가하면서

---

46 Venuti, 20.

47 Stockar, 24.

번역자의 간략한 보충으로 낯선 사물과 상황을 만나는 것이 어렵지 않다는 점을 강조한다.

> 나는 아이들이 놀라운 적응능력을 갖고 있으며 처음 들어 보는 사물과 상황을 잘 파악할 수 있다고 생각한다, 훌륭한 번역자가 조금만 도와준다면.[48]

그리고 우리의 경우 서구화된 생활방식과 사고방식으로 원전 텍스트와 비교하여 문화적 차이가 크지 않기 때문에, 가치표상이나 규범, 도덕, 성 이데올로기 등의 측면에서 터부시되는 주제가 별로 없다. 최근에는 대중 매체의 영향 때문에 오히려 더 서구화된 측면이 강해서 출발문화권의 사회문화적 상황이 아동 청소년에게 이해되지 않는 경우가 예전보다 훨씬 적다. 그래서 원본 텍스트의 고유 이름이나 사물이 자국어로 변형된다든지 문화특수적 상황이 자국적 상황으로 대체되는 사례는 최근의 번역 실제에서는 거의 찾아볼 수 없다.

그렇다면 원작의 조정 번역은 규범적·이데올로기적 차원에서 이루어지기보다는 목표언어권 독자의 지식수준과 경험수준을 고려하는 교육적 차원에서 이루어질 가능성이 크다고 볼 수 있다. 그러나 교육적 차원의 조정 번역을 통해 원작에 대한 아동 청소년 독자의 이해와 독서의 원활한 흐름을 목적으로 하는 것보다 원작의 낯선 요소를 그대로 유지 번역하여 새로운 낯선 경험을 가능하게 하

48 Reiss, 11.

고 독자의 경험지평을 확대하는 것이 번역문학의 더 큰 매력적인 요소로 자리 잡을 수 있다.

또한 아동 청소년 문학 번역의 경우 교육적인 측면에서 그리고 가독성의 측면에서 문화특수적 요소를 목표언어권의 친숙한 요소로 대체하거나 생략하거나 풀어서 설명하는 번역은 예술작품인 아동 청소년 문학을 교육도서로 전락시키는 것이다. 이와 관련하여 슈톨체는 "성인들이 아이들은 많은 것을 이해하지 못할 것이라고 함부로 판단하여 텍스트를 단순화하는 바람에 텍스트에 어렵고 이국적인 요소, 해석을 요하는 요소들이 사라지게 되었고, 그 결과 아이들이 책을 쉽게 읽기는 하지만 동시에 쉽게 지루함을 느끼게 되었다"[49]고 말하고 있다. 결국 아동 청소년 문학작품이 낯선 것, 이질적인 것, 그리고 다의적인 것과의 만남을 허락하는 문학이 아니라 메시지만 전달하는 따분하고 모범적인 교육도서로 전락하게 되면, 아동 청소년 독자들은 문학작품에 대한 흥미와 관심을 더욱 잃게 된다. 그러므로 아동 청소년 문학 번역에서도 번역자가 일반 문학의 번역에서처럼 원전의 내용, 소재, 형식, 문화적 특수성을 정확하게 알고 목표언어로 재생산하는 것이 가장 근본적인 의무일 것이다.

아동 청소년 문학 번역에서는 아동 청소년 작품의 독특한 특성인 교육적 기능과 문학적 기능을 동시에 고려해야 한다는 주장이 빈번하게 제기된다. 또한 아동 청소년 문학 번역자는 수용자의 특성뿐만 아니라 번역 텍스트가 출발 텍스트와는 다른 시기, 다른 문화권에서 수용될 가능성이 있는지도 고려해야 한다고 주장한다. 그

49 재인용 신지선 (2012), 143.

결과 문학적·미학적 기능이 높을수록 작가와 원본에 충실하고, 문학적·미학적 기능보다 교육적 기능이 높을수록 독자에 대한 조정이 많이 이루어진 번역물이 생산된다. 그러나 아동 청소년 문학도 라이스의 텍스트 유형에 따르면 언어의 미학적 차원과 문학적 형식을 전달하고 있는 "표현적 텍스트 유형(der expressive Typ)"[50]에 해당한다. 표현적 텍스트의 경우에는 목표 텍스트로 번역 시 출발 텍스트가 갖고 있는 미학적 언어표현과 문학적 형식, 문화적 특수성을 전달해야 한다. 번역자는 출발 텍스트의 관점에서 저자와의 동일시 전략을 바탕으로 번역해야 하는 것이다.[51] 아동 청소년 문학 번역의 경우에는 종종 내용적인 측면만 고려하는데, 내용적인 측면의 번역만으로는 예술작품의 번역이라는 목표를 달성할 수는 없다. 그러므로 아동 청소년 문학 역시 표현적 텍스트 유형인 문학작품에 해당하기 때문에, 작품내용, 문체, 형식적 독특성, 사회문화적 배경 및 작가의 의도 등을 우선적으로 이해하는 작업이 필요하고, 동시에 목표문화권의 언어사용 규범에 자연스럽게 부합되는 표현을 선택함으로써 독자를 이해시키는 작업이 이루어져야 할 것이다. 특히 아동 청소년 문학의 문학미학적 기능이 과거보다 더 크게 부각되는 현재의 상황을 고려해 볼 때, 아동 청소년 문학 번역에서도 문화특수적인 요소의 재현이 우세하게 등장한다. 아동 청소년 문학 번역에서도 원본의 문화특수적 요소를 살려 원본의 문학적 가치를 그대로 전달하는 것이 필요하다고 생각한 것이다. 특히 청소년 문학의 경우에는

50 Reiss, 9.

51 정연일 역, 100.

아동 문학과는 달리 청소년 독자의 수준, 청소년 문학의 미학적 수준, 낯선 것에 대한 청소년의 욕구를 고려해서 번역에서도 문화특수적인 낯선 요소가 그대로 유지되는 경향이 높다.

아울러 최근 다문화 사회 내의 상호문화적 이해와 공존이 현 사회의 가장 큰 담론 중 하나로 부각되는 상황에서 자국화 번역을 통해 낯선 요소를 친숙하게 하는 방법보다는 낯선 요소를 만나게 하여 문화적 차이, 문화적 존중을 배우는 번역 전략이 더 시급하다. 다양한 문화의 규범과 가치를 인정하는 것은 다문화 사회에서 타 문화와 타민족을 만날 가능성이 더 많은 아동 청소년의 시각과 행동방식에 중대한 영향을 미칠 수 있다. 이런 점을 반영하듯이, 최근 들어 세계화가 급격히 진행되고 다문화 사회에 진입하면서 아동 청소년 문학 번역에서 이국적인 낯선 요소를 적극적으로 소개하는 추세이다. 혹은 교육적인 목적과 수용자의 이해수준을 고려해서 문화특수적인 요소를 번역할 때에도 간략한 부연설명을 첨가하면서 낯선 요소를 그대로 수용하려고 하는 경향을 빈번하게 찾아볼 수 있다.

번역 이론가들도 다문화 사회 내의 상호문화교육을 위해 이국화 번역 전략을 내세우기도 한다. 가령 스페인의 번역이론가인 이사벨 파스쿠아(Isabel Pascua)는 타자와 타 문화에 대해 독자가 더 많이 알도록 이국화 전략을 택해 이국적인 것, 잘 알려지지 않은 것도 번역 텍스트에 유지해야 하고, 아동을 위한 번역에서도 상호문화적 교육을 염두에 두어 원본 텍스트의 문화특수적 요소를 유지하는 것이 중요하다고 주장한 바 있다.[52] 베르망 역시 가장 윤리적인 번역 행

52 Pascua, 280.

위는 이국적인 것을 그대로 이국적인 것으로 받아들이는 것이라고 생각하면서 낯섦을 통해 고유의 것을 풍요롭게 하는 번역을 적극 옹호한다.

> 글 속에서 타자와의 어떤 관계를 여는 것, 낯섦을 매개로 하여 고유의 것을 더욱 풍요롭게 하는 번역의 목적은 모든 문화의 자민족 중심적 구조, 혹은 사회 전체가 아주 순수하고 아무것도 섞이지 않기를 바라는 이런 유형의 나르시시즘과 정면 충돌하는 것이다.[53]

이러한 베르망의 번역방식을 받아들이고 실제 번역에 적용하는 것은 결국 습관화된 친숙한 고유의 것을 넘어서 낯섦을 수용하고 자기중심적 사고에서 벗어나려는 자세로서, 이것은 바로 상호문화교육의 본질적인 목표에 해당되는 것이다.

> 남을 위해 자신을 열어 보이는 것, '남'을 '남'으로 인정하고 받아들이는 것, 자국의 언어 공간에 '낯섦'으로서의 '낯섦'을 열어 보이는 것, '낯섦의 시련'을 감수하기를 자청하는 것, 모국어의 우월성과 독점적 지위를 포기하고 확고한 자기중심에서 벗어나는 것, 이러한 번역비평 자세가 번역비평 이론을 통해 번역이 나아가야 할 길이다.[54]

아동 청소년 문학 번역의 경우에도 독자는 번역작품을 통해 친

---

53 Berman, 4.

54 송태효, 203.

숙한 감정보다 낯선 감정을 느껴야 하고 낯선 사고구조와 표현방식을 향유할 줄 알아야 한다.[55] 즉, 목표언어권의 독자가 낯선 작가에게 다가가야 하는 것이다.

상호문화적 "공존은 타자의 문화와 언어를 다른 언어와 문화로 번역함으로써, 그 언어와 문화가 타자의 존재로 말미암아 강화되는 것을 의미"[56]한다. 아동 청소년 문학 번역을 통해 상호문화교육을 실현하려면, "어느 정도 낯섦의 색깔을 갖고 있는" 번역이 상호문화적 과제에 적합한 번역으로 평가받는다.[57] 이런 상호문화적 아동 청소년 문학 번역은 다른 일반 문학 번역처럼 텍스트와 독자에 충실해야 하고 동시에 문학적·문화적 다름과 이질성을 적어도 그 흔적이라도 유지하려고 애써야 한다. 이러한 번역은 결국 아동 청소년 독자에게 타 문화의 낯섦과 다름, 타자의 다양한 사고와 시각을 경험하게 하고 자신의 고유 사고와 시각을 상대화함으로써 상호문화적 이해를 가능하게 하는 것이다.

55 El Gendi, 152.
56 정연일 역, 204.
57 Mecklenburg, 293.

제6장

한국과 독일의 상호문화적 아동 청소년 문학

마지막으로 이 장에서는 한국과 독일의 아동 청소년 문학작품에 다문화 내지 상호문화가 어떻게 형상화되어 있는지를 구체적으로 분석하고자 한다. 지금까지 문학교육은 국민문학에 제한되어 민족적 의식을 발전시키는 데 주력하여 세계문학이나 문학의 다양성에 대해서는 소홀히 해 왔다. 그러나 문학은 낯선 경험을 만나고 이를 통해 당연하게 여겨져 왔던 고유의 것을 비판적으로 성찰하기 좋은 영역이다. 그러므로 문학에는 이미 상호문화적 속성이 내재되어 있는 것이다. 상호문화적 아동 청소년 문학은 독일과 한국 문학의 정전을 넘어서 문화 간의 갈등, 차이, 이해, 상호공존을 테마로 하는 텍스트를 포함한다.

현재 국내의 다문화정책은 이주자나 이주자 자녀가 한국어를 완벽하게 습득하여 한국 상황이나 문화에 동화하도록 하는 단계에서 실행되고 있다. 그 결과 문학작품을 활용한 자국민과 타국민 사이의 의식과 시각의 변화를 통한 진정한 소통은 이루어지지 않는 실정이다. 간혹 문학 분야 출판시장에서 한국인 작가가 쓴 인권동화의 형식으로 다문화 현상과 문제가 다루어지곤 하지만, 당사자인 이주 노동자의 시각에서 문화적 갈등과 차이로 인한 아픔과 슬픔 내지 공존을 그리는 작품은 아직 없다. 특히 인권동화 수준의 문학작품은 스스로를 문학작품으로 내세우면서도 이주 노동자의 힘들고 어려운 상황에 대한 정보 전달과 자국민의 동정 유발의 차원에만 그치고 있을 뿐이지 문학적 형상화 기법은 뒷전으로 밀려나 있다는 인상을 준다.

이러한 배경에서 이 장에서는 구체적으로 「블루시아의 가위바위보」(이상락), 『코끼리』(김재영), 『완득이』(김려령), 『벤은 안나를 사랑해』(페터 헤르틀링), 『커피우유와 소보로빵(*Milchkaffee und Streuselkuchen*)』(카롤린 필립스(Carolin Philipps)), 『별을 잡아먹는 달(*Der Mond isst die Sterne auf*)』(딜렉 잡츠올루), 『한줌의 별빛(*Eine Hand voller Sterne*)』(라픽 샤미)을 사례로 들어 한국과 독일의 상호문화적 아동 청소년 문학의 경향과 특성을 고찰하고자 한다. 다문화적 현상과 문제점을 각기 다양한 방식으로 다루고 있는 이 작품들을 통해 우리는 한국 작가, 독일 아동 청소년 문학 작가, 터키와 시리아 출신의 이주자 작가 등 다양한 작가의 작품을 비교 고찰할 수 있다. 아울러 문화적 우월주의, 문화의 갈등과 충돌, 타자와 타 문화에 대한 이해와 인정을 통한 문화공존을 단계적으로 살펴볼 수 있으면서 동시에 한국, 유럽, 이슬람권의 다양한 문화와 의식을 고찰할 수 있다.

이상락의 「블루시아의 가위바위보」는 이주 노동자의 아픔과 고통을 담고 있는 인권동화 성격의 아동 문학이다. 독일에서 산업연수생으로 살아온 한국인 고모와 동남아시아 출신의 이주 노동자 블루시아의 비슷한 경험이 서로 중첩되어 서술되면서 이주 노동자의 비참한 실상과 인권이 어린 주인공 준호를 통해 아동 독자에게 소개된다. 그러나 이 인권동화는 이주 노동자의 문제와 이에 대한 해결이 성인의 관점에서 아동에게 일방적으로 전달되고, 문제해결이 자국민의 동정적 시혜에 머물러 있다는 점에서 문학적 한계를 드러내고 있다.

김재영의 『코끼리』는 네팔인 노동자의 13세 아들의 시각에서 외국인 노동자의 문제를 바라보고 있다. 이 작품은 주인공인 나를 배경으로 학교생활과 친구관계를 묘사하고 성인인 아버지의 노동현장을 통해 성인의 의식과 태도를 묘사하고 있어 성인과 청소년 독자를 동시에 겨냥하고 있다고 볼 수 있다. 또한 이 작품은 네팔 언어와 문화적 풍습, 음식도 소개하면서 네팔 문화의 우월성을 드러내고 있으며 외국인 노동자의 입장에서 타자와 타 문화를 대하는 한국 사회의 이중적인 의식과 태도를 신랄하게 비판함으로써 여타의 청소년 문학작품과 큰 차이를 보이고 있다. 전체적으로 보면 타 문화 소개, 문화 간의 갈등과 충돌, 지배문화에 대한 비판도 엿보이고 자국문화와 타 문화를 바라보는 이중 시각도 등장한다. 그러나 지배문화 비판의 단계를 넘어서서 문화 간 차이, 문화 다양성의 인정과 상호공존의 단계로는 나아가지 못하고 있다.

김려령의 『완득이』는 한국인 아버지와 베트남 어머니 사이에 태어난 혼혈인 완득이의 성장과 삶에 초점을 맞춘 청소년 문학으로서 전체적으로 밝고 희망적인 색조가 짙다. 이 작품은 제1회 '창비청소년문학상' 수상작으로서 다문화 가정 청소년의 삶과 경험을 재미있고 흥미진진하게 그리고 있으며, 특히 청소년 독자는 청소년의 경험과 일상어에 대한 동질감 때문에 작품에 쉽게 몰입할 수 있다. 그러나 성장 소설 성격에 초점을 맞추다 보니 다민족, 다문화에 대한 문제제기나 갈등 등의 측면은 크게 부각되지 않는다는 인상을 준다. 또한 줄거리의 초점이 베트남 어머니에 있는 것이 아니기 때문에 노동현장에서의 차별과 폭력 등의 문제 역시 크게 드러나지 않고 있다. 대신에 주인공 완득이의 소외, 좌절, 방황, 자립 등이 소설의 중심을 이룬다.

『벤은 안나를 사랑해』는 헤르틀링의 가장 성공적인 아동 청소년 문학작품으로서 지금까지는 대부분 청소년의 사랑이야기로 해석되는 것이 일반적이었다. 그러나 지배문화에 소속된 벤과 벤의 가족, 폴란드에서 이주해 온 안나와 안나 가족의 생활상이 서로 비교되고 벤과 벤의 친구들이 타자와 타 문화에 대해 갖고 있는 의식과 태도가 작품의 저변에 깔려 있으며, 이 작품에서는 여전히 지배문화 중심적인 시각이 팽배하다. 타민족, 타 문화는 정신적으로 그리고 문화적으로 지배문화(독일, 유럽)에 비해 열등하게 간주되기 때문에, 양자 사이에는 멸시, 배척의 반응이나 동정, 일방적 원조 등의 반응만 보일 뿐이지 지배문화에 대한 비판은 본격적으로 제기되고 있지 않다.

필립스의 『커피우유와 소보로빵』에는 아프리카 출신의 이주자 자녀 샘(Sammy)과 학급 친구인 독일인 보리스(Boris)를 통해 문화적 갈등, 타 문화에 대한 편견의 문제, 화합과 조화를 통한 갈등 관계의 극복이 묘사되어 있다. 이러한 문화적 갈등은 주로 자민족 중심주의적 사고와 편견으로 인해 야기된 것으로 새로운 시각의 수용을 통해 해결될 수 있다는 점을 독자로 하여금 깨닫게 한다. 아울러 새로운 시각을 통해 이루어진 상호문화적 이해는 구체적인 실천으로 연계되어야 함을 강조한다. 그러나 자국민 지배사회에 대한 비판이 피상적이며 갈등해결의 과정이 단선적이고 다소 비현실적이라는 점에서 문학적 한계를 드러내고 있다.

1998년에 출간된 청소년 소설 『별을 잡아먹는 달』은 터키 출신의 이주 노동자 자이풀라 귈렌(Seyfullah Güllen)과 그의 가족에 관한 이야기를 그리고 있다. 이 소설의 주인공은 귈렌의 아들인 외메르(Ömer)인데 터키에서 태어났지만 서베를린에서 성장했다. 아버지 귈렌은 슈프레 강에 빠져 혼수상태에서 구조되었고 나중에 병원에서 죽음을 맞이한다. 외메르는 경찰의 수사에 불만을 표하며 스킨헤드의 소행이라고 추측하고 친구들과 직접 조사에 나선다. 사고 전까지 아버지의 인생에 대해 잘 몰랐던 외메르는 아버지가 독일로 와서 독일 여성과 결혼하여 딸 하나를 두고 있다는 사실을 알게 된다. 그 후 아버지는 할아버지의 권유로 터키 여성과 또다시 결혼해서 두 명의 아들을 두었다. 아버지는 베를린에서 두 집 생활을 했던 것이다. 전체적으로 지배문화와 타 문화에 대한 동등한 비판, 편견과 상투적인 사고에 대한 문제제기와 극복이 작품의 핵심적인 테마가 되고 있다.

마지막으로 샤미의 『한줌의 별빛』은 다문화 사회가 지향해야 할 최종적인 목표를 제시해 주고 있다. 이 작품에서는 이슬람 문화와 기독교 문화가 공존하고 있으며, 이슬람 사회와 기독교 사회가 동시에 비판받고 있다. 작품에서는 문화 간의 혼종, 문화 간의 차이가 그려지는 동시에 문화의 다양성 또한 인정된다. 이슬람 문화가 지배적으로 등장하지만 전체적으로 다양한 문화가 유토피아적 공존을 이룬다. 주인공이 번역 작업을 위해 다양한 주민의 언어를 활용하는 것이 그 증거이다. 서로 얽혀 있으면서 서로가 서로에게 도움을 주며, 다문화, 다언어 사회의 이상적인 문화공존, 평화공존을 보여 준다. 다양한 시각의 수용과 시각의 변화 단계를 넘어서 이미 상호공존의 삶이 실현되고 있는 상황이다. 즉, 시각의 변화가 이미 체득되고 등장인물에 적용되어 현실의 삶 속에 그대로 실천되는 것이다. 여타의 다른 문학작품 속에서도 이러한 시각의 변화가 교훈 내지 도덕적 사명으로 은은하게 드러나는 경우가 많지만, 이 작품은 마치 실제 삶 속에서 자국문화와 타 문화 사이의 평화로운 상호공존을 선취하고 있는 듯하다.

1. 상호문화 테마의 아동 청소년 문학

1960년대 이후 독일 사회에는 특히 터키 출신의 이주 노동자가 급속하게 유입되었고 70년대에 들어서는 아동 청소년 문학 분야에서도 이주 노동자의 문제를 본격적으로 다루기 시작한다. 가령 1970년대 초기 다문화 주제의 대표적인 아동 청소년 문학 사례로 자주 언급되는 레나테 벨쉬(Renate Welsh)의 『윌퀴, 낯선 소녀(*Ülkü, das fremde Mädchen*)』(1973)에는 이 작품을 소개하는 이유가 다음과 같이 설명되고 있다.

> 외국인 노동자는 우리 삶의 일부가 되었다. 그리고 우리 아이들의 삶의 일부가 되었다. 다만 아주 자주 오해와 서로에 대한 원망들이 누적되고 있을 뿐이다. 이제 마침내 이 주제를 청소년들을 위한 사실적 이야기에 채택할 시기가 되었다. 미화시킨다든가 그릇된 논조로 이야기하지 않는

사실적인 이야기로 말이다.[1]

터키에서 이주해 온 외국인 노동자 집안의 윌키는 경제적으로 어려운 상황에 처해 있고 학교에서는 학우들에 의해 차별당하고 배척당하는 생활을 보낸다. 그러다가 윌키가 폐렴으로 입원하게 되자 학우들로부터 도움을 받게 되고 서로 친구가 된다. 윌키와 엄마는 이 작품에서 전형적인 희생자 모델로서 수동적이고 도움이 필요한 미성숙한 아이처럼 취급받는다. 이렇듯 독일 사회에서 살아가는 이주 노동자와 그 자녀의 삶을 다룬 70년대의 아동 청소년 문학에는 대체적으로 독일인의 시각으로 이들의 삶에 대한 정보를 제공하는 교육적 의도가 강하게 드러나거나, 조력자가 베푸는 동정적 시혜로 희생자의 아픔과 차별을 극복하는 구도가 전형적으로 제시된다. 그러나 작가는 2004년 한 인터뷰에서 낯선 타자의 문제는 과거와는 달리 아주 복잡한 양상을 띠고 있어서 현 시점에서는 다른 시각을 선택했을 것이며 터키 소녀에 대해서는 터키 여성 작가와 협력하면서 썼을 것이라고 말하고 있다.[2]

이주자 자녀의 문제점을 다루는 아동 청소년 문학은 주로 독일 아동 청소년 독자를 대상으로 외국인에 대해 편견을 깨도록 하고 개방적이고 친절한 시민으로 교육하려고 한다. 이를 위해 아동 청소년 문학의 속성인 교육적 가치와 문학적 가치 사이의 경계가 무너지고 교육적 가치가 지배적인 경향으로 등장한다. 작가들은 대부분

1 Welsh.

2 Dankóné Kovács, 124.

독일 아동의 시각을 선택해서 이주자 자녀와 독일 독자 사이의 매개자 역할을 한다. 따라서 작품 속에는 등장인물 묘사나 행동의 전형화가 자주 등장한다. 반면에 타자나 자국민에 대해 비판적인 거리를 취하거나 성찰을 자극하는 작품은 많지 않다.

그러나 80년대 이후 등장하기 시작한 상호문화 테마를 다룬 독일 아동 청소년 문학[3]은 다음과 같은 특징을 보이면서 이전의 아동 청소년 문학과는 확연한 차이를 보인다.[4]

1) 주인공들이 다양한 민족문화를 대변한다.
2) 등장인물들이 그들의 다양한 문화적 출신 때문에 사회적·문화적 조건에 다양하게 반응한다. 그 결과 학생들은 사고와 행위의 문화적 종속성을 통찰하게 된다.
3) 동일한 인종적·문화적 배경을 갖는 인물들도 동일한 상황에 다양하게 반응한다. 즉, 모든 인간은 개별적 존재이며 성급한 문화적·인종적 귀착을 회피하게 된다.
4) 주인공들이 다양한 반응을 보일 뿐만 아니라 감정이입과 시각변화를

---

3 최근 독일에서 다문화 사회 내 상호문화적 능력의 중요성을 간파하고 이와 연관지어 학교교육과 학교 밖 독서교육에서 아동 청소년 문학의 역할을 강조한 연구서가 출간되었는데, 저자는 라픽 샤미, 케말 쿠르트, 초란 드르벤카르, 카롤린 필립스, 아이겐-지벨 첼릭, 키르스텐 보이에, 파울 마르(Paul Maar), 한나 얀젠(Hanna Jansen), 멜다 아크바스(Melda Akbaş), 안드레아 카리메(Andrea Karimé), 사라 나오우라(Salah Naoura), 귀너 야세민 발치(Güner Yasemin Balci), 다그마 치도루에(Dagmar Chidolue), 안냐 투커만(Anja Tuckermann), 사페타 옵호디아스(Safeta Obhodjas), 레나 두몽(Rena Dumont) 등과 같은 아동 청소년 문학 작가들의 작품을 상세하게 분석하고 있다. 참조 Riemhofer.

4 참조 Caspari/Schinschke, 468-479.

위해 노력하고 독자에게도 영향을 미친다.

5) 다양한 삶이 묘사될 뿐만 아니라, 주인공들이 다양한 문화와 생활방식과 대결하고 다양한 문화 속의 공동체적 삶을 모색한다는 점에서 상호문화적 학습의 잠재력을 보인다. 모든 등장인물들이 하나의 모델을 무비판적으로 받아들이기보다는 각자가 다양한 가능성 속에 개별적인 길을 찾는다. 작품이 열린 결말로 끝나면서 독자가 각자의 해결책을 모색하게 된다.

이에 대한 대표적인 작품으로는 터키 출신의 독일 아동 청소년 문학 작가인 아이겐-지벨 첼릭의 『비단결 머리(*Seidenhaar*)』(2007)를 들 수 있다. 이 작품의 두 주인공인 카난(Canan)과 지넴(Sinem)은 터키 출신의 이주배경이 있는 16세의 여학생으로 독일의 같은 학급 친구다. 정치적인 사건으로 히잡착용 금지에 관한 테마가 수업 중에 다루어지자 이 둘의 의견은 충돌한다. 교사가 꿈인 카난은 종교적 확신을 갖고 히잡을 착용하는 반면에, 지넴은 히잡을 여성억압의 상징으로 거부한다. 토론 중 수모를 당한 카난은 집을 나가고 지넴은 양심의 자책을 느껴 카난을 찾아다니면서 편견과 억압 없이 즐겁게 종교 생활을 하는 코란학교 여교사를 알게 된다. 지넴은 어느 날 히잡을 시험적으로 착용해 보는데 가족과 학급 친구들 모두에게 소외받고 배척당하는 경험을 직접 겪게 된다. 카난은 장차 히잡착용 금지로 교사의 꿈이 좌절되고 성공에 대한 부모의 기대와 압박으로 히잡을 벗게 될까 두려워한다.

작가 첼릭은 이 작품에서 히잡에 대한 논쟁을 독일인과 터키인의 관점에서가 아니라 터키 이주배경을 지닌 두 여학생의 시각을 통해 풀어 가고 있다. 작가는 히잡에 관한 두 여학생의 상반된 의견을 아무런 입장표명이나 평가 없이 서술해 나가면서 종교에 대한 무슬림의 생각도 획일적이지 않으며 다양한 시각이 존재한다는 점을 보여 주고 있다. 다른 종교인들과 마찬가지로 무슬림에게도 믿음이 강한 사람이 있고 믿음이 덜하거나 아예 없는 사람도 있는 것이다. 아울러 이 작품에서는 비슷한 인종적·문화적 배경을 지닌 등장인물의 삶이 과거와는 달리 개별적으로 묘사되고 있으며 히잡착용에 대한 논쟁 그 자체보다 고착화된 편견에 대한 비판적 성찰과 다양한 다른 시각에 대한 열린 마음이 핵심적인 주제가 되고 있다. 작가 자신이 인터뷰에서 밝히고 있듯이, 그녀의 관심사는 인간으로서의 개별성과 여성으로서의 개별적인 삶이고 신과 세계에 대한 개별적인 견해이다. 타자를 개별적인 차원에서 만나고 인지하게 된다면 편견은 설 자리를 잃어버리게 될 것이라고 생각하기 때문이다.[5]

이처럼 첼릭의 작품을 비롯해 최근의 상호문화적 아동 청소년 문학작품은 타자 및 타 문화에 대해 다양한 시각을 제공함으로써, 획일적인 사고모형이나 인종차별적인 논증구조를 피하고 개별적인 관점에서 인간과 세상을 관찰하고 인식하게 한다는 평가를 받는다.

이러한 상호문화적 아동 청소년 문학이 타자이해와 상호문화적 이해에 기여하는 동인은 아동 청소년 독자의 공감능력 함양을 돕는다는 것과 시각변화를 지지해 준다는 점에 있다. 주지하다시피 문학은 감정이입의 매체이자 낯선 시각과의 경험 장소이다. 이를 통해 문학은 타자이해와 상호문화적 이해를 가능하게 하는 첫걸음을 내

5 아이겐-지벨 첼릭 인터뷰, Bücherforum Literatina.

딛게 한다.

> 문학은 동일화로 초대한다. 독자는 자신의 삶의 문제를 허구의 거울 속에서 바라보게 되고 동시에 자기 자신과 거리를 취하게 된다. (…) 문학텍스트는 개인적 문제에 대한 거울일 뿐만 아니라 낯선 경험시각도 전달해 준다. 책을 읽으면서 사람들은 자신의 시각으로부터 벗어나 실험적으로 세상을 다른 시각으로 볼 수 있다. 문학은 타자이해를 증진시킬 매체이다. 이를 통해 문학교육의 근본적인 목표로서 이기심 극복, 공감연습, 다양한 경험방식을 서로 연결하는 능력이 증진된다.[6]

이런 점에서 상호문화적 아동 청소년 문학도 상호문화적 학습을 위해 중요한 역할을 할 수 있다. 왜냐하면 상호문화적 아동 청소년 문학 역시 인간의 이해를 목표로 하고 문학의 중요 기능인 공감능력과 다른 시각과의 만남을 가능하게 하기 때문이다. 그러므로 상호문화적 아동 청소년 문학작품을 통해 타 문화에 대한 호기심과 지식습득을 넘어서 학습자의 공감능력 향상과 타자의 시각과의 대결과 수용, 시각의 변화 방향으로 작품의 이해와 수용이 이루어져야 할 것이다.

상호문화적 아동 청소년 문학이 갖는 공감능력과 시각변화 기능에 대해 좀 더 자세하게 살펴보면, 아동 청소년 문학 역시 우선적으로 감정이입을 전달하는 주요 매체이기 때문에 상호문화교육에 중요한 역할을 할 수 있다. 공적인 담론과는 달리 문학작품은 타자

---

6 Spinner, 171.

와 함께 공감하는 능력을 증진시키는데, 이는 문학작품이 일반적인 타자성을 구체적인 개별적인 타자성으로 변화시켜 익명의 것보다 우리를 더 감동시키기 때문이다.[7] 매체나 정치의 비개별적인 담론과는 달리 문학작품에는 인간적 감동과 개별적 당혹감이 반영된다. 그리고 정서적·개별적 방식으로 독자를 문화적 갈등과 충돌을 경험하게 하고 구체적인 사회 현실 속의 이러한 요인들의 문제점과 해결책에 대해 알게 한다. 그래서 비록 허구상의 공간이지만, 문학작품은 타자이해의 직접적인 그리고 감성적인 매체로 유효한 것이다. 상호문화적 아동 청소년 문학에서도 문화 간의 차이 경험이나 상호적 이해가 개별적인 차원에서 형상화되고 타자에 대한 등장인물의 공감 표현이 독자의 마음속으로 전이되어 독자 개개인의 감정과 행위 속에도 자리 잡게 된다.

상호문화적 아동 청소년 문학은 또한 다양한 다른 시각과의 만남에 있어서 중요한 역할을 한다. 타자와의 직접적인 만남이 쉽게 이루어지지 않는 상황에서 상호문화적 아동 청소년 문학은 독자에게 간접적이나마 타 문화권의 사회 현실과 사고방식을 다양한 시각을 통해 전달해 준다. 이를 통해 독자는 타 문화권 사람의 감정, 사고, 태도를 접하면서 새로운 시각과 대결하게 되어 자신의 시각의 절대성을 깨고 오히려 자신의 사고와 시각을 보완, 확대하는 가능성을 경험하게 되다. 아울러 상호문화적 아동 청소년 문학은 새로운 시각을 통해 아동 청소년 독자의 고착화된 사고모형을 깸으로써 타자와 타 문화에 대한 편견과 스테레오타입 제거에도 핵심적인 역할

7 Vancea, 25 이하.

을 하게 된다.

상호문화적 아동 청소년 문학작품을 고찰하면 문학이 여전히 계몽주의적 인문주의 이상을 추구하고 있다는 생각을 하게 한다. 많은 아동 청소년 문학 작가의 경우 작품을 통해 휴머니즘 원칙과 비판적 참여의 자세를 명확하게 보여 준다. 이들은 다양한 문학적 개별 사례를 통해 타자와 타 문화에 대한 차별과 편견을 가차 없이 고발하고 톨레랑스와 연대를 주문하곤 한다. 상호문화적 아동 청소년 문학작품이 이데올로기적·정치적 참여를 명확하게 드러내지 않더라도 상호문화 개념 자체가 함의하는 그 내재적인 사회정치적·윤리적 차원은 간과할 수 없는 것이다. 이것은 바로 작품을 통해 개별 운명의 고통과 갈등을 묘사하고 이를 극복하려는 노력을 제시하면서 아동 청소년 독자에게는 상호문화성에 대한 성찰적 자극과 연대적·진보적 사고를 유발한다는 점에서 찾아 볼 수 있다. 문화적 다양성을 묘사하고 문화적 이질성과 타자의 다름에 대한 인정과 존중을 그려낸다는 점 역시 상호문화적 아동 청소년 문학의 사회정치적 함의이다. 그러나 상호문화적 아동 청소년 문학도 궁극적으로는 다문화 사회 내 다양한 현상과 문제점에 대한 문학적·미학적 표현으로 이해되어야 한다. 다문화적 사회 현상을 작가와 등장인물의 고유한 시각을 통해 형상화하고 상징과 비유, 이로니, 열린 결말 등 작가 고유의 문학적·미학적 장치를 활용하면서 유토피아적 대안세계를 문학적 해결책으로 제시하고 있기 때문이다.

1) 엠파티

엠파티 또는 공감은 다른 사람의 감정, 의도, 사고 속으로 이입하는 능력을 의미한다.[8]

우리가 실생활에서 다른 사람을 이해하는 것은 제한되어 있다. 다양한 문화권 사람들과 공존하기 위해서는 우리는 그들이 무엇을 생각하고 느끼고 어떤 입장을 취하는지 알아야 하는데 현실적인 공간에서는 제약이 따른다.[9] 이러한 한계는 문학작품을 통해 상당히 극복될 수 있다. 문학 텍스트는 다른 사람의 사고, 감정, 입장을 이해하고 우리의 감정이입능력을 형성하는 데 도움을 주기 때문이다. 문학작품을 통해 우리는 다른 사람의 입장이 되어 보고 그들에 감정이입함으로써 이들도 많은 면에서 우리와 비슷하게 느끼고 생각한다는 점을 알게 되어 이들을 보다 존중하는 태도를 지니게 될 것이다.[10]

이렇듯 문학의 가장 큰 역할은 허구의 인물과 허구의 세계에 대해 감정이입과 공감을 유발한다는 것이다. 주지하다시피 문학이 감정이입, 공감의 역할을 한다는 점은 아리스토텔레스의 『시학』에서

---

8 Wierlacher (2003), 227. 공감과 비슷한 개념으로 감정이입이 있다. 학술개념으로 '감정이입(Einfühlung)'을 처음 사용한 사람은 테오도르 립스(Theodor Lipps)다. 19세기 말 립스는 감정이입을 "내적인 함께함, 다른 사람 체험의 상상된 모방"으로 이해하였고, 당시 경험심리학자들은 "내 자신이 타인의 입장으로 들어가서, 그 입장에 동화되어 그 사람을 느끼는" 개념으로 사용하였다. 참조 정재림, 253-274. 이 책에서는 공감과 감정이입을 비슷한 개념으로 사용한다.

9 Bredella (2007), 62.

10 Bredella (2007), 63.

출발한다. 『시학』에 따르면 예술은 "모방"의 양식으로서 그중 드라마는 "행동하는" 인간을 모방하는 예술양식이다. 그러나 예술의 모방은 현실 그대로의 모방이 아니라, 개연성을 갖는 현실의 모방이다. 개연성 있는 현실 세계의 모방을 통해 비극이 독자나 관객에게 미치는 영향은 동정심과 공포를 불러일으켜 감정의 정화, 즉 카타르시스를 유발하는 것이다.[11] 그리고 이런 카타르시스의 유발은 배우를 통해 모방되는 등장인물과의 동일화, 감정이입을 통해 가능하다. 아리스토텔레스의 카타르시스 이론을 비판한 브레히트 역시 서사극에 관한 이론에서 "이 카타르시스는 특수한 심리적 작용을 통해, 즉 관객이 배우가 모방하고 있는 인물 속으로 감정이 이입되어 그들처럼 느낌으로써" 이루어지고 "예술작품을 대한다는 것은 관객이 배우와 같이 느끼게 되는 것을 말하며, 배우를 통해 작중 인물 속으로 감정이입이 되는 것"[12]이라고 말하고 있다.

교육학, 심리학 분야에서의 공감에 대한 연구는 대체적으로 인지적 공감과 정서적(정의적) 공감으로 구분되어 이루어졌다. 이에 따르면 인지적 공감은 상대방의 입장에서 생각하는 역지사지 능력을 의미한다.[13] 인지적 공감은 상대방의 생각과 감정을 정확하게 읽어내는 능력과 관련 있고 정의적 공감은 상대방이 느끼는 감정을 동일하게 정서적으로 느끼는 능력이다. "인지적 공감이 이해에 바탕을 둔 지적과정에 기초한다면 정의적 공감은 보다 본능적이고 원초

11 천병희 역, 46.
12 김기선 역, 17 이하.
13 오인수, 49.

적인 정서적 반응이라는 점에서 차이를 보인다."[14]

학자에 따라 공감과 관련하여 정서적·인지적 요인의 복합적 작용에 무게를 두거나 정서적 요인에 더 큰 무게를 두는 등 다양한 의견이 제시되는데, 필자는 후자의 입장에서 상호문화적 이해를 위한 공감을 피력하고자 한다. 정서적 측면을 강조하는 경우에 공감은 "자기 자신의 상황보다는 다른 사람이 처한 상황에 보다 부합하는 정서적 반응"으로서 "다른 사람의 고통을 목격한 결과로서 경험된 타자 지향적인 배려, 자비, 상냥함의 느낌"으로 정의된다.[15] 이 정서적 정의의 공통적인 특징은, 첫째, 공감이 다른 사람의 감정이나 느낌에 대한 반응이며, 둘째, 그 정서반응은 공감 대상자의 그것과 부합하는 것 또는 대리적인 것이라는 의미이다.

타자를 이해하고 타 문화를 이해하기 위해서는 우선적으로 감정이입의 노력이 선행되어야 한다. 타자, 타 문화의 사고방식과 생활세계를 이해하기에 앞서 닫힌 마음을 열게 하고 무감각한 마음을 깨게 하는 것이 바로 문학작품의 엠파티 역할이다. 다른 사람에게서 우리와 같은 사람을 인식하기 위해서는 그들의 감정과 처지에 이입되어야 하고 이를 통해 그들에 대한 호감을 발전시켜 나갈 수 있다.[16] 다른 사람의 아픔이 나의 아픔이고 다른 사람의 고통이 나의 고통이고 다른 사람의 슬픔이 나의 슬픔일 수 있다는 점을 우선 정서적으로 공감해야 한다. 타자도 나와 똑같이 아파하고 슬퍼하고 고

14 오인수, 49.

15 박성희, 55 이하.

16 Bredella (2007), 64.

통을 받는다는 점을 정서적으로 공감하게 되면 타자를 멸시하고 배척하거나 폭력을 가할 수 없는 것이다. 문학작품은 독자로 하여금 등장인물과의 동일화를 통해 그들의 감정과 처지 속으로 감정이입하게 하여 그들의 상황과 운명에 동참하게 한다. 그래서 문학은 "공감이며 이는 나와 타인의 차이를 줄이려는 인간의 노력"[17]으로 이해될 수 있다.

2) 시각변화

문학이 엠파티를 통해 나와 타자의 차이를 줄일 수 있지만 차이를 인정하고 나와 타자의 동등함을 인정하며 고유 문화와 타 문화의 동등함을 인정하기 위해서는 타자와 타 문화를 바라보는 또 다른 시각이 필요하다.

문학작품 내의 엠파티, 감정이입은 독자로 하여금 타자에 대한 고통, 아픔, 슬픔을 정서적으로 느끼게 하면서 동정심을 유발한다. 이 경우 전체적으로 자아가 타자에 대하는 태도는 우월, 동정, 베풂의 관계이지 타자를 진정으로 이해하는 동등한 관계로 나아가지는 못한다. 그리고 타자의 감정과 체험에 정서적으로 공감하고 동참하는 것은 나와 상대방 간의 동일화를 전제로 한다. 즉, 나와 상대방 사이의 거리가 존재하지 않기 때문에 나와 상대방 간의 비판적·객관적 성찰은 이루어지지 않는다. 다른 생활방식, 다른 가치관, 다른 세계관, 즉 다른 시각과의 만남이 이루어져야 비로소 나와 타자

17 공지영 강연, 대학신문, 2010. 10. 11, 2면.

와의 거리가 생기고 이 거리를 통해 서로를 객관적으로 바라볼 수 있는 여지가 생겨나는 것이다. 나와 상대방 간의 거리를 취해서 그들의 생각, 가치, 세계관 등을 인지적으로 파악하는 것은 새로운 시각의 수용이자 자신의 고유 시각을 상대화하고 수정하여 시각의 변화(Perspektivenwechsel)로 발전하는 토대가 된다. 즉, 타자, 타 문화에 대한 상호문화적 이해는 타자와 타 문화의 상황과 입장 속으로 감정이입과 동일화가 이루어진 다음에 다른 시각과의 만남을 통해 객관적인 거리를 취함으로써 자아와 타자, 고유 문화와 타 문화에 대한 비판적 성찰이 이루어질 때에야 비로소 가능한 것이다.[18]

러시아 구조주의나 브레히트의 "낯설게 하기(Verfremdung)"를 인용하지 않더라도 문학작품은 언어와 문체가 일상어와는 차이가 나고 현실을 묘사하고 있더라도 그 속에 작가의 시각을 내포하고 있기 때문에 독자에게 낯섦을 유발한다는 점은 잘 알려진 사실이다. 다양성의 시학, 초문화적 시학을 주장하는 문학이론가인 베르너 빈터슈타이너(Werner Wintersteiner)에 따르면 예술은 이러한 낯설게 하기를 통해 친숙함을 깨고 새로운 시각, 진정한 인식을 열어 주는 기능을 한다.[19] 문학작품과 같은 예술에는 이미 낯선 것, 새로운 시각, 관점의 변화가 내재해 있어서 그 결과 문학작품은 자명한 것, 친숙한 것을 없애 낯선 것과 마주하게 하여 우리가 보지 못하는 부분을 새롭게 보고 인식하게 하는 것이다.

문학작품을 읽을 때 우리는 기존의 선지식과 경험을 동원하여

18 참조 Bechtel, 70.

19 Wintersteiner (2006a), 121.

문학작품과 연계시켜 나름대로 텍스트의 의미를 찾으려고 한다. 그러나 기존 자신의 선지식과 경험이 텍스트가 유발하는 낯섦과 서로 차이가 날 때 독자는 당황하게 되고 이 다름과 낯섦은 결국 우리의 관습과 사고규범이 갖는 절대화에 대해 의문을 갖게 한다. 독자에게 미치는 문학작품의 영향을 작가 디터 벨러스호프(Dieter Wellershof)는 다음과 같이 표현한다.

> 문학은 독자를 당황시키고 독자한테서 독자가 갖는 편견과 습관화된 행동방식의 확실성을 빼앗으려고 하며, 독자한테서 짐짓 친밀해 보이는 것을 낯설게 하고, 명백한 것을 다의적으로 만들며, 무의식의 것을 의식하게 만들고, 그래서 그에게 새로운 경험의 가능성을 열게 한다.[20]

문학 텍스트는 "현실을 모사하는 것이 아니라, 현실을 특정한 시각에서 해석할 것을 요구한다. 문학 텍스트는 수용자가 이 시각을 받아들일 것을 요구한다. 이를 통해 수용자에 의해 대표되는 시각과 문학 텍스트의 시각이 서로 충돌할 수 있다".[21] 이러한 다양한 시각과의 만남과 대결을 위해서는 친숙한 것, 일상적인 것과의 만남만으로는 충분치 않다. 다른 것, 친숙하지 않은 것, 일상적이지 않은 것과의 만남이 있어야 한다. 문학작품, 특히 상호문화적 문학작품은 타자와 낯선 문화와의 대화이자 문화 간의 차이와 갈등을 형상화하고 있기 때문에 다른 시각과의 만남이 적합한 매체인 것이다.

---

20 재인용 Bredella (1990), 567.

21 Schinschke (1995a), 60.

> 문학은 다른 시각을 수용하는 능력을 형성하는 데 가장 중요한 매체이다. 문학은 다른 시각과 만나게 하며 다양한 시각을 서로 연결시키고 있어서 다양한 시각의 원인과 결과에 대해 성찰하게 한다.[22]

문학은 다른 사람의 다양한 시각과 생활방식과의 만남이기 때문에 타자, 타 문화에 대한 자신의 고유 시각을 점검하고 절대화하는 위험을 피하게 하고 수정하며 확대할 수 있는 최적의 장소이다. 문학은 다양한 시각과의 만남을 통한 일상화·고정화된 사고의 낯설게 하기이고 느릿느릿한 생각의 장소이기 때문에 타자와 타 문화에 대한 우리의 성급한 재단과 판단을 본질적으로 의문시한다. 문학은 또한 추상적인 지식보다는 구체적인 현실경험을 전달하기 때문에 일반화하고 전형화하는 사고 대신에 개별화하고 구체화하는 시각을 갖게 한다. 그래서 문학은 타자와 타 문화를 일반화하거나 자신의 시각으로만 재단하고 자신의 시각과 문화 속으로 성급하게 동화시키는 것에 대해 제동을 걸게 한다. 타자의 다른 시각도 존재함을 인식하는 것은 바로 새로운 시각을 수용하고 나의 시각을 반추해 보며 나의 시각의 절대성을 깨는 작업으로서, 이 작업은 나와 타자, 고유 문화와 타 문화를 비판적으로 성찰하며 자신의 고유 시각과 문화를 확대하고 풍요롭게 하는 밑거름이 된다.

---

22 Spinner, 81.

2. 한국의 상호문화적 아동 청소년 문학

1) 들어가는 말

한국에서는 몇 년 전부터 다양한 출신배경을 지닌 많은 이주자들을 만날 수 있다. 또한 앞으로도 한국으로의 이주는 계속 증가될 것이다. UN의 예측에 따르면 이주자와 이들의 자녀들은 2050년이 되면 한국 인구의 21.3%가 될 것이라고 보고 있다.[23] 이제 다문화와 다민족은 한국 사회에서도 중요한 키워드가 되었다.

이처럼 외국인 이주자가 꾸준히 증가하고 있어도 우리는 여전히 단일민족적인 사고방식에 갇혀 있다. 특히 학교 내 교육과정이나 이를 반영한 교과서에서 단일민족적인 사고방식이 두드러지게 나타난다. 이로 인해 국내 아동 청소년들이 타 문화권 사람들에 대해 갖는 스테레오타입이나 편견은 더욱 고착될 가능성이 높다. 또한 이주자를 대하는 상당수 사람들의 의식과 태도 역시 모순적으로 나타난다. 대부분의 한국인들이 서양에서 온 백인 이주민들에게는 매우 친절하고 결혼 상대자로 상당한 호감을 느끼는 반면에, 아시아인과 흑인은 종종 과소평가되고 비하된다. 그러나 한국에 이주해 온 대부분의 외국인은 아시아 출신이다. 직업을 구하거나 결혼하겠다는 목표와 함께 더 나은 삶에 대한 희망을 가지고 한국으로 이주해 온 것이다. 국내에서 한국인과 타 아시아 국가 이주민 사이에서 태어난 아이는 '코시안(Kosian)'이라고 불린다. 1990년대 이후 코시안은 급

23 동아일보, 2006. 6. 9.

증하고 있다. 국내 학교에서도 다양한 문화권의 낯선 다른 사람들과 함께 공부하는 것은 오늘날 아주 일상적인 모습이 되었다. 그럼에도 불구하고 특히 코시안은 사회적으로 분리되고 인종적 차별과 멸시를 받는다. 이들은 가정 내에서 그리고 학교에서 언어적 어려움, 학업문제, 정체성 위기, 사회적 차별을 심각하게 겪고 있는 실정이다.

국내에서도 다문화 현상에 직면하여 사회학적 경향을 띤 연구가 상당 부분 많이 진척되고 있는데, 대부분 이주민의 생활과 처지 그리고 이들의 언어적 문제와 문화적 갈등에 초점을 맞추고 있다. 이러한 문제와 갈등을 줄이기 위해서 대부분의 사회학적인 시도는 사회정책적인 차원에서 실행할 수 있는 제안을 하며 이주민의 문화를 수용하고 이에 대한 국민의 관용을 증가시키려고 한다. 그러나 이러한 정책적인 차원의 시도는 자국민의 의식과 태도변화 측면에서는 큰 역할을 하지 못한다. 타국의 음식을 먹어 보고 타국의 지역사정에 대한 조사를 해 보지만, 이러한 시도는 표면적인 문화접근에 불과하고 주류사회 국민의 고착화된 의식과 태도를 변화시킬 수 없다. 문화적 동질성이 사회적 규범으로 간주되며, 문화와 정체성의 다양성은 배제되거나 부정되는 상황 속에서 다양성은 종종 비정상적인 것으로 간주된다.[24] 그러므로 자국민의 의식과 태도 속에 타자의 다양한 사고와 가치관을 수용하고 인정하는 방향으로 상호문화적 교육이 시행되어야 할 것이다.

진정한 상호문화적인 소통은 표면적인 정보교환에 그치는 것이 아니라, 타자에 대해 마음속에서 우러나오는 깊은 이해를 하는 것이

24 윤진 역, 25.

다. 이것은 문화의 다양성과 이질성 수용, 다양한 문화의 동등한 권리에 대한 인식, 타자에 대한 관용을 전제로 한다. 특히 학교에서 이러한 상호문화적 이해에 관한 교육은 매우 중요하다. 앞서 밝혔듯이 아동 청소년 문학은 상호문화적 교육에 아주 핵심적인 역할을 할 수 있는데, 성장기에 있는 아이들은 아동 청소년 문학을 통해 타자에 공감하고 낯선 문화를 접하며 자기와 다른 입장과 시각을 수용할 수 있는 능력을 기를 수 있기 때문이다. 문학 텍스트를 통해 우리는 타자를 받아들이고 "타자의 목소리에 귀를 기울임으로써 인격의 변화"[25]를 경험할 수 있다.

이러한 배경하에 이 절에서는 현재 국내에서 전형적인 다문화 아동 청소년 문학으로 평가받는 이상락의 「블루시아의 가위바위보」, 김일광의 『외로운 지미』, 강민경의 「까만 달걀」과 같은 인권동화와 김재영의 『코끼리』, 김려령의 『완득이』 같은 청소년 문학작품을 사례로 들어 한국의 상호문화적 아동 청소년 문학의 경향과 특성을 고찰하고자 한다. 국내에 다문화 문제를 다룬 외국인 이주자 작가의 작품은 거의 없는 실정이다. 그러므로 국내 작가가 쓴 아동 청소년 문학에 어떻게 다문화적 관점이 테마로 다루어지고 문학적으로 형상화되는지, 각각의 인물들은 어떤 특징이 있는지, 고유의 자국문화와 타 문화에 대한 작가의 관점은 어떻게 표현되는지를 분석할 것이다. 그러면서 결론적으로 아동 청소년 문학이 낯섦의 이해를 장려하고 아동 청소년의 의식과 시각을 변화시키는 데 기여한다는 점이 다시금 강조된다.

25 2008 노벨문학상 수상 르 클레지오 인터뷰, 조선일보, 2008. 12. 8.

2) 인권을 위한 계몽적 아동 문학

최근 국내에서는 이주 노동자와 그들의 자녀가 겪는 문제와 갈등을 다루는 많은 아동 문학작품이 출판되었다. 이러한 시도는 소수민의 권리와 다양한 민족 사이의 평화적 공존을 위해 노력한다는 점에서 매우 중요하다. 그러나 이러한 아동 문학작품은 문학으로 일컬어지지만 문학적인 형상화 수준은 미약하다. 즉, 교육적이고 계몽적인 가치가 우선시되다 보니 문학미학적 요소는 뒷전으로 밀려났다고 할 수 있다. 이와 관련해서 「블루시아의 가위바위보」(2004)와 『외로운 지미』(2004) 그리고 「까만 달걀」(2006)이 전형적인 사례로 언급될 수 있을 것이다. 이 작품들에서는 대부분 아시아계 외국인 노동자가 차별을 받는 희생자로 등장해서 내국인으로부터 도움과 원조를 받는 식으로 줄거리가 매우 도식적으로 전개된다. 이들은 고향에 있는 부모와 형제자매를 부양하기 위해 한국의 노동시장에서 갖은 고통과 멸시를 참아낸다. 하지만 이들의 노동현실은 구체적이지 않고 매우 간단하게 묘사된다. 한국에서 이들은 불법으로 체류하고 노예처럼 학대당한다. 때때로 임금도 지급되지 않을 때가 있다. 하지만 작품 속에서 노동현장과 사회 내에서의 차별과 학대에 대한 항의는 거의 다루어지지 않고, 개별 노동자들의 의식 차원의 발전이나 노동자 사이의 연대성은 전혀 고려되지 않는다. 예를 들어 「블루시아의 가위바위보」에서는 희생자의 저항 사례로 인도네시아 출신의 이주 노동자 블루시아의 반응만 간단하게 서술될 뿐이다.

제발 때리지 마세요.…[26]

이에 반해 성인 자국민은 나쁜 가해자로 형상화된다. 이들은 노동자를 동물처럼 학대하거나 그들을 피부색 때문에 차별한다. 그래서 작품 속 등장인물은 개별적인 캐릭터라기보다는 가해자나 희생자 구도의 전형적인 형태로 나타난다.

이 작품들에서 아이들은 자국민 아이들과 이주자 아이들이라는 두 개의 그룹으로 나뉜다. 자국민 아이들은 외국에 대한 경험이 전혀 없다. 대부분 아이들은 소박하고 순진하며 외국 노동자와 만나는 것을 두려워한다. 작가는 이러한 아이들에게 다문화교육을 일방적으로 불어넣는다. 이에 비해 이주자 아이들은 대부분 정체성의 문제와 차별을 겪는다. 『외로운 지미』에서 아시아계 출신의 아빠를 둔 주인공처럼 이들은 대부분 한국에서 태어나고 자라 왔으며 한국어로 말한다. 하지만 이들은 한국인으로 인정받지 못한다. 왜냐하면 지배사회가 사회적으로 다양한 정체성과 문화적 다양성을 받아들일 준비가 되어 있지 않기 때문이다. 지배사회가 오로지 바라는 것은 한국의 언어와 문화에 완벽하게 동화되는 것뿐이다. 그렇기 때문에 「까만 달걀」에서 흑인 아빠와 한국인 엄마 사이에서 태어난 아이는 날마다 거친 타월로 자신의 얼굴을 문지른다.

분석한 모든 작품에는 조정자 역할을 하는 인물이 등장하는데, 이들은 가해자와 희생자 사이의 문제와 갈등을 조정하고 해결한다. 이 중개 역할을 맡은 인물은 자국민 아이에게는 교육자가 된다. 즉, 이 조정자 인물은 이주 노동자와 그들의 아이가 겪는 고통과 슬픔을 강조하여 자국민 아이들에게 감정이입을 하게 한다. 「블루시아

26 이상락, 162.

의 가위바위보」에서 준호의 고모는 이러한 조정자 역할을 완벽하게 해낸다. 준호의 고모 역시 독일에서 간호사로 일하면서 식구를 부양하기 위해 자신을 희생했다. 고모 역시 블루시아의 생활상황을 통해 독일에서 힘들었던 시기를 상기하면서, 국내 이주 노동자의 경험과 많은 공통점을 보여 준다. 고모는 블루시아는 불쌍하고 도움이 필요한 사람이라고 판단하고 준호의 동정심을 자극하기 위해 인간의 도덕과 윤리에 호소한다.

> 힘들고 위험한 일 대신 해 주겠다고 찾아온 사람들을 고맙게 대하는 것은 사람의 도리인데…[27]

그러나 이러한 도덕적 호소는 이주 노동자와 이들 자녀들이 처한 실제 생활상황과 처지를 제대로 인식하는 데는 미치지 못한다.

결국 위 작품들에서는 문학적·미학적인 형상화보다는 계몽적이고 도덕적인 의도가 중심이 된다. 또한 이야기 서술구조가 단순하면서 도식적이다. 아동 독자로 하여금 이주 노동자와 자녀들이 처한 불쌍한 처지에 감정이입하게 하여 공감과 동정심을 유발한다. 「블루시아의 가위바위보」의 준호는 단지 착한 일을 하는 조력자의 역할로만 묘사된다. 아동 독자의 측면에서 이주 노동자의 비참한 생활현실에 대한 이해는 피상적이고 표면적일 뿐이며, 그 결과 이 작품에서 다른 문화권 사람들의 희생과 차별에 대한 연대의식은 상징적인 차원에서 소극적으로 그려질 뿐이다. 준호는 블루시아와 놀이를

---

27 이상락, 173.

할 때 가위는 내지 않겠다고 결심하는데, 블루시아가 공장에서 일을 하다가 손가락을 잃었기 때문이다. 이주 노동자의 아이들이 지배사회에 대해 갖고 있는 낯선 시각은 거의 형상화되지 않는다. 이 때문에 아동 독자는 타자의 낯선 시각으로 자신과 자신이 속한 사회의 모순과 폐단을 비판적으로 생각할 기회가 별로 없다. 그러므로 낯섦을 이해하기 위한 전제로 다른 시각을 수용하고 자신의 시각을 상대화하는 시도는 작품 내에서 전혀 이루어지지 않고 있는 것이다.

3) 『코끼리』에 나타난 지배문화 비판

2005년에 출간된 김재영의 『코끼리』는 국내 문학 연구자들에게 호평을 받는 작품이다. 이야기는 주로 네팔 출신의 13세 소년 아카스의 관점에서 서술되고 있지만 작품은 청소년과 성인을 대상으로 한다. 네팔 소년의 관점에서 폭력, 차별, 소외 문제가 다루어지고 성인 이주 노동자의 관점에서는 노동현장에서의 착취, 억압, 비인간성이 이야기된다. 그래서 이 작품은 여러 층의 독자가 읽을 수 있는 "다중지향적 청소년 문학(mehrfachadressierte Jugendliteratur)"[28]으로 평가된다. 『코끼리』는 돈을 벌기 위해 한국으로 온 외국인 이주 노동자가 처한 가혹한 상황에 대해 서술하고 있다. 한국의 지배문화는 주인공 서술자와 이주 노동자의 관점에서 가차 없이 폭로된다. 반면에 이주 노동자의 비참한 현실상황에 대한 반대 형상으로 네팔 세계가 묘사된다. 즉, 낯선 타자와 타 문화에 대한 상과 자국문화 고유

---

28 김정용 (2011), 12.

의 상이 서로 혼재되어 주제화되어 있는 것이다. 주인공 화자는 두 세계 사이에서 매개하는 역할을 한다. 작가 김재영은 한 인터뷰에서 아카스와 같은 이주 노동자 아이들이 처한 상황에 대해 다음과 같이 언급한 적이 있다.

> 자신들의 정신적 고향이 고국에 존재하는 이주 노동자 1세와 그 자녀들이 처한 상황은 다르다. 1세들은 돈을 번다는 목적의식하에 자발적으로 왔고 돌아갈 곳도 있기에 수난을 참지만 그 자녀들은 다르다. 돌아갈 고향이 없다. 자신이 태어난 곳은 여긴데, 이곳은 겉모습 하나로 자신들을 냉대한다. 그 응어리가 원한과 분노로 쌓인다. 태생적으로 이 사회에 뿌리내릴 수밖에 없는 존재이기에 더 책임감 있는 시선을 가질 수 있다는 생각이 들어 소년을 화자로 삼았다.[29]

작가는 작품 속에 여러 상징적 기법들을 사용한다. 예를 들어 코끼리와 미얀마 언어로 수렁을 의미하는 "외"는 주도적 모티브처럼 작품 전체 속에 관통하고 있다. 네팔에서는 신과 같은 코끼리의 운명이 한국에서는 수렁에 깊이 빠져 있는데, 이는 외국인 이주 노동자의 가망 없고 절망적인 상황을 상징적으로 묘사한 것이다. 이들은 수렁에서 나오려고 하면 할수록 더 깊게 그 속으로 빠져 들어간다. 또한 신성한 만년설이 덮인 네팔의 산 안나푸르나와 이주 노동자가 서울 변방에서 주로 거주하는 장소인 돼지축사와의 비교는 문학미학적으로 매우 중요하다. 네팔에서 신성하고 신비한 곳으로 상

29 프레시안, 2005. 12. 28.

징되는 것이 한국의 비인간적인 자본주의와 뚜렷하게 대조되어 나타나는 것이다. 돼지축사의 1번 방에는 미얀마에서 온 몇 명의 남자가 살고 있고, 2번 방에는 방글라데시에서 온 여자 한 명, 3번 방에는 파키스탄에서 온 젊은이, 4번 방에는 네팔 출신의 아빠를 둔 어린 화자, 5번 방에는 러시아 여자가 한 명 살고 있다. 작품 속의 공간 대비는 이처럼 공간적인 배경에만 제한되는 것이 아니라, 국내 이주 노동자의 동물 같은 비참한 생활조건을 구체적이고 명확하게 드러나게 하는 효과가 있다.

특히 주인공 소년이 이주 노동자들과 자기 아빠의 잘린 손가락을 묻어 놓은 손가락 무덤과 닳아빠진 지문은 이들의 비극적이고 비참한 삶의 현실을 극명하게 드러낸다. 이것은 이주 노동자들의 손가락뿐만 아니라 인간적인 존엄과 희망이 잘려 버린 것을 비유적으로 나타낸다. 지문이 다 닳게 된 사람은 이 사회에서 영혼 없는 존재로 취급받는다.

네팔 말로 하늘을 의미하는 아카스의 아빠는 고향을 동경하며 네팔에 돌아갈 날을 꿈꾼다. 종종 아빠의 회상을 통해 네팔의 언어와 문화가 독자에게 소개된다. 이에 비해 주인공 화자인 아카스는 네팔 국적을 갖고 있지도 않고 고향에 대한 동경도 없다. 학교에서는 청강생으로 수업을 듣는데, 교육에 대한 권리가 없어 정식 학생으로 받아들여질 수 없기 때문이다.

『코끼리』에서는 이주 노동자의 비참한 생활상황이 적나라하게 묘사될 뿐만 아니라 이들에 대한 자국민의 생각도 가감 없이 표현된다. 예를 들어 네팔인은 아래를 닦는 손으로 음식을 먹는다는 비난이 적나라하게 표현되는데, 이러한 잘못된 정보는 타 문화에 대해 갖는 전형적인 편견으로 작품 속에서 곧바로 폭로된다.

학교 친구들은 어린 네팔 소년을 조롱하거나 때리면서 그를 소외시킨다. 반면에 딱 한 번 주인공 화자가 학급친구 엄마에게 초대를 받는다. 이 엄마가 자신의 아들이 네팔 소년에게 영어를 배울 수 있을 거라고 생각했던 것이다. 이러한 유용성이 없다면 이주자 자녀는 이 사회에서 한 번도 환영받지 못하며, 결국 그 유용성이 오판으로 드러났을 때 다시금 매몰차게 배척된다. 이를 통해 영어 지상주의를 맹목적으로 지향하는 지배사회의 민낯이 낯선 타자의 시각에 의해 가차 없이 폭로되는 것이다. 이처럼 낯선 타자에 대한 자국민의 모순된 의식과 행동은 머리를 염색하고 비교적 얼굴색이 하얀 덕택에 미국인처럼 행동하는 아시아계 이주 노동자의 시각을 통해 또 한 번 폭로된다.

> 한국 사람들은 단일민족이라 외국인한테 거부감을 갖는다고? 웃기는 소리 마. 미국 사람 앞에서는 안 그래. 친절하다 못해 비굴할 정도지. 너도 얼굴만 좀 하얗다면 미국 사람처럼 보일 텐데… [30]

그의 말을 듣고 주인공 네팔 소년은 백인이 되기 위해서 매일 몰래 자신의 얼굴을 표백제로 닦는다. 그 역시 한국 사회에서 백인은 아무 문제없이 적응할 수 있고 서구 출신 외국인은 매우 존중받는다는 점을 터득한 것이다.

하지만 작품 속에서 내국인들만 이들을 착취하고 멸시하는 것

---

30 김재영, 17.

이 아니라, 이주 노동자들 사이에서도 이와 같은 현상이 나타난다. 즉, 국내 사회에서 차별과 모욕을 받는 이주 노동자들 사이에서도 연대감은 거의 기대하기 힘들다. 파키스탄에서 온 청년은 다른 이주 노동자가 아들을 위해 마련한 수술비를 훔치고, 구두쇠라는 별명을 가진 인도 출신 이주 노동자는 다른 이주 노동자를 무시하고 가혹하게 약탈한다.

『코끼리』에서는 고유 문화와 낯선 문화가 이중적인 관점에서 비판적으로 고찰된다. 지배문화 속 자국민의 관점은 낯선 타자의 관점과 섬세하게 혼재되어 나타난다. 이를 통해 이주 노동자나 이들 자녀들에 대해 값싼 동정이 유발되는 것이 아니라, 오히려 이들의 목소리가 작품 전면에 나타나고 이를 통해 자국민 독자에게 자신의 고유 문화에 대해 비판적인 성찰을 하도록 유도한다. 이러한 의미에서 낯선 문화를 접하는 것은 고유의 문화를 위태롭게 하고 제약하는 것이 아니라, 오히려 확장하는 것으로 평가될 수 있다. 낯선 타자의 시각을 수용함으로써 독자가 갖고 있던 사고의 제약성이 극복되고 변하기 쉽지 않았던 시각이 수정되고 확대될 수 있는 것이다. 이를 통해 문화적 배경이 다른 사람들 간 차이를 인정하고 서로를 존중하는 상호문화적 이해가 가능해지는 것이다. 작가는 집필의 계기를 다음과 같이 언급한다.

> 평소 소외계층에 대한 관심이 많았고 이를 문학적으로 소화해 내고 싶었다. 중국 여행을 한 적이 있는데, 낯선 문화와 언어 속에 누구로부터도 나를 이해받을 수 없을 때 느꼈던 충격도 계기였다. 내 모든 것이 낯선 타인이라는 날카로운 시선에 상처받는 걸 경험했고, 이질적인 문화

와 언어를 가진 이들이 서로 존중하는 게 무엇인가를 생각하게 만들었다.[31]

결론적으로 이 작품에는 지배문화를 비판하는 소수 이주자의 관점도 제시되어 있다. 또한 작품 속에 다문화에 대한 교육적인 의도가 전면에 내세워지지 않으며 문학적 가치가 높이 평가받고 있다. 특히 작품 속의 긴장관계, 빠른 이야기 전개, 다양한 생활상황의 표현, 열린 결말은 독자의 흥미와 성찰을 이끌어낸다. 그 결과 이 작품은 다문화 현상에 대한 하나의 도큐먼트가 아니라, 다문화에 대한 다중적인 관점을 문학적으로 형상화한 것으로 평가받을 수 있다.

4) 코시안을 유머 가득하게 형상화한 『완득이』

『코끼리』가 이주 노동자가 처한 외적 현실과 내적 상처에 초점을 맞추었다면, 김려령 작가의 『완득이』는 17세 주인공의 성장과 정체성을 찾는 이야기가 주로 다루어지고 있다. 성장 소설이자 사춘기를 다루는 이 소설은 긴장과 재미를 주고 무엇보다도 삶에 대한 주인공의 확고한 의지를 위트 있게 묘사하고 있기 때문에, 청소년 독자에게 독서의 즐거움을 제공한다. 특히 대화 속에 청소년의 일상어가 사용되고 작품 속 문장들이 짧고 간결하며 이야기 전개가 매우 빠르게 진행되어 청소년 독자가 200페이지가 넘는 이 소설을 하룻밤에 읽는 것도 가능하다. 청소년 독자의 서평을 보면 역시 독서의

31 프레시안, 2005. 12. 28.

즐거움과 독자와의 소통에 대해 많이 언급되어 있는 편이다. 아울러 작품은 재미와 감동을 주면서도 독자로 하여금 깊은 성찰을 하도록 자극한다. 청소년 독자는 코시안의 생활과 고통에 대해 성찰하면서도 작품 속의 주인공과 동일시하며 삶에 대한 긍정적인 사고방식과 열정을 배울 수 있다.

주인공인 완득이의 아빠는 한국인이고 엄마는 베트남인이다. 카바레에서 춤을 추는 그의 아빠는 가난과 발육 부진이라는 장애요소가 있음에도 불구하고 정신적으로 장애가 있는 사람을 돌볼 정도로 매우 선한 사람이다. 그는 베트남인 아내가 주위 사람들에게 노예처럼 차별받는 절망적인 상황에서 그녀와 헤어진다. 유쾌하고 에너지가 넘치며, 신망 있는 캐릭터를 가진 완득이의 담임 선생님은 완득이와 불법체류 노동자들을 돕는다. 외국인 노동자들이 처한 열악한 노동조건은 그의 시각을 통해 비판된다.

> 노동자들 인권유린이 허다해요. 산재보험금은 지들이 처먹고 치료는 노동자 스스로 하게 하죠. 그 사람들 그냥 손가락 하나 자르고 말지 제대로 된 치료 안 해요. 그 치료비면 고국에 있는 가족들이 일 년을 먹고 삽니다.[32]

하지만 『완득이』는 노동세계에서 벌어지는 착취와 차별만 이야기하는 것은 아니다. 코시안 주인공의 소외, 절망, 폭력, 자립이 오히려 더 큰 비중으로 다루어진다. 완득이는 엄마도 없고 친구도 없

---

32 김려령, 102.

으며 돈도 없고 교육도 받지 못했다. 그가 오로지 잘하는 것은 서로 치고받고 싸우는 것뿐이다. 이를 통해 그는 세상에 대한 분노를 밖으로 표출한다. 완득이가 자신의 통제할 수 없는 폭력성을 자제하는 법을 배우고 선생님과 모범생인 여자 친구의 도움으로 킥복싱을 하게 되는 과정은 그의 성장과 정체성을 찾아가는 모습을 반영한 것이다. 완득이는 킥복싱 대회에서 세 번이나 패배를 했지만 한 번도 절망하지 않고 항상 다음에 얻게 될 승리를 기대한다. 이는 그에게 곧 삶의 희망을 의미하는 것이다. 이 작품의 결말은 완득이의 아빠가 댄스학원을 차리고 엄마가 다시 돌아오게 되며, 완득이는 여자 친구와 다시 좋은 관계를 회복하는 해피엔드이다. 모든 갈등을 급하게 해결하거나 덮어 버리는 자연스럽지 못한 결말은 다문화 사회의 심각한 문제점에 대한 비판적인 성찰을 방해할 수 있다. 코시안 자녀의 암담한 현실이 표면적으로 미화되었다는 비판을 받을 수 있는 것이다. 그러나 이 작품의 긍정적인 결말은 다른 측면에서는 청소년 독자에게 코시안과 장애인에 대한 편견을 없애고, 자신의 고유문화와 낯선 문화 사이의 상호공존의 관점에서 새로운 희망을 갖게 한다. 이 작품에서 주인공 완득이는 열등하고 초라한 혼혈아라기보다는, 편견과 차별이라는 차가운 시선을 극복하고 용기와 희망으로 비참한 현실에 맞서는 매력적이고 개성 있는 인물로 묘사되고 있기 때문이다. 희생자와 가해자라는 구도를 사용하여 독자에게 동정심을 이끌어 내거나 다문화 사회의 갈등과 문제를 노골적으로 폭로하는 아동 청소년 문학작품과는 달리, 이 작품에서는 코시안 아동에 대해 편협하고 고착화된 이미지가 전복되고 이들의 긍정적인 형상이 선취되어 있는 것이다. 책 뒤표지에 실린 이 작품에 대한 창비청소년문학상 심사위원의 심사평 역시 이와 같은 맥락에서 이해될 수 있다.

> 집도 가난하고 공부도 못하지만, 싸움만큼은 누구한테도 지지 않으며 온실 속 화초라면 절대 알 수 없을 생활감각과 인간미를 지닌 완득이는 그간 국내 청소년 문학에 늘 아쉬웠던 활력 만점의 소년주인공이다. 도시 빈민가, 장애인, 이주 외국인 노동자 등 자칫 과중한 무게로 느껴질 수 있는 한국 사회의 그림자들도 완득이를 통과하면 정감 있고 활기 찬 이웃의 얼굴로 다가온다. 청소년 독자는 물론이거니와, 재미와 감동을 함께 추구하는 젊은 독자들에게도 큰 반향을 얻을 것이라 믿는다.

다른 한편으로 다문화 주제 이외에 이 청소년 소설에서 우리가 주목할 점은 이 소설이 일반 문학에 관심을 두고 있는 국내 대표적인 출판사인 창비에서 출간되었다는 사실이다. 2007년에 창비는 이 작품에 첫 번째 청소년문학상을 수여했다. 이 출판사의 '창비청소년문학' 출간 의도를 살펴보면, 평생의 독서행위를 이어 가고 즐거운 책읽기를 위해 청소년 문학이 왜 중요한지 다시 한 번 강조된다.

> 더욱이 초등학교 시절에 동화책을 읽던 아이들이 그다음 단계에서 성인 문학의 세계로 곧장 비약하게 됨에 따라 놓치는 것이 적지 않습니다. 청소년 고유의 감수성이라든지 청소년기에 직면하는 문제 등 작품과 대화를 나눌 수 있는 요소가 많지 않다면, 문학작품을 읽는 일은 점점 자기 삶과 무관한 요식행위처럼 되기 쉽습니다. 동화책에 푹 빠져서 책읽기를 좋아하던 아이들이 나이를 먹어 가면서 매력을 느끼지 못하고 즐거

운 책읽기에서 멀어지는 까닭 중 하나가 여기에 있다고 봅니다.[33]

2008년에 『완득이』가 인터넷 블로거가 뽑은 최고의 소설로 선정되었고 영화와 연극, 뮤지컬과 같은 다른 미디어로 각색되어 청소년 독자에 의해 수용되었다는 점은 독서의 즐거움을 추구하는 청소년 문학의 역할과 중요성을 전적으로 증명해 보이는 것이다.

5) 나가는 말

이주 노동자와 이들 자녀들이 무방비 상태로 방치되어 있는 문화적 갈등과 이로 인해 나타난 경멸과 차별 그리고 사회적 배척이 국내 아동 청소년 문학작품 속에서 문학미학적으로 형상화되고 주요 테마로 다루어지고 있다. 최근 문학 분야 출판시장에서는 인권동화의 형식으로 이주문제를 다룬 국내 작가의 작품이 많이 출간되고 있는 실정이다. 국내 출간된 대부분의 인권동화는 허구적인 문학작품이지만 이주 노동자와 그 자녀들의 힘들고 어려운 상황에 대해 정보를 전달하는 차원에만 그칠 뿐이지 문학미학적 기법은 거의 추구되고 있지 못한 편이다. 인권동화의 경우 줄거리 진행이 매우 도식적이다. 동남아 출신의 외국인 노동자는 대부분 선량하지만 차별을 받는 희생자로 그려지는데, 인권동화는 아동 독자에게 외국인 노동자와 이들 자녀들의 참혹한 생활현실에 대해 정보를 제공하면서 동정과 도움을 이끌어 내는 데 초점을 맞추고 있다. 그래서 아동 문

33 김려령, 210.

학의 도덕적인 측면이 문학적 질에 우선하고 문학성을 표출하는 데 방해요소로 작용한다.

이에 반해 앞서 다룬 두 청소년 문학작품은 주제적인 측면뿐만 아니라, 문학미학적인 측면에서도 이주 노동자 자녀의 다문화적 문제점을 심층적으로 다루고 있다. 김재영의 『코끼리』는 상당한 수준의 문학작품으로 평가되고 현대문학 전공자들에 의해서도 높게 평가받는 편이다. 『코끼리』에는 희생자와 조력자의 전형적인 구도가 깨지고 지배사회의 문화와 낯선 타 문화를 동시적으로 비판하는 이중적인 시각이 형상화되어 있다.

김재영의 『코끼리』가 외적인 문화적 갈등을 비판적인 시각에서 서술하고 있다면, 김려령의 『완득이』는 주인공의 내적인 발전을 긍정적으로 그리고 위트 있게 그리고 있다. 청소년 독자는 코시안 주인공 완득이에게 호감을 느끼고 삶에 대한 긍정적인 의지와 열정을 배울 수 있다. 자아와 타자가 서로 배우면서 자국문화와 타 문화 사이의 평화로운 상호공존도 가능하다는 점을 인식할 수 있다. 문학미학적인 기준에서 보면 김재영의 『코끼리』가 밀도 있는 문체와 다양한 상징 기법으로 『완득이』보다 더 높게 평가될 수도 있을 것이다. 그러나 『완득이』의 경우 낯선 타자와 장애인에 대한 편견과 같은 묵직한 테마를 다루면서도 긴장감 넘치고 재미있는 줄거리 전개를 보여 주며 청소년의 일상 언어를 사용함으로써 청소년 독자의 문학적 사회화에 큰 역할을 하고 있다. 즉, 이 작품은 미디어 사회를 맞이하여 청소년 독자에게 "문학을 통한 교육(Erziehung durch die Literatur)"보다 훨씬 더 중요하게 생각될 수 있는 문학적 사회화와 "문학으로 인도하는 교육(Erziehung zur Literatur)"[34]을 가능하게 하는 장점을 가지고 있는 것이다.

『완득이』를 통해 청소년 독자는 문학적 배경 지식보다는 작품에 몰입하여 주인공과 동화하여 함께 울고 웃고 호흡하면서 자신의 내면적 고민과 일상적 경험을 투사하여 비교하고 성찰할 수 있는 기회를 가질 수 있다. 그리고 무엇보다 작품이 재미있고 독서에 대한 동기부여가 커서 자발적인 독서체험이 가능하다. 이를 통해 문학작품 읽기가 청소년 독자에게 고된 작업이 아니라, 즐겁고 재미있는 정서적 향유가 될 수 있다는 점을 인식시킬 수 있는 것이다. 이렇듯 자발적인 독서체험과 정서적 향유가 가능한 문학작품은 독자의 삶과 연계될 가능성이 높다. 즉, 문학작품이 예술과 삶의 괴리를 극복하고 예술과 실제 현실을 서로 접근시켜 줌으로써 삶에 대한 직접적인 연관성을 요청하는 최근 상호문화적 문학교육의 시급한 과제가 실현될 수 있는 것이다.[35] 이러한 의미에서 국내 아동 청소년 문학의 창작은 앞으로도 문학적 질과 재미를 동시에 추구하면서 다문화 사회에 대한 아동 및 청소년 독자의 비판적 성찰을 이끌어 내고 구체적인 실제 삶과의 연관성을 지향하는 방향으로 전개되어야 할 것이다.

34 김정용 (2011), 191.

35 Gansel (2001), 319.

3. 독일의 상호문화적 아동 청소년 문학

1) 공감을 통한 낯섦의 극복: 페터 헤르틀링의 『벤은 안나를 사랑해』 분석

(1) 들어가는 말

1960년대 독일 내 외국인 노동자 이주로 독일은 다문화 사회가 되어 갔고 이에 병행하여 다양한 문화권의 갈등과 소통 및 타자이해는 사회적 현실에서뿐만 아니라 문학작품에서도 중요한 화두로 등장했다. 현재 다문화 사회의 사회문화적 현상에 민감한 반응을 보이는 문학작품 연구에서도 낯섦의 이해와 극복, 상호문화성이 자주 언급되는 것은 어쩌면 당연한 현상이라고 볼 수 있다.

레스코벡은 넓은 의미에서의 상호문화성을 다양한 문화의 만남상황에서 서로 간의 이해를 목적으로 하는 인간의 행동을 표현하는 것이라 하였다.[36] 이는 상호문화성이 여러 문화의 배경을 가진 인간의 행동양식임을 의미한다. 상호문화적 문학에서의 상호문화성 역시 이와 비슷하게 상호 이해를 지향하는 '사이' 혹은 '서로'로 이해되거나, 상호문화적 소통상황에서 다양한 문화권의 참여자들이 서로 보완하는 상호적 과정으로 이해된다.[37] 상호문화성이라는 개념이 낯선 문화 사이에서의 중간적 상황이나 중첩되는 상황 속에서 서로 간의 상호작용적 과정을 의미하는 것이라면, "상이한

---

36 Leskovec (2011), 44.

37 Leskovec (2009), 60.

문화와 문학의 영향범위 속에 생겨나고 수용, 교류, 혼합 등을 통해 이 상이한 문화와 문학과 연관되어 있는 문학"을 "상호문화적 문학(interkulturelle Literatur)"이라 표현할 수 있을 것이다.[38] 이렇게 상호문화성 개념은 1980년대 이후 상호문화적 문학연구의 핵심개념이 되었고, 동시에 최근 주목되고 있는 상호문화적 문학작품을 분석하는 중요한 기본개념으로 활용되고 있다.

문학작품 속의 상호문화적 구상은 대부분 아동 및 청소년 문학 영역에서 이루어지고 있다. 아동 청소년 문학이 일반 성인 문학보다 먼저 제3세계와 이주문제에 대해 관심을 보였기 때문이다. 아동 청소년 문학을 통한 상호문화적 문학교육의 연구분야에서는 특히 하이디 뢰쉬의 역할이 크다. 그녀는 다양한 사고, 삶, 행위방식이 세계적으로 위계적으로 대립되어 있다고 진단하며 특히 아동 청소년 문학을 통한 상호문화적 이해를 지속적으로 주장한다. 아울러 문학작품의 창작 역시 과거 자국문학 위주의 민족적 시학을 극복하고 낯섦, 혼종성, 탈중심주의적 가치를 그려내는 다양성의 시학으로 발전되어야 하며, 다중언어와 상호문화성이 문학작품과 문학교육의 새로운 패러다임 형성에 핵심적인 요인으로 작용해야 한다고 주장한다.[39]

이러한 상호문화적 문학연구와 상호문화적 문학교육에서 핵심적인 논의 대상이 되는 것은 낯섦의 문제이다. '낯설다'는 것은 보통 경험해 보지 않은 미지의 상황이나 친숙하지 않은 환경에서 느껴지

38 Esselborn, 10.

39 Wintersteiner (2006b), 59.

는 감정이다. 그렇기 때문에 낯선 것은 우선적으로 두려움과 불안의 대상으로 다가오는 것이 일반적이다. 그러나 낯선 것은 동시에 호기심의 대상이자 자명함과 친숙함을 깨는 계기가 되기 때문에 우리의 고착화된 사고와 경험을 뛰어넘어 지평의 확대와 풍요로움으로 다가올 수도 있다. 이러한 낯선 것을 이해하기 위해 "개방성, 톨레랑스, 시각의 수용 그리고 공감능력(Empathiefähigkeit)"[40]이 필요하다는 전제 아래 공감능력을 통해 아동 청소년 문학 속의 낯섦을 분석해 보고자 한다. 특히 아동 청소년 문학의 과제는 자라나는 아동 청소년이 낯선 타자와의 만남에서 낯선 것에 대한 호기심을 갖게 하여 그에 대한 두려움과 불안을 극복하고 자신의 경험과 사고를 확대하고 풍요롭게 하는 것임은 자주 언급되는 바이다.

이 절에서는 앞선 장에서도 언급한 바 있는 헤르틀링[41]의 아동 청소년 소설 『벤은 안나를 사랑해』를 통해 낯섦을 극복하는 과정을 공감을 통해 고찰하고자 한다. 먼저 낯섦이 무엇인지 그리고 낯섦의 상황을 극복하는 공감에 대해 살펴보고, 그다음으로는 지배사회의 인물로 등장하는 독일인 벤과 이주자 자녀 안나의 관계를 통해 낯섦을 극복하는 과정을 집중적으로 다뤄보고자 한다.

---

40 Nayhauss, 20.

41 독일 내에서 페터 헤르틀링은 다양한 주제의 아동 청소년 문학 창작활동으로 30여 년간 현대 독일 아동 청소년 문학의 지평을 열고 확대한 작가로 평가받는 동시에 사회정치적 영역에서 적극적인 참여로 사회적 문제를 부각시키고 해결의 단초를 제공한 작가로 평가받고 있다.

(2) 낯섦의 극복

낯섦과 관련한 많은 용어들 중에서 타자(der Fremde)는 보통은 다른 지역에서 온 사람인 외국인을 의미하고, 낯선 곳(die Fremde)은 지형적인 의미로서 알지 못하는 미지의 먼 곳을 의미하며, 낯섦(das Fremde)은 어떤 사실적인 혹은 미지의 것, 초월적인 것을 표현한다.[42] 낯섦의 개념을 정의하기 위해 다름(das Andere), 차이(Differenzen), 상이성(Alteritäten) 등 많은 용어들이 등장하고 있으나, 상호문화적 문학연구에서는 보통 다름을 낯섦 개념과 비슷하게 사용하기도 한다.[43]

이와는 달리 하랄트 바인리히(Harald Weinrich)는 낯섦은 "필연적으로 다름에서 이어지는 것이 아니라, 다름에서 해석을 통해 비로소 생겨난다"[44]고 보고 있다. 그렇기 때문에 처음에는 낯설게 보이는 것도 나중에는 친숙한 것으로 다가올 수 있다. 낯섦은 언제나 관계, 해석의 속성이지 변하지 않는 그 자체로 존재하는 객체적인 대상이 아니며, 바라보는 주체의 시각에 따라 언제든지 변할 수 있는 속성인 것이다. 그래서 디트리히 크루셰(Dietrich Krusche)와 같은 학자는 "낯섦은 한 객체가 관찰하는 주체에 대해 갖는 속성이 아니라, 한 주체와 그의 경험 및 인식의 대상에 대한 관계다"[45]라고 판단한다. 이에 따라 낯섦은 바로 보는 주체의 인식과 해석에 따라 위험요소도 될 수 있고 풍요로움도 될 수 있다.

---

42 Leskovec (2011), 46.
43 Leskovec (2011), 47.
44 Weinrich, 197.
45 Krusche, 143.

자아와 낯선 타자와의 만남에서 낯섦을 수용하는 방식에 대해서는 여러 견해가 존재하는데, 가령 상호문화적 문학이론가인 미하엘 호프만(Michael Hofmann)은 네 가지 유형으로 정리해 놓고 있다.[46] 첫 번째 유형의 타자는 자아와 분리된 근원적인 것, 근원적인 통일체로 간주하는 것이다. 두 번째 유형에서 타자는 자아와 합일될 수 없는 반대상이다. 타자는 자아의 부정이며 고유의 것과 낯선 것에는 엄격한 분리가 존재하여 그 결과 타자는 자아에 대한 잠재적인 위협으로 받아들여진다. 세 번째 유형의 타자는 자아의 보완이며 타자경험은 자아경험을 확대하게 한다. 그러나 타자는 자아를 풍요롭게 하고 자아의 발전을 장려하는 도구적 기능만 하는 문제점이 있다. 아울러 타자에 동화되면서 자아 정체성의 경험이 상실되는 위험도 있다. 마지막으로 상호문화적 문학과 교육에서 우리가 주목하고 지향해야 할 네 번째 유형은 타자가 상호보완적으로 평가되는 것이다. 여기서는 상호적인 차이의 인정이 근본명제이고 상호적인 타자성에 대한 민감성 그리고 더 나아가 타자에 대한 존중이 상호문화적 만남의 핵심적인 태도로 요구된다. 이러한 자아와 타자의 상호작용적인 관계가 상호문화적 문학뿐만 아니라 실제 현실적 상황에서도 궁극적으로 실현되어야 할 최종의 목표임은 어쩌면 자명할 것이다.

문학작품은 낯선 타자와 낯선 경험을 다양한 시각을 갖고 유희적으로 형상화하는 예술작품이다. 그런데 문학작품은 우선 낯섦을 만나게 하고 낯섦을 친숙한 것으로 만들기 위해 낯선 상황과 처지

46 Hofmann, 26 이하.

에 정서적 공감으로 접근한다. 문학작품이 일으키는 공감은 타자가 처한 입장과 상황을 이해하고 타자의 감정에 부합하는 정서를 함께 공유하고 체험하는 것이다. 특히 아동과 청소년을 지향하는 문학작품에서는 주인공을 롤모델로 그리면서 주인공과 아동 청소년 독자의 동일화를 위해 감정이입의 서술방식이 자주 활용된다.

(3) 『벤은 안나를 사랑해』 분석

헤르틀링의 작품 『벤은 안나를 사랑해』는 공감을 통해 낯섦을 극복하고 타자를 이해하는 과정을 보여 주는 대표적인 아동 청소년 문학이다. 사실 헤르틀링이 이 작품에서 독일의 다문화 사회 문제를 적극적으로 다루고 있는 것은 아니다. 그래서 이 작품은 종종 아동 청소년의 첫사랑과 정체성 추구의 측면에서 분석되곤 한다. 그러나 헤르틀링은 어렸을 적 낯섦을 경험하고 평생 동안 낯섦과 대결하고 낯섦을 작품 속에 다양한 방식으로 형상화한 작가이다.[47]

> 난 독일에 피난민으로 왔어요. 그리고 이 지역에 새로 와서 주민들로부터 낯선 느낌을 받았죠.[48]

어렸을 적 가족과 함께 나치를 피해 피난 온 작가에게 낯섦과 아웃사이더 감정은 평생 그의 내면에 각인되었고 낯선 타자, 아웃사

47 최근에도 시리아에서 홀로 피난해 온 11세 소년의 이야기를 그린 아동 문학 『난민 소년 댜디』를 출간하였다. Härtling (2016).

48 Frankfurter Rundschau, 2011. 3. 30.

이더, 난민의 처지와 운명에 대한 공감과 연민은 그의 창작에 추동력이 되었다.[49]

또한 이 작품에서 처음 벤이 안나에게 느꼈던 낯선 감정들이 사라지고 안나를 이해하고 공감하면서 낯섦을 극복하게 되고 독자 역시 벤과 안나 내면의 심리적 상황을 동일하게 추수하면서 낯선 타자를 이해하게 된다는 점에서 이 작품은 상호문화적 아동 청소년 문학으로 판단될 수 있을 것이다. 더욱이 이 작품은 자라나는 아이들에게 "세계경험과 자아경험의 가능성"을 제공하고 "지평을 확대하고 감수성에 도움을 주고" 다문화 사회 내에서 "다원성과 다양성을 수용하고 타자와의 관대하고 편견 없는 만남을 모색하게 하는" 작품으로 평가되어 독일의 학교교육에서 자주 추천되기도 한다.[50]

a) 안나에 대한 편견

4학년 초에 벤의 학급에 안나가 전학을 왔다. 안나의 외모는 벤으로 하여금 낯선 느낌을 받게 한다.

> 안나는 모든 게 우스꽝스러웠다. 다른 아이들처럼 청바지를 입지 않고 엄청 긴 구식 원피스를 입고 있었다. 머리는 하나로 묶어 땋았는데, 길이가 너무 길었다. 얼굴은 창백하고 몸은 말랐으며 코로 숨을 거칠게 쉬고 있었다. 벤은 안나가 끔찍하다고 생각했다.[51]

---

49 Frankfurter Neue Presse, 2016. 10. 6.

50 Frederking, 94 이하.

51 Härtling (1979), 12. 이하 본문 속에 직접 인용함.

안나의 우스꽝스러운 모습에 대한 낯선 감정과 거부감은 벤 혼자만 느낀 것은 아니었다. 시간이 갈수록 안나에 대한 친구들의 태도는 더 심해져 간다.

> 카차는 안나를 역겨워했다. 안나한테서 냄새가 나고 제대로 글씨도 쓸 줄 모른다고 생각했다. (…) 베른하르트가 말했다. "폴란드어는 잘 쓰겠지." "그렇지. 그 앤 폴란드 사람이지 독일 사람이 아니야." 카차가 말했다. "분명히 폴란드에서는 살 수 없었을 거야." "그 고약한 냄새 때문이었을 거야." (13)

친구들의 적대적인 반응에 안나는 어쩔 줄 몰랐다. "이를 악물고 울음을 참으려 했지만 눈물이 뺨 위로 흘러내렸다. 몇 번이고 눈물을 훔쳐 내면서 코를 훌쩍였다"(14). 친구들의 반응이 심했던지 벤도 카차에게 "너한테서도 냄새난단 말이야"(13)라고 분노하면서 감정상의 동요를 보이기 시작한다.

고약한 냄새 때문에 쫓겨났고 독일어를 제대로 못 쓴다는 등 안나에 대한 반 아이들의 편견은 상황에 대한 정확한 지식과 인식에 근거하지 않은 잘못된 판단이자 부정적 일반화이다. 또한 이들의 편견은 자신들의 척도에 따라 다른 개인이나 집단을 판단하고 특정한 문화와 행동방식을 보이는 개인이나 개별 집단의 존재를 전혀 인정하지 않는다. 그리고 편견에 가득 찬 반 아이들에게서 다른 개인이나 집단에 대한 배려나 관용은 전혀 찾아 볼 수 없고 다른 사람에 대한 정서적 공감능력은 떨어지는 특성을 보인다.[52]

---

52 참조 Bundeszentrale für politische Bildung: Was sind Vorurteile?

안나의 슬픔을 위로해 주는 사람은 그 어느 친구도 아닌 선생님뿐이었다. 헤르틀링의 여타 작품에서 늘 그렇듯이, 이 작품에서도 "모범적인 기능을 하고 방향을 제시하는 기능을 하는 전형적인 일상 영웅의 대변인"[53]으로 자이프만 선생님이 등장한다. 헤르틀링은 자이프만을 통해 아이들의 편견을 깨려고 한다.

> 다른 도시로 이사를 하거나 전학을 가는 것은 우리 누구한테나 생길 수 있는 일이다. 처음에는 누구나 모든 게 낯선 거야. 안나는 훨씬 더 힘들 거야. 안나는 폴란드에서 태어나 그곳에서 학교를 다녔어. 학교에서는 폴란드 말만 쓰고, 집에서는 독일어와 폴란드어를 같이 썼단다. 안나 부모님은 폴란드에 살았지만 원래 독일 분들이셔. (14)

실제로 안나의 우스꽝스러운 외모와 완벽하지 못한 독일어 사용능력은 친구들에게 낯설게 느껴질 것이다. 낯선 타자를 받아들이는 반 친구들에게도 또한 낯선 세계에서 적응해야 하는 안나의 입장에서도 서로를 이해하고 어울리며 지내는 일이 그리 쉬운 일은 아니다. 이처럼 자국문화와 타 문화 사이의 만남과 접촉에서 거부 내지 혐오와 두려움은 대부분 일차적인 반응으로 나타난다. 사실적 설명을 통해 편견을 깨고 화합시키려는 선생님의 노력과 요청 역시 큰 반향을 기대하기 어려운 상황이다. 이는 상호문화적 교육과정에서 감정적인 연관 없이 타자와 타 문화에 대한 지식적 접근만으로는 부족하다는 점을 여실히 보여 준다. 왜냐하면 이러한 지식은 개

53 Brunner, 27.

별 주체에 의해 적극적으로 수용되거나 활용되지 못해서 결과적으로 의미가 없는 "태만한 지식"으로 남을 가능성이 높기 때문이다.[54]

b) 안나에 대한 공감과 사랑

새로운 곳으로 이주해서 모든 것이 낯선 안나에게 손을 내밀어 준 친구는 다름 아닌 벤이었다. 아동의 첫사랑 이야기가 이 작품의 주제라고 할 만큼 안나를 향한 벤의 사랑이 작품 속에 감성적으로 섬세하게 그려진다. 헤르틀링은 낯선 타자를 이해하고 받아들이는 과정을 그리는 데 있어서 단순한 이해를 넘어 슬픔과 아픔과 불안과 분노의 감정으로 표출되는 공감과 사랑이라는 매체를 사용하여 그 효과를 극대화시킨다. 벤은 안나의 외모가 끔찍하고 우스꽝스럽다고 생각하면서도 그녀의 슬픈 눈을 보며 불안해한다.

> 다시 한 번 안나를 훑어보았다. 그때 안나가 고개를 들고 물끄러미 벤을 쳐다보았다. 순간 벤은 움찔했다. 안나의 커다란 갈색 눈은 정말 슬퍼보였다. 벤은 여태껏 그런 눈을 한 번도 본적이 없었다. 왜 안나 눈이 그렇게 슬프게 보이는지 자기도 잘 몰랐다. 다만 누구든지 저렇게 슬픈 눈을 하면 안 된다고 생각했다. 보는 사람을 불안하게 만드니까. (12-13)

벤은 안나의 슬픈 눈 속으로 자신의 감정을 이입시킨 것이다. 안나의 슬픈 눈 때문에 자신도 슬프고 불안하다. 벤이 안나에 대해 갖는 감정이입은 정서적 측면이 강하다. 이러한 감정이입은 다른 사람

---

54 Riegger, 56.

의 감정이나 느낌에 대한 반응이며, 그 정서적 반응은 공감대상자의 그것과 부합하는 것이다.[55] 이러한 벤의 감정이입으로 안나에 대한 이해가 비로소 가능하게 된다. 작품 속에서 벤의 정서적 변화에 대한 동기나 이유는 설명되어 있지 않다. 그러나 변화의 결과는 뚜렷하게 드러난다. 안나에 대한 벤의 공감은 벤의 삶을 완전히 바꿔놓았다. 처음에 느꼈던 낯섦이 그렇게 낯설게 느껴지지 않은 것이다. 낯섦은 결국 그 자체로 존재하는 객체적인 대상이 아니라 낯섦을 대하는 주체와의 관계 속에서 변화하는 상대적인 성질의 개념이기 때문이다. 벤은 안나가 있는 학교에 가는 것이 즐거워진다. 그리고 학교에서뿐만 아니라 집에서 숙제를 할 때에도 벤의 머릿속에는 온통 안나 생각뿐이다.

안나에 대한 벤의 공감과 사랑은 안나에 대한 놀림과 무시에서 안나를 편견 없이 있는 그대로 이해하며 자신과 다른 안나의 생각과 생활방식도 너그럽게 받아들이는 것으로 변화하게 한다. 굳이 사랑에 관한 이론적 논의를 끌어들이지 않더라도 상대방에 대한 간절함과 공감 그리고 배려가 사랑의 중심적인 표현임은 우리 모두의 경험으로 아는 바이다.

> 사랑이란 현상에는 세 가지 서로 다른, 그러나 서로 긴밀하게 얽혀 있는 연계 시스템이 있는데, 그건 바로 성적인 욕망과 낭만적 매력 그리고 긴밀한 결합이다. (…) 긴밀한 결합에서 중심이 되는 감정적인 능력은 감정이입능력, 공감, 즉 다른 개인에게 이입하려는 능력, 그의 시각을 수

---

55 박성희, 55 이하.

용하려는 능력, 그리고 그의 감정을 체험하거나 함께 느끼려는 능력이다.[56]

작가 헤르틀링은 안나를 만나 느끼는 벤의 감정변화를 아주 섬세하게 작품 속에 표현한다. 벤은 안나의 외모를 보고 끔찍하다고 느꼈고 반 아이들의 지나친 조롱과 멸시에 분노했으며 안나의 슬픈 눈에 불안해했고 안나를 좋아하면서 어쩔 줄 모르면서도 즐거워했다. 그리고 안나를 좋아하고 사랑하면서부터는 안나의 감정뿐만 아니라 안나의 상황과 처지에도 공감하고 그녀를 이해하게 된다. 이렇듯 작가는 아동 청소년 문학작품을 통해 "아이들이 사랑하고 화내고 웃고 우는 데 도움을 주려고" 한다. 왜냐하면 우선 이렇게 타자에 대한 무감각에서 벗어나 다양한 감정을 직접 경험한 후 "자신의 감정을 표현할 수 있는 사람"만이 비로소 "그다음"을 할 수 있다고 생각하고 있기 때문이다.[57] 작가가 말하는 "그다음"은 아동 문학 청소년 문학작품을 읽으면서 현실로부터 도망치지 말고 현실에 질문하고 의문시하고 통찰하라는 것이다.

c) 낯섦의 이해와 극복

벤이 처음으로 안나에게서 느낀 낯선 감정은 외모 때문이었지만, 시간이 지남에 따라 그것은 크게 문제가 되지 않았다. 이미 벤은 안나의 슬픔과 처지에 감정을 이입하게 되었고 나아가 안나를 사랑

56 Röttger-Rössler, 73 이하.

57 Härtling (1989), 22.

하게 되었다. 그러나 벤은 안나네 집을 방문하면서 또다시 낯선 느낌을 경험하게 된다. 안나네 가족이 가난한 사람들이 사는 판자촌에 살고 있기 때문이었다. 안나네 집은 아주 낡아 보였고 비좁은 집에 많은 사람들이 살고 있는 모습 역시 벤에게는 한 번도 경험해 보지 못했던 낯선 상황이었다.

집으로 돌아가는 길에 벤은 "일곱 명이 한 방에서 자야만 하는 사람들도 있구나. 가난한 사람들은 그렇게 사는 거구나"(37)라고 새롭게 이해하게 된다. 낯선 타자를 통해 다른 삶의 방식을 새롭게 경험하고 이해하게 된 것이다. 그리고 두 번째 안나네 집을 방문하면서 벤은 폴란드 말과 독일 말이 뒤섞여 나오는 그 상황에서도 편안하고 포근한 분위기를 느끼며 즐거워하기까지 한다. 가난하고 어려운 상황에 있지만 즐겁고 행복하게 사는 삶도 있다는 것을 알게 된 것이다. 벤은 처음으로 문화적 환경이 다른 삶을 이해하고 그 다름을 인정한다.

> 폴란드 말과 독일 말이 마구 한데 뒤섞여 나왔다. 벤은 마음이 편안해졌고, 소란스러우면서도 즐거운 분위기가 맘에 들었다. 안나는 가난하지만 행복해. 그건 아마 안나네 식구가 다른 사람들과는 다르기 때문일 거야. (60)

벤은 이러한 시각변화로 인해 혼자서는 한 번도 걷지 않았던 길이고 판자촌과 지저분한 공터가 있는 이 좁은 길이 이제는 "샘이 나기도 하고 부럽기도"(61) 하다. 안나와 함께 걷는 이 좁은 길은 포근함과 행복과 사랑이 있는 길이다. 안나에 대한 공감과 사랑을 통해 벤은 그녀의 가족들과 생활환경에 대해 이해하게 되고 다름을 인정하기도 했지만, 안나의 엄마가 해 주신 음식을 맛있게 먹다가 그것이 내장인지 알게 되면서 또 한 번 낯섦을 경험하게 된다.

> 누르스름하고 걸쭉한 소스는 흰 고기 조각이 들어 있고 조금 신맛이 났지만 맛이 있었다. 고기 맛도 좋았다. 벤은 무슨 음식이냐고 물어볼 용기가 나지 않았다. (…) "이거 내장이야, 너 알지?" (…) 엄마는 뭐든지 요리해서 먹을 수 있지만 내장만은 아니라고 말했는데. (…) 벤은 아까보다 음식을 더 많이 받았다. 엄마 말이 늘 옳은 것은 아닐 거라고 생각하면서. (61)

분명 벤은 엄마를 통해 내장은 먹는 것이 아니라고 학습했지만, 안나네 가족을 통해 자신의 문화적 환경 속에서 각인되어 온 경험을 처음으로 의문시하고 상대화해 본다. "엄마 말이 늘 옳은 것은 아닐 거라고" 생각한 것처럼, 자신의 사고와 판단의 절대성에 의문을 갖게 된 것이다. 이렇게 타자이해는 낯선 상황에서 다른 무엇인가를 이해하는 것이며 동시에 자신의 기존 경험과 사고와 거리를 취하면서 자기 고유의 것도 새롭게 성찰하는 것을 의미한다.

> "낯설다는 것"은 창과 같은 단어일 수 있다. 창을 닫지 않고 열어 두면, 우리 고유의 것이 잘 알지 못하는 다름에 대한 조망을 가능하게 한다. 또한 역으로 외부로부터 우리 고유의 것 내부로 통찰하게 하여 우리 자신도 볼 수 없는 미지의 부분들을 찾아낸다.[58]

---

58 Utz, 433.

안나네 생활방식을 통해 경험한 낯설지만 새롭고 매혹적인 경험 때문에 벤은 "문화 간의 공통점과 연계성의 가치를 평가하는" 법을 배우게 될 뿐만 아니라 "차이점도 받아들이는" 법을 배우게 된다.[59] 아동 청소년 독자도 벤과 동일시하고 벤의 경험을 함께 공유하면서 낯선 것은 위협적일 수도 있지만 다른 한편 매혹과 풍요로움을 가져다준다는 점을 알게 될 것이다. 아울러 낯섦을 통해 매혹과 풍요로움을 경험하면서 타자와 타 문화를 이해하고 인정하는 가능성도 발견하게 되는 것이다.

(4) 나가는 말

우리는 낯섦의 문제를 공감을 통해 풀 수 있다는 점을 헤르틀링의 작품 『벤은 안나를 사랑해』를 통해 살펴보았다. 작가는 우선 작품 속의 다양한 감정 표현을 통해 아동 청소년이 갖는 감정이 단지 자신만의 것이 아니라 대부분의 아동 청소년들이 성장하면서 겪는 공통의 감정임을 일깨운다. 아울러 타자에 대한 슬픔과 불안, 타자의 부당한 대우에 대한 분노 등의 감정이 우선적으로 표현된 다음에야 비로소 타자에 대한 이해와 태도변화가 가능하다는 점을 보여준다. 문학작품은 이렇게 공감을 통해 타자의 낯선 감정과 입장을 이해하는 데 중요한 역할을 한다. 문학작품의 공감적 기능을 통해 타자에 대한 "오해와 몰이해를 제거하고, 타자를 이해하고 수용"[60] 하게 되는 것이다.

59 Brunner, 23.

60 Luchtenberg, 178.

작품 속의 주인공 벤은 또한 다른 사람에 대해 마음을 열고 그 사람의 처지와 감정에 감정이입하면서 그 사람의 시각에서 세상을 바라보게 된다. 낯선 세계로 다가가 낯선 상황들을 이해하기 시작하고 자신이 갖고 있던 시각을 상대화하면서 시각의 변화를 경험한 것이다. 어느 정도 벤의 시각변화가 보이기는 하지만 사실 그 변화는 미미하다. 또한 낯선 타자에 대한 두려움은 타자의 매력을 통해 극복되거나 풍요로움으로 전환될 수 있지만, 이 작품에는 타자의 매력보다는 낯선 타자에 대한 동정과 감정이입 그리고 사랑의 감정을 부각시키는 측면이 강하다. 이런 의미에서 작가는 아동들로 하여금 현실 속의 사회적 관계를 알게 하고 성찰을 유도하지만, "좋은 의도에서 조화를 추구한다. 그리고 차이와 다양성을 너무 성급히 균등하게 만들어 버린다"[61]는 비판을 받기도 한다.

한편 시각변화와 관련하여 벤의 시각이 주를 이루고, 이주자녀인 안나의 시선으로 바라보는 독일과 독일인의 모습은 묘사되지 않는다는 점은 아쉽다. 작품의 처음부터 끝까지 벤의 시선으로 낯선 타자인 안나를 바라보는 것이지 벤과 지배사회에 대한 안나의 시각은 거의 드러나지 않는다. 안나는 벤과 함께 작품의 주인공이지만 주로 "독일인에게 낯선 생활방식에 대한 정보를 제공하는"[62] 역할에만 집중되어 있는 편이다. 이는 독자로 하여금 소수자에 대한 정보를 제공하고 그들을 공감하고 이해하게 하려는 작가의 의도에서 비롯된다. 그 결과 작품 속에서 안나는 벤을 비롯한 지배사회의 학

---

61 Rösch (2000), 89.

62 Rösch (2006a), 97.

생들에게 가난하고 불쌍하고 열등하며 도움이 필요한 존재로 인식된다. 미약하나마 지배사회의 고유 문화를 비판적으로 성찰하려고 하고 상대화하려는 시도가 간간히 등장한다. 그러나 전체적인 맥락에서 보면 타자, 타 문화에 초점이 맞춰져 있어서 타자를 통해 고유의 것을 바라보고 성찰하는 계기가 이 작품 속에는 지배적으로 실현되어 있지 않은 편이다. 이러한 상황 속에서 다양한 문화의 만남은 "확고한 특성을 지닌 다양한 문화적 현상의 조우"일 뿐이어서 "진정한 만남"으로 이어지지 않고 "확고한 특성들의 증가"로만 귀결된다.[63]

또한 지배사회의 문화와 시각을 만난 소수자 자녀의 자아성찰이나 시각변화는 전혀 드러나 있지 않고 있다. 가령 안나가 이주자로서 독일에서 살아갈 때의 어려움이나 생각들이 직접적으로는 등장하지 않으며 안나가 벤과의 만남 이후 어떤 시각의 변화를 겪게 되었는지 전혀 드러나지 않는다. 그리고 안나가 다시 낯선 도시에 가서 또 어떤 경험과 감정을 갖게 될지 추측만 가능할 뿐이며 그 결과 지배사회에 대한 안나의 생각과 시각이 어떠한지 독자는 알 수 없다. 작품 속의 타자와 낯선 요소들이 온전히 지배사회의 고유의 것에 완전히 함몰되어 스스로의 존재를 상실해 버린 것이다. 즉, 앞서 언급한 호프만의 자아와 타자의 관계설정에 대한 네 가지 유형에 따르면 자아는 타자의 경험을 통해 자신의 고유 경험을 확대할 수는 있지만, 자아와 타자의 상호보완적·상호작용적 관계로까지는 발전하지 못한 것이다.

63 Hofmann, 11.

그러나 작가 스스로가 "누구나 하모니를 원하고 해피엔딩을 원하는 경향이 있지만 마지막 물음표가 계속적인 사고를 하도록 자극을 주는 글을 써야"[64] 한다고 언급했듯이, 그는 의도적으로 결말을 열어 놓는다. 이 열린 결말이 이후의 이야기가 어떻게 전개될 것인지 독자의 상상력과 사고를 자극시키고 있듯이, 장차 지배사회의 자국민과 낯선 타자와의 관계는 독자의 상상력과 바람 그리고 실천에 따라 여러 가지 모습으로 전개될 것이다.

2) 독일의 아동 청소년 문학에 나타난 상호문화적 특성: 카롤린 필립스의 『커피우유와 소보로빵』과 딜렉 잡츠올루의 『별을 잡아먹는 달』을 중심으로

(1) 들어가는 말

다양한 민족과 문화가 혼재되어 살아가고 있는 현재 사회에서 다문화는 이제 더 이상 낯선 단어가 아니다. 그러나 단일민족에 대한 의식이 강한 우리 사회가 다문화 또는 다문화 사회라는 말에 대해 여전히 거부감을 갖거나 이질감을 느끼는 것 역시 간과할 수 없는 상황이기도 하다.

따라서 우리와 다른 다양한 문화권의 사람들에게 이질감이나 거부감을 느끼기보다는 낯선 타자와 타 문화를 이해하고 상호 간의 공동작용을 통해 타자와 타 문화를 풍요의 기회로 전환하는 상호문화적인 교육이 절실히 필요하다. 상호문화교육은 자아와 타자의 관

---

64 Härtling (1989), 22.

계 속에서 서로를 바라보는 의식과 태도, 시각의 변화를 목적으로 한다. 즉, 상호문화교육은 지식습득이나 이벤트가 아니라 자신의 시각을 상대화하고 변화시키려고 하는 자세의 문제인 것이다. 대부분의 사람들은 "자신의 시각을 정상적이고 당연하게 생각하면서 타자를 자신만의 척도로 재단하려는 위험"[65] 속에 있기 때문이다. 그러므로 상호문화교육은 이러한 고유 시각이 갖는 민족중심주의적·반민주주의적 위험에서 벗어나게 해서 타자를 자신만의 판단기준으로 측정하는 것이 아니라, 타자의 타당한 낯선 시각을 통해 자신의 고유의 것도 점검해 보는 태도를 신장하는 것을 의미한다.

앞서 살펴본 바와 같이 이러한 상호문화적 교육을 위한 매개체로서는 문학작품이 적절하다. 특히 외국 문학작품을 통해 타자와 타문화를 이해하는 것은 낯선 타국의 문화나 생활방식에 관한 지식이나 정보를 전달해 줄 뿐만 아니라 공감과 시각변화와 같은 능력을 형성해 주기 때문이다. 그러나 국내에서는 아직까지 문학 텍스트를 활용하여 공감능력을 함양하고 시각의 변화를 도모하는 상호문화적 교육이 활발하게 이루어지지 않고 있는 실정이다.

상호문화적 교육에서 문학 텍스트의 활용이 적합한 이유를 좀 더 살펴보면 다음과 같다.[66] 첫째, 문학 텍스트는 허구적인 개별적 운명을 명료하고 구체적으로 보여 주면서 낯선 삶의 방식, 가치, 규범, 세계관을 전달해 준다. 허구적 텍스트는 등장인물의 의식과 사고를 묘사하기 때문에, 독자는 다른 사람들의 생각과 감정을 이해

65 Krüger-Potratz, 30 이하.

66 Nünning, 132 이하.

하고 공감하게 된다. 둘째, 문학 텍스트는 작가와 서술자 그리고 등장인물의 다양한 시각을 갖고 인물과 상황을 묘사하고 있어 독자는 현실적인 경험에서 접할 수 없는 다른 시각과 만남에 대해 민감해지게 된다. 셋째, 독자는 독서의 과정에서 허구적인 세계의 다양한 시각을 수용하고 자신의 시각을 상대화하며 조정하게 된다. 즉, 문학 텍스트를 통해 독자는 다양한 시각으로 낯선 세계를 바라볼 수 있게 되면서 시각의 변화를 갖게 되는 것이다. 마지막으로 타자와 타 문화 경험의 시뮬레이션으로서의 문학은 중요한 의미를 지니는데, 문학은 이런 실험적·유희적·시뮬레이션적인 방법으로 타자성과 상호문화성을 경험하게 하고 이런 경험을 미리 연습시킴으로써 문화적 차이가 충돌과 폭력으로 확대되지 않도록 도움을 준다.[67]

(2) 작품에 나타나는 상호문화적 특성과 경향

앞의 논의를 바탕으로 이 절에서는 독일의 아동 청소년 문학작품인 카롤린 필립스의 『커피우유와 소보로빵』과 딜렉 잡츠올루의 『별을 잡아먹는 달』을 비교 분석해 보고자 한다. 사람의 마음을 감동시켜야 세상을 변화시킬 수 있다고 믿고 있는 필립스는 김나지움 교사로 활동하고 있으며 남편은 베트남 출신이다. 그녀는 외국인 노동자, 장애인, 에이즈 환자 등 소외받는 사람들의 이야기를 다룬 아동 청소년 문학 창작에 깊은 관심을 갖고 있으며 상호문화적 테마를 다룬 『커피우유와 소보로빵』으로 2000년 "유네스코 평화와 관용상"을 수상하였다. 이 작품은 20여 국가의 언어로 번역되어 전 세계

67 Hofmann, 55 이하.

적인 성공을 거두었다. 독일에서 이 작품은 전문적인 문학연구의 분석대상이기보다는 학교현장에서 작가의 독회, 독서퀴즈, 역할극, 노래, 만화 그리기, 플래카드 만들기 등 상호문화학습을 위한 다양한 독서 프로젝트의 대상으로 활용되고 있는 편이다.

터키 출신의 이주작가인 잡츠올루는 이스탄불에서 태어나 함부르크로 이주해 작가와 번역자 그리고 언론인으로 활동하고 있다. 그녀의 첫 번째 청소년 소설인 『별을 잡아먹는 달』은 이주와 통합, 다문화적 정체성, 세대 간의 갈등, 인종주의적 편견과 상호문화성의 테마를 복합적으로 다루고 있다. 19세의 청소년 주인공 외메르의 서술을 통해 아버지의 인생을 성찰하는 이 소설은 청소년 독자와 성인 독자 각각에 독자적인 방식으로 다가가는 다중지향적 청소년 문학작품으로 읽혀지고 있다. 1999년 이 작품은 아동 청소년에게 톨레랑스와 시민용기를 장려하는 "아동 청소년 도서를 위한 구스타브 하이네만 평화상(Gustav-Heinemann-Friedenspreis für Kinder- und Jugendbücher)"을 수상하였다.

이 절에서 『커피우유와 소보로빵』과 『별을 잡아먹는 달』을 비교분석의 대상으로 선정한 이유는 뢰쉬가 언급한 아동 청소년 문학의 미학적 측면, 교육적 측면, 독자 측면이라는 세 가지 측면을 고려하고 있는 작품으로 판단되기 때문이다.[68] 뢰쉬에 따르면 미학적 측면은 작품의 문체적·언어적·형식적 형상화를 통해 드러나고, 교육적 측면은 작품의 테마나 줄거리 전개 그리고 등장인물 간의 관계를 통해 결정되며, 마지막으로 독자 측면은 작품에 대한 독자의 수용방

68 Rösch (2006a), 94.

식으로 표출된다. 이러한 토대 위에 뢰쉬는 상호문화적인 아동 청소년 문학의 분석 내지 평가 기준으로 다음과 같은 틀을 제시하고 있다.[69]

-자신과 타자를 인지하는 이중의 시각

-시각변화를 가능하게 하는 인종적 다중 시각

-인종주의적 논증모형의 차단과 지배문화와의 비판적 대결

-동화와 해방의 긴장관계에 대한 성찰 및 차이와 다양성의 관계에 대한 성찰

-상호문화적 소통 장려

-도큐먼트적 서술이 아닌 문학적 서술방식 장려

또한 아글라이아 블리오우미(Aglaia Blioumi)는 상호문화적인 잠재성에 따라 문학 텍스트의 특징을 이중시각과 역동적인 문화 개념, 자기비판, 그리고 혼종성으로 나누어 언급했다.[70] 이중시각은 자아와 타자를 다양한 시각에서 묘사하는 것을 의미하고, 역동적인 문화 개념은 문화 형성에서 지속적인 변화와 과정을 수용하며 문화의 민족주의적 속성을 거부한다. 자기비판은 개인이나 자국문화에 대한 친숙한 모형, 인지, 평가, 행위, 실제 등을 의문시하고 상대화하는 것을 의미하며, 혼종성은 단일문화적 정체성에 대해 반대하고 개인과 그룹 정체성의 혼종과 집단 내 다양한 삶의 공동체를 인정하며

69 Rösch (2006a), 102.

70 Blioumi (2002), 31.

민족 내에 다양한 문화의 공존과 상호작용을 지향하는 것이다.

이 두 연구자의 의견을 토대로 아동 청소년 문학의 상호문화적 경향과 특성을 고찰하는 분석의 틀을 다음과 같이 정리해 볼 수 있다.[71]

1) 다문화적 관점이 내재되어 있는가? 즉, 내국인의 시각과 이주자의 시각이 혼용되어 있는가?
2) 지배문화에 대한 비판이 그려져 있는가? 아니면 내국인의 시각에서 타자, 타 문화에 대한 동정심과 호기심만 가득한 "조력자 신드롬"을 그리고 있는가?
3) 작품이 이주문제, 문화갈등 등에 대한 교육적 접근만 허락하는가? 혹은 문학적·미학적 차원에서 다양한 문학적 기법(상징, 비유, 서술기법, 결말 등)을 형상화하고 있는가?

다음에서는 이 세 가지 분석의 틀을 토대로 『커피우유와 소보로빵』과 『별을 잡아먹는 달』에 나타나는 상호문화적인 특징과 경향을 분석해 보고자 한다.

a) 다문화적 관점-내국인과 이주자의 시각 혼용

상호문화적인 아동 청소년 문학에 등장하는 인물들은 다양한 관점에서 묘사된다. 즉, 내국인과 이주자라는 두 가지 관점을 드러냄으로써 서로의 시각을 비교하고 이를 통해 각자의 시각을 상대화하

71 김정용 (2011), 136 이하.

고 수정할 수 있는 여지가 문학적으로 형상화되어 있는 것이다. 『커피우유와 소보로빵』과 『별을 잡아먹는 달』에서도 독일인인 내국인의 시각과 독일로 이주 온 이주자의 시각이 혼재되어 나타나고 있다. 아울러 내국인뿐만 아니라 이주자의 측면에서도 이주해 온 성인의 관점과 독일에서 태어난 이주 자녀의 관점이 다양하게 나타난다.

『커피우유와 소보로빵』에서 내국인 자녀의 반응은 열 살의 샘이 전학 온 날의 반 분위기를 통해 드러난다. 타 문화권의 이주자 자녀를 바라보는 그들의 시각은 외적인 낯섦에 집중된 호기심과 냉소적 눈빛이다.

> 반 아이들은 샘을 보자, 순간적으로 조용해졌다. 샘은 이런 상황에 부딪힐 때면 매번 불안했다. 어디든지 그가 처음 가는 곳에서는 모두 이렇게 호기심이 가득한 눈길로 쳐다보곤 했다. 샘은 아이들이 지금 무슨 생각을 하는지 아이들의 눈빛을 읽을 수 있었다. "도대체 재는 어디에서 온 거야?" 그리고 "여기서 뭘 하겠다는 거야?"[72]

이러한 내국인의 시각을 보여 주고 있는 대표적인 등장인물은 주인공 샘의 학급 친구 보리스다. 보리스는 독일에서 태어난 백인 소년이다. 그의 판단기준에 벗어나는 사람은 모두 비정상으로 간주된다.

> "너, 어디에서 왔다고?" (…) "에센에서 왔어." "야, 거짓말하지 마. 우리

72 Philipps, 52. 이하 본문 속에 직접 인용함.

삼촌이 에센에 사는데, 아주 정상적으로 생겼단 말이야." 반 아이들이 모두 웃었다. (53)

나와 우리의 경계 밖에 있는 샘과 같은 이주자 자녀는 외적인 모습에만 한정된 단순한 레토릭과 일괄적인 판단기준으로 낙인찍히고 추방된다. 그런데 이처럼 낯선 것과 낯선 타자에 대한 거부감과 비하는 불안감을 억제하려는 표현으로 이해될 수 있다. 왜냐하면 개인은 새로운 것, 낯선 것이 자신의 지식과 자신의 생활방식을 의문시하는 것을 회피하려는 속성을 갖고 있으며 특히 자신의 기존 가치질서를 유지하기 위해 우월감과 정상이라는 판단기준에 기대 낯선 타자를 비정상으로 비하하기 때문이다.[73]

내국인 자녀들이 거리낌 없이 드러내는 타자에 대한 거부감과 비하하는 태도는 내국인 성인의 의식과 태도와 일맥상통한다. 가정과 학교 그리고 다양한 매체를 통해 성인의 생각과 판단이 자라나는 자녀 세대에 직접적인 영향을 미친다는 점은 이미 널리 알려져 있다. 타자에 대한 성인의 시각은 보리스 아빠와 그의 동료들을 통해 살펴볼 수 있다. 작품은 외국인들의 이주를 반대하는 일부 독일인들이 이주자들의 아파트를 돌과 화염병으로 위협하는 사건으로 시작한다. 이 사건에 대해 보리스 아빠와 그의 동료들이 나누는 대화 가운데 내국인 성인들의 시각을 엿볼 수 있다.

아프리카, 폴란드, 러시아, 스리랑카에서 오는 사람들로 우리나라가 넘

73 Gieß-Stüber, 70.

치고 있는 상황을 더 이상 방치할 수는 없어." 한 사람이 이렇게 말하자, 다른 사람도 동의했다. "맞아, 어느 도시구역만 해도 이스탄불에 와 있는 것처럼 생각되는 거리가 있지. 여자들은 모두 히잡을 쓰고 있고, 터키 상점들은 많고, 남자들은 어두운 눈빛으로 다니지. 우리 집사람은 그 거리를 지나가기가 싫어서 돌아서 가는 게 낫다고 하더군." (…) "우리 아들네 반에는 사십 퍼센트가 외국 아이들이래. 이러니 아이들이 어떻게 국어를 똑바로 배울 수 있겠나? (81-82)

아이들은 어릴 적부터 부모와 학교 친구 그리고 다양한 매체를 통해 다른 집단과 그 소속원에 대한 편견을 경험하고 수용하게 된다. 결국 타자와 타 문화에 대한 보리스와 학우들의 편견과 차별은 상당 부분 부모로부터 여과 없이 주입되어 이들의 내면에 아무런 검증이나 성찰도 없이 내재화되어 있다고 볼 수 있다. 외국인에게 적대적인 보리스 아빠에게 샘이, 더구나 아프리카에서 온 샘이 아들 보리스보다 독일어 작문을 더 잘한다는 사실은 충격적이며 도저히 받아들일 수 없다. 보리스 아빠는 당연하고 자명한 것에 대해 다르게 생각하거나 의문시해 본 적이 한 번도 없었던 것이다. 샘에 대한 보리스의 비하나 우월의식 역시 당연하게 여겨졌던 부모의 편견으로 인해 무의식적으로 주입된 결과이다.

어떻게 그 애가 너보다 국어를 잘 할 수 있지? 학부모회의 때 걔네 부모를 봤는데 아프리카 사람들이더구나. 그 애가 어떻게 너보다 작문 성적이 나을 수 있단 말이냐? (67-68)

다음으로 작품 속에서 이주자의 시각을 보여 주고 있는 등장인물은 바로 주인공인 샘이다. 샘은 아프리카 에리트레아에서 정치적인 문제로 독일로 망명 온 부모님을 두고 있는 소년이다. 샘은 부모님과는 달리 독일에서 태어나 독일어와 독일 문화 속에서 자란 독일인 소년이지만, 갈색 피부와 아프리카 출신의 부모님 때문에 보리스와 그의 친구들로부터 인종차별적인 놀림을 받는다. 자신의 피부색에 빗댄 커피우유라는 조롱에 샘은 소심하게 보리스를 보고 소보로빵이라고 혼잣말로 내뱉을 뿐이다.

그러나 샘은 백인인 독일인이나 유럽인들과 피부색만 다를 뿐 그의 내면과 정체성은 독일인 그 자체이다. 그러나 이주자에 대한 방화 사건이 일어나면서부터 그는 이곳에도 저곳에도 속하지 못하는 낯선 상황 속에 더욱 혼란스럽기만 하다. 이주자 자녀들이 독일에 거주하고 독일어를 완벽하게 사용하면서도 인종과 피부색 때문에 차별과 모멸을 받으면서 이곳과 저곳 사이에서 정체성 혼란을 겪게 되는 상황이 샘을 통해서도 온전히 투영되고 있는 것이다. "나는 어디서 왔고, 어디에 속하는가? 나는 누구인가?"의 물음은 모든 이주자 자녀가 겪는 공통적인 문제이다.

> 그럼 나는요? 내 고향은 어디예요? 나는 대체 어디에 속하는 거예요?" (…) 샘은 여기에 속한다. 늘 그렇게 생각해 왔다. 그가 달리 어디 속할 데가 있겠느냔 말이다. (61)

그러나 샘과는 달리 독일로 이주해 온 1세대 이주자 부모에게는 독일은 처음부터 낯선 곳이다. 이들은 언어적 소통의 어려움에도 불구하고 경제적 이유 때문에 낯선 타향에서 차별과 멸시를 인내하면서 생활해 왔기 때문에, 정체성에 대한 혼란도 없고 고향으로 돌아가야 한다는 뚜렷한 확신을 갖고 있다.

이처럼 독일 사회와 독일 사람들을 바라보는 시각은 직접 이주해 온 부모 세대와 독일에서 태어나고 자란 이주자 자녀 사이에도 서로 다르다는 점을 알 수 있다. 두 세대의 정체성도 다르고 현재 소속되어 있는 지배문화에 대한 생각도 다르다는 것이다. 이를 통해 독자는 이주자의 시각 내에서도 세대 간의 차이에 따른 또 다른 다양한 시각과 만나게 된다.

『별을 잡아먹는 달』도 이주 노동자 부모와 독일에서 성장한 이주자 자녀 그리고 이주자를 바라보는 독일 내국인 등 다양한 등장인물의 관점을 통해 장벽 붕괴 후 이주와 통합에 관한 독일 사회의 단면을 다층적으로 그려내고 있다. 우선 과거 이주문제를 다룬 독일 작가들의 작품에서처럼 이주자 작가들의 작품에서도 지배사회인 독일과 이주자 국가를 서로 관련지어 비교하는 이분법적인 관찰방식은 어김없이 등장한다. 『별을 잡아먹는 달』에서 주인공 외메르는 터키 숲과 독일 나무를 서로 비교하면서 두 민족의 속성과 연계시킨다. 주인공이 생각하는 터키 숲의 나무들은 가지들이 서로 뒤엉켜 있어 마치 서로 이야기를 나누며 포옹하고 위로하면서 서로가 사랑하는 것처럼 보인다.[74] 반면에 하늘 위로 치솟아 있는 독일 나무는 이웃과의 정다운 관계를 만들기보다는 개인의 사적인 영역에만 관

74 Zaptcioglu, 121. 이하 본문 속에 직접 인용함.

심을 보이는 독일인의 특성을 드러내 보이는 것 같다.[75] 이러한 독일인과 터키인의 이미지에 대한 이분법적인 관점은 감사와 용서에 관한 독일인과 이주 외국인 사이의 지극히 일상적인 관계에서도 다시 한 번 등장한다.

> 사람들이 독일인에게 도움을 주었더라도 오히려 그들에게 감사해야 하는 상황을 독일인들은 만들어 내지. 그들은 아무렇지도 않게 생각해. 그들은 상황을 교묘하게 뒤집어서 사람들이 결국 그들에게 고마워해야 해. 거꾸로 독일인이 잘못을 했더라도 사람들은 그들에게 용서를 구해야만 한다는 생각이 들어. (111)

다소 과장되고 이분법적인 사고방식이지만, 독일인과의 일상생활에서 어느 상황이든 감사하고 용서를 구하는 일은 외국인 몫이라는 생각은 낯선 지배사회에서 당당하지 못하고 힘 있는 사람의 눈치를 봐야 하는 이주자 삶의 비애를 전적으로 보여 주고 있는 것이다.

이 작품에서 이주자를 바라보는 내국인의 관점은 주인공이 다니는 김나지움의 독일인 선생님을 통해 제시된다. 주인공 외메르는 독일에서 성장해서 독일과 터키 양쪽의 문화와 규범에 완벽하게 적응하고 김나지움을 다니면서 대학에서 법학을 전공하려는 실력 있는 학생이다. 그러나 독일인 교사는 독일 사회에서의 외메르의 존재를 여전히 낯선 타자로 규정하고 이방인으로서의 배경을 강조한다.

75 권오현 (2008), 220.

어쨌든 넌 여기서 살고 있잖아. 그러니 확실한 건 우리한테서 아비투어를 따기 전에 먼저 독일 역사에 대해 알고 있어야만 해. (46)

낯선 타자인 외메르는 자신의 정체성과 문화적 가치를 모두 던져버리고 마치 독일 지배사회에 완벽한 동화를 강요받는 듯하다. 그리고 외메르가 신나치주의자들이 아버지 사고의 원인이었다고 의심하자 독일 역사에서 나치의 존재를 부인하는 교사는 신나치주의자들과 유사하게 책임을 회피하고 전가하는 비슷한 주장을 한다.

어쨌든 모든 방화를 독일인이 한 게 아니었잖니? 난 왜 우리가 매번 곧바로 우리 자신을 책망해야만 하는지 모르겠구나. (46)

그러나 작품에 등장하는 대부분의 이주자 2세 자녀들은 그룹을 구분 짓고 경계를 나누는 배타적인 시각을 지양한다. 독일에서 자란 이들에게는 인종과 피부에 따라 독일인인지 독일인이 아닌지 구분하는 것이 중요하지 않다. 이주자든 독일인이든 개개인이 중요하고 친구가 중요한 것이다. 주인공 역시 다양한 이주배경을 지닌 친구도 있고 독일 친구도 있다. 그의 관심은 오직 "우리가 친구인지 아닌지"(131)이다. 주인공의 친구 케난(Kenan) 역시 비슷한 생각을 갖고 있다. 의사인 터키 출신 아버지와 독일인 어머니를 두고 있는 케난은 집에서는 독일어만 사용하고 독일 사회에서 성공하려는 야망 있는 인물이다.

누가 터키인이고 누가 아랍인이고 독일인인지 도대체 누가 결정한단 말

> 이야? (…) 카레트와 타하는 둘 다 독일 여권을 갖고 있어. 얘들이 아직 아랍어를 할 수 있는지 물어 봐! 난 지금까지 한 번도 터키에 가 보지 않았지만 두 개의 여권을 갖고 있어. (…) 내 말은 우리 모두는 일종의 섞인 존재라는 거야, 안 그래? (129)

이들 이주자 자녀에게는 인종적·문화적 대립과 구분이 없다. 개개인의 독특한 개성과 내면적 정체성의 차이만 있을 뿐이지 자국민과 이주자 사이에 경계를 나누는 구분과 헤게모니적 차별은 없다. 이들은 독일과 자신들의 출신국가 그리고 다른 친구들의 문화권 속에 동시에 살면서 다양한 문화적 규범과 가치를 경험하고 연결하며 자신들만의 독특한 문화와 정체성을 발전시켜 왔다. 우리 집단과 낯선 타자라는 전통적인 구분과 경계가 소멸된 정체성의 혼종성을 보여 주는 것이다. 문화의 침투와 섞임 그리고 혼종을 강조하는 초문화적 사회의 주인공은 "문화적 혼혈(kulturelle Mischlinge)"[76]이라고 언급한 벨쉬의 이론적 모델이 작품 속의 이주자 자녀를 통해 구체화된 것이다. 작가는 이런 정체성의 혼종성을 특성으로 하는 "섞인 존재"가 다문화 사회 속에서 미래를 개척하는 주역임을 확신한다.

> 언젠가 우리는 다문화주의에 관한 모든 논의에 대해 웃을 날이 올 겁니다. 이것이냐 저것이냐가 중요하지 않습니다. 이 사회에서 자란 젊은이들은 이 삶도 저 삶도 살아갈 겁니다. 자신의 문화나 언어를 독점적으로

---

76 Welsch, 72.

고집하는 사람은 오늘날 이미 고물이 된 거나 마찬가지입니다.[77]

이상과 같이 『커피우유와 소보로빵』과 『별을 잡아먹는 달』은 이주자 자녀를 비롯한 아이들의 관점과 부모, 교사, 그 밖의 여러 성인들의 관점을 통해 독일 사회 내 이주와 통합 문제를 그려내고 있다. 이처럼 여러 층의 독자가 읽을 수 있는 "다중지향적 청소년 문학(mehrfachadressierte Jugendliteratur)" 혹은 "크로스오버 문학(Crossover Literatur)"으로 평가되는 이 작품들에서는 성인의 역할과 아동 청소년 독자의 역할이 서로 다르게 나타난다.[78] 이들은 각각 자신의 선지식과 기대지평에 의지하여 독자적인 독서방식으로 동일한 작품을 읽어 내는 것이다. 성인과 아동 청소년의 측면에서 각각 내국인과 이주자의 다양한 관점이 작품 속에 잘 녹아들어 있어 독자는 양쪽의 다양한 시각을 접하면서 비판적인 성찰과 균형감 있는 객관적인 시각을 갖게 된다. 다양한 사고와 시각을 접한다는 것은 편협한 사고의 한계와 자기 우월적인 확신의 맹점을 극복할 수 있는 길이기 때문이다.

b) 지배문화에 대한 비판과 다르게 보기

이주자와 내국인 측면의 이중의 시각을 살펴보면서 우리는 작품 속에 지배문화에 대한 비판적 관점도 함께 엿볼 수 있다. 이주문제를 다룬 과거의 아동 청소년 문학과는 달리 최근의 상호문화적

77 Brunner, 108 이하.

78 Kümmerling-Meibauer (2012), 27 이하.

아동 청소년 문학에서는 이중시각을 통해 지배사회와 이주자 출신 국가를 비판적으로 성찰하면서 서로에 대한 자아상과 타자상을 새롭게 보게 한다.

우선 『커피우유와 소보로빵』에 등장하는 이주자 자녀 샘은 피부색으로 인한 차별 때문에 크림과 물감을 발라 하얀 피부를 가지려고 시도해 보지만 지배문화의 이중적인 태도에 대한 비판을 숨기지 않는다.

> 샘에게 피부 색깔만큼은 도저히 이해할 수 없는 문제였다. 독일에서 수많은 사람들은 한여름에 피부색을 가능한 한 진한 갈색으로 바꾸려고 시도한다. 선탠오일을 듬뿍 바른 채 긴 시간 해변에서 햇빛 아래 누워 있는 사람들이 많단 말이다. (58-59)

하얀색 피부를 오히려 갈색으로 바꾸기 위해 선탠을 하면서, 갈색 또는 까만색 피부를 갖고 있는 이주자를 혐오하는 내국인들의 이중성을 비판하고 있는 것이다. 자국민이 타 문화에 대해 질문하고 의문시하듯이 이주자 역시 지배문화에 대해 질문하고 의문시함으로써 독자는 자국민 스스로 자명하다고 받아들였던 자신의 문화와 관습에 대해 부끄러워하고 성찰하는 계기가 된다.

이 작품에는 이주자 시각에서 본 지배문화에 대한 비판과 더불어 내국인이 자신들의 지배문화를 비판하는 관점도 드러내고 있는데, 이는 학급친구인 소냐와 아이들의 담임인 핑케팡 선생님의 대화를 통해 나타난다. 외국인 이주자들에 대해 반감과 혐오감을 갖고 있는 폭도들에 의해 샘이 손에 화상을 입고 난 후, 보리스 자신은 폭력행위에 가담하지 않고 구경만 했다고 자신 있게 말하자, 소냐는 보리스의 잘못을 정확하게 지적해 준다.

> 그걸 보면서도 아무 것도 하지 않았다는 건 똑같이 나빠. (65)

핑케팡 선생님도 소냐의 말을 거들면서 반 아이들에게 그 시위를 가만히 구경만 하고 있었던 침묵하는 다수의 방관자적 태도가 왜 잘못된 것이었는지를 설명한다.

> 그냥 가만히 서서 구경만 한 사람들도 돌을 던지는 것에 반쯤은 찬성한 거야. 마음속으로는 돌을 던진 거나 마찬가지란다. 다만 실제로 던질 용기가 없었을 뿐이었던 거지. 돌을 던진 사람들도 다른 사람들이 그렇게 옆에 서서 말 없이 구경해 주었기 때문에, 그러한 만용을 부릴 수 있었던 거야. (65)

가만히 "보면서도 아무 것도 하지 않았다는 건 똑같이 나쁘다"는 소냐와 선생님의 한마디는 침묵하는 방관자적 입장을 버리고 외국인에 대한 편견과 증오에 적극적으로 맞서기를 요구한다. 이처럼 이주자 시각의 지배문화 비판을 넘어서 내국인이 자신의 지배문화를 비판하는 시각은 독자의 강한 자기성찰을 이끌어 내는 역할을 한다. 이러한 내국인의 지배문화 비판은 독자를 감정이입의 단계를 넘어 시각변화와 구체적인 실천의 단계로 나아갈 수 있게 해 준다. 아울러 상호문화적 교육은 감정이입과 시각변화의 단계를 거쳐 실제적인 일상생활에서 자국문화와 타 문화의 상호공존을 위한 실천적·연대적 행위로 실행되어야만 최종적인 목표에 다다를 수 있다는 점을 명확하게 강조하고 있는 것이다. 이 점에 관해서는 상호문화를 테마로 삼는 작가와 뉘닝과 같은 대표적인 연구자가 일치된 견해를 보인다.

> 학습자가 실제에서, 즉 실제적인 상호문화적 소통상황에서 시각변화와 시각수용의 능력을 시험하고 증명할 때 비로소 생활세계에서의 타자이해를 말할 수 있다. 학습환경에서 달성된 시각변화, 시각수용의 능력이 학습자의 실제 생활세계로 성공적으로 이행될 때에만이 타자이해의 교수법 목표가 달성되었다고 본다.[79]

작품 후반부에서 보리스는 이주자 폭행에 관한 자신의 무관심한 방관자적 태도를 비판적으로 성찰하며 점차 타자와 타 문화에 대해 마음의 문을 열고 자신의 생각과 태도를 바꾸게 된다. 샘의 집을 방문하게 되면서 보리스에게 시각의 변화가 일어나게 된 것이다. 집 안에 들어선 보리스는 우선 샘의 집이 자신의 생각과는 다르다는 사실에 놀란다.

> "너희 집도 우리 집이랑 비슷하네. 그러니까 내 말은…" "그럼 너는 뭘 기대했는데? 우리 집이 어때야 한다고 생각한 거야?" 글쎄, 정말 뭘 기대했던가? 아프리카인의 원시적인 가면이 있을 거라고? 아니면 이상한 약초 냄새가 풍길 거라고? 샘 엄마가 독일어를 할 줄 모를 거라고? (76-77)

---

79 재인용 Burwitz-Melzer, 91.

샘의 집을 방문한 보리스는 피부색과 인종은 다르더라도 결국 자신들의 생활방식과 비슷하다는 사실을 처음으로 인식하게 된다. 보리스의 입장에서 타자와 타 문화를 만나서 마음을 열고 직접 들여다보니 지금까지 비정상이라고 주입되고 판단했던 것들이 다르게 보이기 시작한 것이다.

한편 보리스는 샘 집의 창가에 서서 방화사건이 있었던 그날 그냥 구경만 하고 있었던 자신의 모습을 다시 한 번 새롭게 바라보게 된다.[80]

> "내 말은, 네가 날 봤을 때 무슨 생각을 했냐고."
>
> 샘은 어깨를 으쓱해 보였다.
>
> "아무 생각도 안 했어. 너도 다른 사람들처럼 보고 있었잖아."
>
> "하지만 내가 그때 뭔가 했어야 하지 않았을까? 여기서 보니까 모든 게 무척 다르게 느껴져." (125-126)

위 인용문에서 나타나듯이, "여기서 보니까"는 보리스가 샘의 입장에서 바라보는 시각의 변화를 구체적으로 보여 주는 표현이다. 자신의 시각에서 벗어나 다른 사람의 눈으로 바라보는 상호문화적 능력의 단계가 이루어지는 것이다. "여기서 보니까" 보리스는 이주자에 대한 방화사건 때 군중들 속에 침묵하는 방관자로 남아 있었

---

80 상호문화적 아동 청소년 문학에서 창 모티브는 종종 새롭게 보기, 다르게 보기에 중요한 역할을 한다. 예를 들어 나스린 지게의 『쉬린(*Shirin*)』(1996)에서는 테헤란에서 이주해 온 이주자 자녀인 쉬린이 종종 창가에 앉아서 그리고 안경을 통해 독일 사회와 독일 청소년의 삶을 보다 더 잘 들여다보려고 한다.

던 자신의 모습이 "무척 다르게 느껴지고" 자신의 방관자적인 태도에 수치를 느끼면서 뭔가 행동으로 보였어야 했다는 후회와 성찰을 하게 된다. 다른 사람의 시각으로 바라보자 당연하다고 생각했던 것들이 비로소 다르게 보이면서 보리스는 우월의식과 절대적 사고체계에 매몰되어 있던 자신의 시각을 변화시킬 수 있게 된 것이다. 작가는 또한 여기서 보리스와 샘의 서로 다른 시각을 통해 각자의 사고방식과 태도에 대해 돌아보고 서로를 이해하게 되면서 상호협력하는 친구 관계로 발전해 나갈 수 있는 가능성을 제시하고자 한 것이다.

『별을 잡아먹는 달』에서 지배사회에 대한 비판은 부모 세대인 이주 노동자와 독일에서 자란 이주자 자녀의 시각을 통해 이루어진다. 주인공의 아버지는 서류 위조로 독일로 이주해 온 외국인 노동자다. 그는 서류 위조로 독일에 온 것이 불법인지 모른다. 많은 터키인들이 이런 방식으로 독일에 온 것이다. 아버지처럼 독일에 온 이주 노동자들은 낯선 독일 사회에서 적응하지 못한 채 육체적 고통과 정신적 분열로 시달린다. 아버지는 고소공포증이 있는데 독일 대도시로 와 수많은 사람들이 있는 높은 빌딩에서 그 정도가 더 심해진다. 이런 낯선 대도시 사회에서 증폭되는 아버지의 고소공포증은 서로 다른 두 문화 사이에서 느끼는 낯섦과 분열, 불안을 의미한다고 볼 수 있다. 독일의 낯선 규범과 가치 속에서 아버지는 보이지 않는 존재이고 주변인이다. 이곳은 인간이 인간으로 존재하고 인정받는 곳이 아니라 모두가 노동에 의해 소외받는 로봇과 같은 존재일 뿐이다.

> 터키에는 삶이 있는데 이곳은 노동뿐이지, 이곳에서는 사람이 인간이 아니고 로봇일 뿐이야. (…) 로봇이 우릴 대체하게 될 거야. (120)

독일 사회에서 잘 적응하고 성장한 이주자 자녀 역시 모든 게 풍부하고 질서 있고 잘 정돈된 이 사회에서 뭔가 자기 자신이 아닌 것 같은 낯선 감정을 느낀다. 깨끗하고 완벽하게 보이는 이 사회의 표면 속에는 거짓과 오류와 비정상이 도사리고 있을 뿐이다.

> 모든 게 잘 작동했다. 사람들은 모든 걸 가졌고 모든 걸 알았으며 깨끗하고 질서 있게 그리고 정돈되게 살았다. 그러나 뭔가 잘못된 게 있었다. 반짝반짝 닦여진 정면 뒤에는, 완벽하게 쓰인 가면 아래에는 뭔가 진짜 같지 않은 것이, 뭔가 이해할 수 없는 것이 숨겨져 있었다. (48)

이주자 자녀의 시각에서도 이 사회에는 노동과 피로가 있을 뿐이지 여유와 생각이 없다. 이 사회에 존재하는 사람은 모두가 자기 자신과 서로에게 소외되고 있다. 에리히 프롬(Erich Fromm)이 말하는 소외와 미하엘 엔데(Michael Ende)의 『모모(*Momo*)』에 나오는 시간도둑인 회색 신사가 여전히 이 사회에 도사리고 있는 것이다.

> 이 사람들은 혼자 있을 때 무슨 생각을 했을까? (…) 그렇게 생각할 시간조차 없을 정도로 바쁜 건가? 이게 무슨 게임일까? 뭐 때문에 난 갑자기 이 게임에서 제외된 것처럼 느꼈는가? (49-50)

그러나 주인공 외메르는 자신이 태어난 곳이자 아버지의 고향인 터키 사회의 규범과 가치에 대해서도 의문을 제기한다. 아버지는 이곳 독일에서 독일 여자와 결혼해서 가정을 이룬 후 나중에 할아버지가 정해 놓은 터키 여성과 결혼할 수 없을 것이라고는 생각조차 하지 않았다. 이곳 새로운 사회의 규범과 법에 반하는 행동을 한 것이지만 아버지는 터키 사회의 전통적인 가부장적인 역할구조에서 벗어날 수 없으며 할아버지의 말을 거역하거나 할아버지와의 갈등을 견뎌낼 수 없었다. 어머니와의 결혼생활 역시 가부장적이다. 히잡을 쓰고 있는 어머니는 전형적인 터키 여성으로 묘사된다. 그녀에게는 독일 사회가 낯설고 이 사회의 새로운 규범과 가치에 한걸음도 내딛지 못한다. 그녀는 집에만 있고 일을 해서는 안 되고 외부사람과의 만남도 없다. 외부의 누구도 이 가정사에 대해서는 알지 못해야 한다. 부부 생활도 낯설다. 두 부부 사이에는 침묵과 낯섦만 있을 뿐이다. "이 둘 사이에는 낯섦이 지배했다. 저녁마다 식탁에 함께 있을 때면 짓누르는 듯한 적막감이 있을 뿐이다."(31)

작가는 그러나 다양한 등장인물의 시각을 통해 지배사회와 이주 소수자의 사회를 동시에 비판하면서도 이 두 사회에 대해 갖고 있는 기존의 전형적인 스테레오타입을 깨는 일을 잊지 않는다. 즉, 독일과 터키 사회에 갖고 있는 편견과 스테레오타입을 제시하고 동시에 깨는 이중적인 작업을 통해 독자로 하여금 타자 및 타 문화에 대한 사고를 항상 새롭게 하고 성찰할 것을 주문하고 있는 것이다. 그래서 터키 출신 이주자 작가의 이 작품은 "스테레오타입의 정체성 구도를 극복하기 위해 타 문화적 시각이 사용된 독일 문학"[81]으

81 Pohlmeier, 15.

로 평가받는다. 몇 가지 사례를 들어 보면 우선 주인공의 어머니는 유럽인들이 늘 그렇게 생각하고 있듯이 집안에만 있고 소극적이며 배우지 못한 전형적인 터키 여성으로 제시된다. 그러나 많은 유럽인들이 갖고 있는 터키 여성에 대한 스테레오타입의 이미지는 독일 사회에서 새로운 삶을 다시 사는 어머니의 적극적인 정체성 변신으로 곧바로 깨진다. 아버지가 죽자 어머니는 시민대학에서 독일어를 배우기 시작했고 더 이상 "제집에서 도둑마냥 소파나 의자 모서리에 앉지 않고 정말 정 가운데에 자리를 차지했다".(215) 이렇듯 유럽에서와 마찬가지로 터키에도 여러 타입의 여성이 있고 여성의 다양한 삶이 존재하기 때문에, 모든 여성에 대한 전체적인 판단보다 개개 여성의 삶을 세분화하는 개별적인 시각이 중요한 것이다.

또한 아버지의 죽음과 관련해서 터키계 언론과 일부 터키 시민들은 즉각적으로 스킨헤드족의 외국인 적대적 행위로 몰아가지만 작품 속에서 사건의 주범과 원인은 끝까지 밝혀지지 않고 있다. 작가에게 "스킨헤드 플러스 터키인은 곧바로 살해"(52)라는 단순한 공식 역시 깨져야 할 성질인 것이다.

마지막으로 작품 속의 공간적 배경 역시 타자 및 타 문화에 대한 편견과 스테레오타입을 깨기 위해 의도적으로 설정된다.[82] 가령 외메르와 터키 어머니가 사는 공간은 베를린의 대표적인 부유한 지역인 샤를로텐부르크에 위치하는 반면에, 독일 여성과 딸이 사는 공간은 베를린 내 터키 이주민들이 많이 사는 가난한 지역인 크로이츠베르크의 임대주택이다. 이처럼 작가는 독자의 관습적인 기대와

---

82 Pohlmeier, 112.

사고와는 확연히 다른 공간적 배경을 설정함으로써, 베를린 내 터키 이주자에 대한 독자의 편견 내지 스테레오타입이 여지없이 깨지고 전복된다.

이처럼 문학작품을 통해 편견과 고정관념을 제거하는 것은 타자의 낯선 문화에 대한 올바른 이해를 가능하게 하고 나아가 상호문화적 이해의 토대를 이루는 역할을 한다. 상호문화적 이해는 서로 다른 다양한 사고의 비교와 이해를 의미하는데, 결국 이러한 다양한 사고범주의 비교와 이해는 다르게 사고하는 사람에 대한 자신의 편견을 의식하고 자기 사고의 절대성에 대해 의문시하는 것이다.[83]

c) 작품의 문학적 형상화

상징

『커피우유와 소보로빵』에서 가장 중요한 상징은 샘의 곰인형을 꼽을 수 있을 것이다. 인형은 특히 아동 문학에서 자주 등장하는 소재로서 작품 속에서 직접 주인공이 되기도 하고 주인공과 동일화된 인물 역할을 하기도 하는데 인간의 욕구, 동경, 불안을 표현하는 경우가 많다. 특히 인형과 사람의 특별한 상호작용적 관계를 통해 이루어진 사물의 생명화와 영혼화는 아동 문학의 서술 모티브로서 중요한 역할을 한다.[84] 이 작품에서도 샘의 곰인형은 단순한 소품이라기보다는 샘의 심리적 내면이 투영된 역할로 파악될 수 있다. 방화

---

83 Schulte-Bunert, 35.

84 Fooken, 18.

사건이 있었던 날 샘은 손에 화상을 입게 되고 곰인형은 털이 검게 그을린다. 외국인에 대한 차별과 공격으로 화상을 입고 충격을 받은 샘의 마음 상태는 시커멓게 타 버린 곰인형과 같은 것이다.

쓰레기통에 버려진 곰인형을 주운 인물은 다름 아닌 보리스의 아빠였다. 보리스 아빠는 외국인의 독일 이주를 거부하고 방화사건을 지켜만 보았던 침묵하는 방관자였다. 그런 보리스 아빠가 검게 그을린 곰인형을 줍고 정성스럽게 다듬는데, 샘의 자아가 투영된 곰인형을 깨끗하게 수선하는 보리스 아빠의 행동은 타자의 상처와 아픔에 대한 내국인의 감정이입이자 수치스러운 행동에 대한 반성과 자기 성찰의 표현이다. 보리스 아빠가 익명으로 샘에게 깨끗해진 곰인형을 전달함으로써 작품 속에 내국인과 이주자, 나와 타자가 소통할 수 있다는 가능성이 다시 한 번 제시된다.

보리스 아빠의 이런 행동은 어린 독자에게는 감동을 줄 수 있다고 판단된다. 보리스 아빠는 방화사건에 대한 신문기사를 보고 깨진 창을 통해 밖을 내다보는 샘의 시선에 마음이 움직인 것이다.

> 보리스 아빠는 신문을 옆으로 밀어놓고 다시 일하기 시작했다. (…) 깨진 창문 사이로 밖을 내다보던 샘의 모습을 잊으려고 노력했다. 하지만 그럴 수 없었다. 그 애는 무슨 생각을 했을까? (82)

자신의 작품은 누구를 주인공으로 내세우든지 어떤 문제를 다루든지 톨레랑스를 옹호하며 "인간의 마음에 감동을 주어야만 세상을 변화시킬 수 있다"[85]는 작가의 믿음이 아마도 보리스 아빠의 변화된 모습을 그리게 된 동기일 것이다. 그러나 작품 전체적으로 볼 때 보리스 아빠의 시각변화와 이에 따른 행동의 변화가 작품 내에서는 급작스럽게 이루어지고 개연성 있게 서술되지 않은 편이다. 다문화 사회 내 문제와 갈등을 인권과 교육에 의도적으로 초점을 맞추어 단번에 해결하려고 하거나 자국문화와 타 문화 사이의 조화의 신드롬을 비개연적으로 주입하려는 작품의 형상화 방식이 오히려 상호문화적 아동 청소년 문학의 미학적 수준을 저하시킨 것이다.

『별을 잡아먹는 달』에서는 작품의 제목 자체가 다양의 의미로 해석될 수 있는 상징의 기능을 한다. 우선 별과 달의 모습은 터키 국기에서 찾아볼 수 있다. 터키 국기는 빨강색 배경 위에 달과 별 하나가 그려져 있다. 그러므로 작품의 제목은 이슬람이나 이슬람 국가를 상징할 수도 있다. 그러나 "별을 잡아먹는 달"이라는 표현은 작품 속에 주인공의 아버지와 딸 라일라(Laila)가 달과 별을 관찰하면서 나누는 대화를 통해 그 의미를 추측할 수 있다. 터키인 아버지와 독일인 어머니에서 태어난 딸이 아버지에게 혼혈이 무슨 의미인지를 묻자, 아버지는 "네가 이 세상의 모든 소녀보다 더 아름답다는 것을 의미한다"고 말한다. 그러나 딸은 반은 터키인, 반은 독일인으로 조롱과 멸시당하는 것이 싫어 "반쪽 상태는 좋지 않다"고 말한다. 이에 아버지는 다음과 같은 지혜로운 조언을 해 준다.

> 라일라야, 반쪽 상태가 전체가 되는 것보다 낫단다. 잘 보거라, 저 달과 같은 게다. 달은 반쪽이 될 때까지 별을 잡아먹는다. 그때 달이 가장 아름답게 보인단다. 하늘의 많은 다른 별들이 평화롭게 계속 빛나게 내버

---

85 카롤린 필립스 공식 홈페이지(www.carolinphilipps.de).

려 두기 때문이지. (…) 반달은 겸손하고 그렇게 탐욕스럽지 않지. 그런데 달이 완전히 차게 되면 달만 보이고 다른 건 더 이상 보이지 않게 돼. 배부르고 만족스런 보름달과 그 주변에 시커먼 암흑만 있을 뿐이야. (154)

그러므로 달과 별의 관계는 자아와 타자, 자국문화와 타 문화의 관계로 볼 수 있다. 작품과 연관지어 더욱 구체적으로 생각해 보면, 달은 독일인의 민족주의적 사고이고 별들은 다양한 문화권에서 온 사람들의 다양한 정체성과 이질성을 상징한다고 볼 수 있다. 그러므로 독일인의 민족주의적 사고가 조금씩 줄어든다면 독일에 함께 사는 여러 민족의 문화와 정체성이 다양하게 비추어지면서 평화롭고 아름다운 세상을 만들 수 있다는 의미로 해석될 수 있다. 이런 해석은 아버지의 친구 카밀(Kamil)과 주인공 외메르와의 대화에서도 확인할 수 있다. 카밀은 이곳에 외국인 노동자로 왔을 때 독일을 달로 연상한다.

우리가 이곳에 왔을 때 달에 온 기분이었단다. 이 모든 풍부함 좀 봐라. 게다가 독일 사람 모두가 마치 자신이 사랑스런 신이 된 것처럼 행동했단다. (146)

풍부함이 넘쳐나는 독일은 마치 모든 것을 잡아먹은 달과 같이 보인 것이다. 이곳 독일에서 아버지와 동료들은 두 세계 어디에도 소속되지 못한 채 경제적으로는 풍부해졌지만 심리적으로는 비굴하고 주눅이 든 불쌍한 희생자로 비쳐진다. 한편 독일인은 낯선 이주 노동자를 불쌍한 희생자로 동정하고 도움을 베풀면서 마치 자신이 너그럽고 사랑스런 신이 된 것마냥 위에서 내려다보는 형상으로 그려진다.

결말

> 하지만 왼손으로는 칠 수 있잖아. 내가 생각해 봤는데, 우리 둘이 모든 곡을 같이 치면 될 것 같아. 너는 왼손으로, 나는 오른손으로 치는 거야. (127-128)

이처럼 왼손과 오른손이 함께 치는 피아노 연주가 시사하듯이, 『커피우유와 소보로빵』은 아주 자연스럽게 연결되는 두 사람의 별명인 커피우유와 소보로빵의 멋진 조합처럼 샘과 보리스의 화합과 조화로 끝이 난다.

샘이 손에 화상을 입게 된 후, 보리스는 샘의 집 창문에서 방화사건을 새롭게 바라보게 되면서 샘을 자신과 동등한 친구로서 받아들이는 과정을 거친다. 그 이후 보리스는 샘에게 먼저 경연대회 때 피아노를 함께 연주하자고 제안한다. "여기서 보니까 모든 게 무척 다르게 느껴져"라고 하면서 시각의 변화를 보여 준 보리스가 "그때 뭔가 했어야 하지 않을까?" 하는 과거의 후회와 자책을 되풀이하지 않고 이제는 자신의 시각변화를 구체적인 행동으로 실천하게 된 것이다. 보리스의 시각변화는 샘의 태도와 시각도 변화시킨다. 샘도 마침내 보리스를 친구로 받아들이고 보리스의 오른손과 샘의 다치지 않은 왼손은 멋진 앙상블을 이뤄낸다. 이러한 두 사람의 성공적인 앙상블은 독자에게 자국문화와 타 문화 사이의 상호협력과 작용이 가능하다는 것을 문학적으로 보여 주고 있는 것이다.

화합과 조화로 끝내는 이러한 행복한 결론은 아동 청소년 문학에서 자주 등장하는 형태이기도 하지만 작가 스스로가 학생 독자들과의 대화에서 밝히고 있듯이, 작가의 창작성향과도 깊은 연관이 있다고 본다. 필립스는 종종 열린 결말을 통해 독자의 계속적인 비판적 성찰을 요구하기도 하지만 근본적으로는 열린 결말보다는 결국은 모든 게 잘 되는 그런 결말을 선호한다는 것이다.[86]

그러나 완벽한 화합과 조화로 타자가 온전히 이해되는 것은 아니다. 오히려 이런 성급한 화합과 조화는 타자의 고유한 타자성을 빼앗고 고유의 것에 종속시키는 인상을 준다. 상호문화적 이해에 있어서 낯섦은 고유 문화 속에서 완전히 사라지는 것이 아니라, 견디어 내야 하는 것이다. 모든 문화 속에는 "당혹하게 하고 생기를 불어넣는 낯선 나머지 것"[87]이 필연적으로 존재해야 한다. 그래야만 다양한 문화가 서로 상대화하게 되고 생동감을 얻기 때문이다.

이에 반해 『별을 잡아먹는 달』은 열린 결말로 작품이 끝난다. 독자는 기존의 탐정소설에 비추어 사건의 범인을 찾아내고 사회 질서가 다시 정립되기를 기대한다. 그러나 작품의 결말은 이러한 독자의 습관적인 기대 역시 여지없이 깬다. 범죄 사건을 해결하고 사회의 질서를 다시 세우려 했던 수사관 뢰벨(Löbel) 경감은 자신의 계획이 좌절되자 일을 그만두고 퇴직한다. 범인을 찾지 못하는 열린 결말은

---

86 카롤린 필립스 공식 홈페이지(www.carolinphilipps.de).

87 Ulrich, 118.

결국 독자들에게 죄의 문제에 있어서 불안감을 남기는데, 왜냐하면 이 세상에서 악의 승리와 독일 사회의 수많은 결함을 드러내는 것이기 때문이다.[88] 이 점은 주인공의 토끼와 뱀에 관한 이야기를 통해서도 독자에게 암시된다.

> 이것은 마치 토끼와 뱀의 이야기 같은 거예요. 토끼는 뱀을 보면 심장이 마비되고 곧바로 죽게 되죠. 아버지 죽음에 뱀의 책임을 묻지 않을 겁니까? (219)

그러나 작가는 희망의 여지도 남겨 놓는다. 사건이 해결되지 않았지만 주인공 외메르의 정신적 성숙과 법학을 공부하는 대학생의 모습을 통해 이 사회에 질서와 희망을 다시 세우면서 미래를 개척하는 역할을 할 것임을 독자가 예견할 수 있기 때문이다.

작품은 아버지가 환영 속에 "아냐, 틀림없이 그게 다는 아닐 거야!"(223)라고 끊임없이 외치는 장면으로 끝을 맺는다. 독일에서의 이주 노동자의 삶이었지만 간단한 몇 줄로 아버지의 인생을 모두 파악할 수는 없고 전형적인 희생자의 모델로만 범주화할 수도 없다. 모든 인생은 복잡하고 여러 단면들이 얽히고설켜 있어서 단순하게 "이것이냐 혹은 저것이냐"(188)로 모든 걸 판단할 수는 없는 것이다. 아버지의 인생만이 그런 것이 아니다. 아버시의 죽음 후 새로운 인생을 사는 어머니의 정체성도 간단하게 정형화될 수 없다. 더욱이 이미 다양한 문화권에서 섞여 살면서 복잡한 정체성을 보이는 이주

88 Brunner, 101.

자 자녀 개개인의 대한 성급한 일반화나 정형화는 모두 잘못된 것이다. 자아와 타자, 다수자와 소수자를 나누고 경계를 지우는 이분법적 사고 역시 "아냐, 틀림없이 그게 다는 아닐 거야"다. 그래서 작품 속에 등장하는 다양한 시각은 자아와 타자, 자국문화와 타 문화에 대한 서로의 관습적인 판단이 틀릴 수도 있고 "그게 다는 아닌" 것이라고 알게 하는 것이다. 주인공 역시 아버지의 사고 후 스스로 세상 속에서 다양한 시각과의 만남과 수많은 질문을 통해 깨닫게 되면서 터키 "귈렌 집안의 작은 도련님"(13) 이미지를 벗고 정신적으로 성숙해진다. 아버지의 사고는 외메르의 인생에서는 "전환점"이자 "변화의 전조"(13)였다. 시간이 흘러 어느 정도 거리를 두고 사건을 객관적으로 바라보게 된 외메르는 이제는 어릴 적 아버지가 들려 주었던 "보름달은 항상 별들을 잡아먹는단다"(212)는 말의 의미도 이해되고 자기가 지금까지 "겉만 보고 있었다는 것"(122)도 깨닫게 된다. 그래서 이 작품은 타자와 타 문화에 대한 고착화된 인지모형을 깨고 새로운 다양한 시각을 경험하게 하는 상호문화적 청소년 소설이자 동시에 상호문화적 테마를 사춘기 청소년의 정신적 성장과 연계시킨 사춘기 청소년 소설로 평가될 수 있는 것이다.

(3) 나가는 말

지금까지 살펴본 바처럼, 『커피우유와 소보로빵』과 『별을 잡아먹는 달』에는 타자와 타 문화를 바라보는 내국인과 이주자의 시각이 혼용된 이중시각이 내재되어 있었다. 또한 두 작품은 아동 청소년의 관점뿐만 아니라 성인의 관점도 담아내고 있어서 다양한 수신자층을 겨냥하며 낯선 타자와 타 문화를 이해하고 수용하도록 유도하고 있다. 그리고 타자 및 타 문화에 대한 동정심과 호기심에만 가득한 "조력자 신드롬"의 모형을 벗어나 지배문화에 대한 비판이 그려져 있으며, 낯선 시각과의 대결을 통해 내국인과 이주자 모두의 시각을 변화시키는 과정이 형상화되어 있다. 마지막으로 작품이 이주문제, 문화적 갈등과 차별, 자국문화와 타 문화 사이의 화합과 조화 등에 대한 교육적인 접근에만 머무는 것이 아니라, 상징, 결말 등과 같은 다양한 문학적 기법을 사용하고 있다. 이러한 세 가지 큰 준거틀로 『커피우유와 소보로빵』과 『별을 잡아먹는 달』은 상호문화적 아동 청소년 문학으로 평가될 수 있을 것이다.

『커피우유와 소보로빵』에서는 보리스가 샘의 집을 방문하는 것을 통해 자국민이 이주자에 대해 갖고 있던 생각이 성인으로부터 이식된 편견에 불과하다는 사실을 인식하게 하였고 샘 방의 창문을 통해 밖을 내다보게 하면서 사물과 상황을 새롭고 다르게 바라보는 시각의 변화를 갖게 하였다. 아울러 자국민의 시각을 통해 이주자에 대한 무관심한 방관자적 태도를 비판하면서 문화적 갈등과 문제에 대한 연대적 실천행위를 요구하기도 했다.

『별을 잡아먹는 달』에서는 아버지와 아들이 각각 화자로 등장하면서 아버지의 시각과 아들의 시각에서 각각의 이야기가 전개된다. 아버지가 3인칭 화자로 등장할 때에는 자신의 과거의 인생을 회상하고 아들이 일인칭 화자로 등장해서는 사건을 추적해 가면서 아버지의 삶을 들여다보고 자신의 내면적 심리 상태를 성찰한다. 아울러 다양한 등장인물이 등장하여 자신들의 목소리를 드러내고 있으며 체험화법, 내적 독백, 연극적 서술 등 다양한 문학적 기법들이 활용되면서 다양한 목소리와 성찰이 작품 속에 복합적으로 녹아 있다. 작품 속의 이러한 다중시각적 구도 때문에 타자와 타 문화에 대한 습관적인 스테레오타입이나 편견이 제시되는 동시에 깨지는 양상이 반복적으로 등장한다.

두 작품의 이런 문학적 장치를 통해 독자는 문학작품 속의 등장인물과 함께 다문화적 낯선 상황을 경험하면서 타자와 타 문화에 대한 자신의 관습적인 사고와 행동에 대해 되돌아보게 되며 고착화된 편견을 깨고 새로운 시각에 도달하게 된다. 작가는 이런 시각의 변화를 통해 자아와 자국문화에 대해 비판적 성찰을 하게 하고 타자와 타 문화에 대한 이해를 가능하게 하면서 다문화 사회에서 일어나는 갈등과 문제점이 연대적 실천을 통해 해결될 수 있다는 점을 문학적으로 보여 주고 있는 것이다.

3) 유토피아적 상호문화의 선취: 라픽 샤미의 『한줌의 별빛』 분석

라픽 샤미는 시리아 태생으로서 1971년부터 독일로 이주하여 현재 독일어로 창작하는 이주자 작가이다. 샤미는 1987년 취리히 아동 청소년 문학상, 1997년 한스 에리히 노작 문학상, 2007년 넬리 작스 문학상, 2015년에는 독일 아동 청소년 문학회 대상을 수상하였고, 그의 작품은 독일의 문학 교과서에 필독서로 등장하는 등 상호문화적 아동 청소년 문학 연구의 가장 중요한 고찰대상으로 평가받고 있다. 과거 타자, 타 문화에 대한 주제에 관해서는 독일인 작가가 독일인의 시각에서 문화 간의 갈등, 통합의 아픔, 언어적 소통의 어려움 등을 문학적으로 형상화하는 것이 문학의 주된 경향이었다. 그러나 최근 독일의 상호문화적 아동 청소년 문학 연구에서는 타 국가에서 이주해 온 이주자 작가들이 스스로 당사자가 되어 자신들과 자녀들의 아픔과 고통을 그리고 있을 뿐만 아니라, 이들을 대하는 독일인의 편견과 차별을 비판적으로 성찰하는 작품들이 주된 연구대상이 되면서 샤미의 작품이 주목을 받기 시작한 것이다. 또한 그의 작품은 창작조건과 작품의도에서 다양한 문화의 만남을 염두에 두고 문화의 경계를 초월하여 문화 간 공통영역을 그려내는 상호문화적 문학작품으로 평가받는다.[89]

샤미는 자신의 고향인 다마스쿠스를 배경으로 유럽 사회와는 다른 낯선 동양 사회를 이주자 작가의 새로운 시각으로 그리고 있다. 그러면서 그는 틀이야기, 우화 등 동양의 전통적인 이야기 기법을 자주 활용하면서 풍자적인 바탕에 유머와 호기심을 작품 속에 불어넣는다. 이 때문에 그의 작품은 계몽적이나 교훈적이지 않고 사실적이면서 동시에 환상적이며 유머러스한 색채를 띤다는 평가를 받는다.

> 라픽 샤미의 메르헨들은 경직된 사회구조들에 대한 비순응주의와 계몽을 보여 주기에 아주 적합하다. 때로는 사실적이고, 때로는 환상적인 그의 이야기들은 소수민족에게 기회를 제공해 주고 일탈에 대한 관용을 지지한다. 그러나 결코 교훈적인 제스처를 취하기보다는, 항상 진기하게 낯설어진 세계의 유머러스한 색채를 띤다.[90]

89 Mecklenburg, 32.

90 Deeken, 367.

그래서 샤미가 작품 속에 그려내는 동양은 독자가 일반적으로 생각했던 이국적인 모습이나 정적인 스테레오타입이 아니라 역동적이고 항상 변화하는 특성을 지닌다. 특히 샤미가 기억하는 고향 다마스쿠스는 다양한 문화와 종교가 어우러져 있는 역동적인 다문화 도시로서 "다마스쿠스 주민은 신분증상 아랍인이지만, 이 도시를 한때 수놓았던" 여러 다양한 문화들은 "도시의 영혼 속에 깊은 흔적을 남겼다".[91]

『한줌의 별빛』은 기존 이주문학과는 색다른 배경과 구조를 선택하고 있다.[92] 즉, 기독교 문화에 속하는 소수민이 이슬람 문화가 지배적인 시리아의 다마스쿠스에서 어떻게 살아가는지를 그리고 있는 것이다. 기존의 대다수 이주문학 속에는 이슬람 문화배경의 이주자가 기독교 문화의 독일 지배사회에 적응하는 가운데 발생하는 충돌, 갈등, 아픔, 고통을 그린 반면에, 이 작품은 지배문화 속의 내국인이 소수 이주자의 입장이 되는 역의 방향을 취하면서 직접 문화적 갈등을 겪게 하는 구조를 취한 것이다. 이런 역방향의 소설구성 속에는 지배문화 속의 기독교인이 상대방의 입장이 되어 아랍인과 이슬람 문화에 대한 고착화된 편견과 선입견을 깨고 상호 간의 이해와 공존을 모색하려는 작가의 의도가 스며들어 있다. 샤미 역시 상호문화적 소통에서 가장 최우선적 단계가 편견 깨기임을 잘 알고 있으며 특히 독일 사회가 갖는 아랍인, 이슬람 문화에 대한 편견에 대해서는 다음과 같이 표현한 적이 있다.

---

91 Schami (2006), 11.

92 참조 김정용 (2011), 134 이하.

제가 적대감이라는 맥락에서 아랍인에 관해 이야기할 때에는, 사람들의 머리에 콱 박힌 선입견을 말하는 것입니다. 그것은 권력(기름, 돈, 무기)을 휘두르며 매우 방탕하게(식탐, 하렘) 살아가는 폭력적인(굽은 칼과 긴 칼 아니면 수류탄과 로켓) 혐오스러운 사람에 관해 세심하게 만들어진 캐리커처인 거지요.[93]

그래서 샤미의 작품은 독일과 유럽의 아랍에 대한 문학적·문학외적 지식을 성찰하고 획일적 스테레오타입을 연출하면서, 다음 순간에는 곧바로 아랍인의 성격과 태도에 대한 통상적 기대를 깨고 상대화하며 종종 기괴하게 이끌어 간다는 평가를 받는다.[94]

다른 한편으로 『한줌의 별빛』이 기존의 상호문화적 아동 청소년 문학과는 또 다른 특성은 이미 이 작품은 문화적 갈등과 차별을 넘어서 문화적 조화와 유토피아적 공존을 담아내고 있다는 것이다. 예를 들어 1979년에 출간된 헤르틀링의 『벤은 안나를 사랑해』에서도 지배문화에 소속된 벤과 벤의 가족, 폴란드에서 이주해 온 안나와 안나 가족의 생활상이 서로 비교되면서 여전히 지배문화 중심적 시각이 팽배하게 드러난다. 타민족, 타 문화는 정신적으로 그리고 문화적으로 지배문화(독일, 유럽)의 그것에 비해 열등하게 간주되기 때문에, 양자 사이에는 멸시, 경시, 배척의 반응이나 동정, 일방적 원조 등의 반응만 보일 뿐이지 지배문화에 대한 비판은 본격적으로 제기되고 있지 않은 실정이다.

93 Schami (1998), 67.

94 Alsarras, 31.

그러나 샤미의 『한줌의 별빛』은 다문화 사회가 지향해야 할 최종적인 목표를 제시해 주고 있는 듯하다. 이 작품에서는 이슬람 문화와 기독교 문화가 공존하고 있으며, 이슬람 사회와 기독교 사회가 동시에 비판받고 있다. 작품 전체적으로 문화 간의 혼종, 문화 간의 차이가 그려지면서 동시에 문화의 다양성 또한 인정된다. 이슬람 문화가 지배적으로 등장하지만 전체적으로 다양한 문화가 유토피아적 공존을 이룬다. 다마스쿠스는 작품의 주 배경으로 다양한 문화가 만나고 함께 살아가며 공존해 나가는 상징의 장소이기도 한다. 작품의 주인공이 이상한 이야기를 해독하기 위해 다양한 민족의 언어를 활용하는 것이 이러한 상호문화적 공존 사회의 대표적인 사례이다. 다양한 문화권의 주민들이 서로 얽혀 있으면서 서로가 서로에게 도움을 준다. 전체적으로 보면 다문화, 다언어 사회의 이상적인 문화공존, 평화공존을 보여 준다. 다양한 시각의 수용과 시각의 변화의 수준을 넘어서 이미 이런 상태를 공존의 삶으로 실현시켜 주고 있는 상황이다. 즉, 시각의 변화가 이미 체득되고 등장인물들에 적용되어 현실의 삶 속에 그대로 드러나는 것이다. 여타의 다른 문학작품 속에서도 이러한 시각의 변화가 교훈으로 그리고 도덕적 사명으로 은은하게 드러나는 경우가 많지만, 이 작품은 마치 실제 삶 속에서 타자와 자아의 평화로운 공존을 선취하고 있는 듯하다. 이러한 유토피아적 선취는 문학의 주요 양식으로서 상호문화적 공존 사회에 대한 강력한 소망의 표출로 이해될 수 있다. 어느 한 인터뷰에서 작가 자신이 표현한대로, 문학의 역할은 사회적 문제들에 대해 "논의를 심화하고 사람들에게 인간다운 길을 가도록 용기를 불어넣어 주는" 데 있기 때문이다.[95]

앞서 2절에서 언급했던 상호문화적 아동 청소년 문학에 대한 세 가지 분석의 틀을 『한줌의 별빛』에 적용해 보자.

(1) 일기체 형식의 『한줌의 별빛』에 등장하는 주인공 나는 열네 살의 소년으로서 시리아의 다마스쿠스에서 사는 기독교 소수 민족을 출생배경으로 안고 있다. 주인공은 아버지의 빵가게에서 고된 일을 반복하지만 글을 쓰면서 세상을 바꾸려는 저널리스트를 미래의 직업으로 소망하고 있다. 고된 일상에서 벗어나 꿈을 실현해 가는 가운데 소년을 도와주는 인물로는 살림(Salim) 할아버지, 무슬림 친구 마무드(Mahmud), 무슬림 여자 친구 나디아(Nadia), 그리고 언론인의 사명을 가르쳐 준 하비브(Habib)가 등장한다. 무슬림 여자 친구와 기독교인 주인공 사이의 사랑은 여자 친구의 아버지인 비밀첩보원과 오빠에 의해 온갖 방해를 받지만 이들의 사랑은 더욱 굳건해진다.

작품의 배경이 되는 다마스쿠스 시가지에는 기독교인과 무슬림만 사는 것은 아니다. 주인공의 빵가게 주변에는 그리스 출신 자동차 정비공, 페르시아인 양념장수, 이탈리아 출신의 과자점 아저씨, 그리고 쿠르드족 가족, 유태인 등 다양한 민족 출신의 사람들이 조화롭게 공존하면서 살고 있다. 이렇듯 작품 속에는 여러 민족의 다양한 관점이 서로 혼재되어 나타나면서 유럽 사회와 이슬람 사회를 비판적으로 성찰하고 특히 독일어권 독자의 왜곡된 편견을 수정하려고 한다. 아울러 다문화적 사회와 삶을 획일적인 시각이 아니라

95 라픽 샤미 작가 소개 사이트(www.rafik-schami.de).

다양한 시각에서 바라보는 관점은 소수자를 향해 다름과 정체성을 포기하라는 강압적 요구에 대항하여 "다름에 대한 권리를 옹호"[96] 하고 주장하는 것이다.

기독교인 주인공이 바라보는 아랍 사회는 가부장적이고 비민주주의적인 사회이자 정치적으로 부패하고 혼란스럽고 언론의 자유가 없는 숨 막히는 사회이다. 비밀첩보원의 염탐과 납치, 고문이 일상적으로 자행된다. 주인공과 나디아의 키스 때문에 오빠가 나디아를 감금하고 폭행하는 장면은 이슬람 근본주의자들의 '명예살인(Ehrenmord)'까지 연상하게 한다. 반면에 저널리스트를 꿈꾸는 주인공을 도와주는 아랍 남성 하비브는 용감하고 지혜롭고 불의에 분노하다 정치적 탄압을 받는 인물로 그려진다. 그러므로 아랍 남성에 대한 유럽인의 판단은 근거 없는 편견에 불과하고 정형적인 판단과 도식적인 단순화를 지양하고 개개인에 따라 개별화되어야 한다는 것이다.

또한 이 작품에는 종종 세상을 바라보는 기독교 중심주의적 유럽 사회도 비판의 대상이 된다. 교회의 목사는 교조적인 십계명 준수만 강조하고 설교와 고해에만 관심이 있을 뿐 현실 속의 비참함이나 불의에는 눈길조차 주지 않는다. 종교적 근본주의뿐만 아니라 편협한 교리주의 모두 작품 속에서는 비꼼의 대상이 된다. 죄의 고백을 강요하고 복종과 순응만 주입하는 목사의 완고하고 편협한 종교관은 주인공의 위트 있는 답변을 통해 독자의 웃음을 유발한다.

---

96 Schami (1985), 58.

"지난 토요일에 고해하고 이번 주에는 아무 죄도 짓지 않았습니다." 난 경건한 목소리로 대답했다. "얘야 그럴 리 없단다. 집중해 보거라. 십계명을 생각해 보고. 욕한 적도 없니?" "없습니다." 난 양심껏 편안하게 대답했다. 왜냐하면 우리는 '엿이나 먹어라', '이 개새끼' 같이 별 뜻 없는 욕은 죄로 생각하지 않기 때문이다. 첫 번째는 제안이고 두 번째는 하느님의 피조물인 것이다.[97]

또한 서양식 나이트클럽에는 동양의 전통적인 춤꾼들은 모두 사라지고 엉덩이를 흔들어 대고 가슴을 드러내는 미국 여자 댄서들만 바글거린다. 이런 나이트클럽 속의 광란적인 모습은 "야만적인 파리의 삶"(198)으로 비교되면서 유럽 사회의 방종한 문화도 가차 없이 폭로된다. 아울러 아랍어로는 아름다운 표현이 되는 것이 영어로 직역을 할 때에는 엉망이 되어 버린다고 말하면서 세계화 시대의 영어중심주의도 은연중 꼬집고 있다.

그런데 이 작품에서 다원적인 시각을 통해 이슬람 근본주의를 비판하고 기독교의 편협한 교리주의를 비판하는 것보다 중요한 것은 기독교 소수자인 주인공이 종교적 틀을 넘어서 무슬림 친구 마무드와 무슬림 비밀첩보원의 딸인 나디아와 함께 부패한 아랍의 지배사회에 대항하는 저항운동을 하고 있다는 점이다. 이를 통해 결국 종교적·문화적 소속의 틀을 뛰어 넘는 협력만이 경계와 벽을 허무는 상호공존을 이룰 수 있다는 시각과 인식이 독자에게 전달된다.

97 Schami (2008), 66. 이하 본문 속에 직접 인용함.

(2) 1970-80년대의 아동 청소년 문학은 서양의 우월주의적 시각을 바탕으로 외국 노동자의 자녀들에 대한 차별, 우월감, 동정 등을 보여 주는 구조가 지배적이었다. 문화 간의 차이와 갈등으로 외국인 자녀의 고통과 아픔이 묘사되다가 점점 타 문화에 대해 이해하게 되면서 그들을 받아들이지만 결국은 자국의 지배문화에 대한 비판적 성찰은 전혀 이루어지지 않은 채 동정과 원조의 신드롬만 보여 주는 구조인 것이다. 그러나 앞에서 살펴보았듯이 이 작품에는 이슬람 사회와 기독교 사회에 대한 비판이 동시적으로 이루어지고 있다. 기독교 소수민족인 주인공이 바라보는 시리아 현 정부는 정치적 혼란, 경제적 빈곤, 살벌한 언론탄압이 일상화된 사회이다. 관광산업을 통해 돈을 벌려는 정부는 "수천 년 동안 사람들이 살아 왔던 작은 토담집이 하루아침에 먼지"(154)가 되어 버리는 산업화를 시도한다. 그러나 주인공의 시각에서는 도로를 확장하고 유럽처럼 도시화되는 시도가 오히려 "유럽에서처럼 먹을 것은 더 부족해지고"(156) 대부분의 걸인들은 "모든 것을 잃어버리고 희망만 안고 일거리를 찾아 다마스쿠스로 왔으나 실패만 거듭한 막노동꾼이나 농부"(131)만 양산해 내는 비극적이고 역설적인 상황으로만 비쳐진다.

또한 작가는 유럽에서 온 관광객의 시각을 통해 유럽 아이들과 시리아 아이들의 놀이문화를 비교하면서 유럽 사회의 어두운 면을 지적하고 있다. 관광객이 유럽의 아이들은 "초콜릿은 더 많지만 대신 놀이터와 시간은 더 적다"(50)고 이야기해 주자, 아이들은 전혀 부럽지 않다고 말한다. 작가는 여기서 아이들의 놀이문화를 빗대어 유럽 사회와 이슬람 사회를 전반적으로 확대하여 비교하고 있다. 즉, 부와 풍요함만 있으면서 시간과 여유를 상실한 현대 유럽 사회가 상대적으로 비꼼의 대상이 되고 있는 것이다. 작가가 이처럼 지배문화를 비판하는 의도는 독자로 하여금 등장인물의 시각을 통해 이 세상을 새롭게 보게 하려는 목적 때문이다.

샤미는 또한 낯선 타자에 대해 개방적인 태도를 보이는 다마스쿠스 사람들의 친절과 배려를 통해 상대적으로 타자 및 타 문화에 대해 배타적이고 적대적인 독일과 유럽의 모습을 대조적으로 비꼬고 있다. 외국인 관광객을 대상으로 돈을 버는 요제프가 지갑을 잃어버려 갈 곳이 없어진 유럽인 관광객을 주인공의 집으로 데려온 것이다.

> 아버지는 동의했고 낯선 사람에게는 언제나 문을 열어 두어야 한다고 하시며 나와 함께 방을 써도 된다고 말했다. (49)

그러나 이 작품에서는 두 문화를 비판하면서도 전체적으로 두 문화의 차이와 다양성을 인정하면서 서로 더불어 살아가는 모습이 더 크게 묘사된다. 한 인터뷰에서 작가는 이러한 자신의 의도를 분명하게 드러낸다.

> 그래서 나는 계속해서 이야기를 할 겁니다. 이러한 방식의 여행과 모험 그리고 사람들에게 더불어 사는 삶의 대안을 제시하고, 다른 가능성을 소개하는 것은 지극히 중요합니다. 문학은 그러기에 분명히 좋은 수단입니다.[98]

---

98 재인용 명정, 123.

이런 점에서 이 작품은 지배문화 비판적 소설이며 동시에 다양한 문화가 서로 접촉하며 얽혀 있다는 점을 보여 주는 상호문화적 소설로 평가될 수 있을 것이다.[99]

(3) 18세기 이후 아동 청소년 문학은 그 속성상 교육적 목적을 내포하고 있다고 볼 수 있다. 상호문화적 아동 청소년 문학 역시 아동 및 청소년을 대상으로 상호문화적 테마를 다루고 있기 때문에 교육적 기능과 사회화 기능을 전혀 무시할 수는 없을 것이다. 그런데 다문화 사회 속에서 편견과 차별을 깨고 타자이해와 상호공존을 추구하려는 상호문화적 아동 청소년 문학은 그 기능이 교육적이라기보다는 계몽적이라는 표현이 더 어울릴 것 같기도 하다. 그러나 상호문화적 아동 청소년 문학 역시 본질은 교육도서가 아니라 문학작품이다. 그러므로 상호문화적 아동 청소년 문학이 문학 영역을 벗어나 교육적 가치만 강조하면서 이주자 아동을 희생자와 동정의 대상으로만 묘사하고, 흑백 논리와 선악의 논리, 친구와 적의 논리로만 자국의 문화와 타 문화를 그린다면 그곳에는 문학도 없고 계몽도 없는 것이다. 상호문화적 아동 청소년 문학을 읽으면서도 독자는 감동을 하고 상상력을 발휘하고 냉철하게 성찰하는 기회를 가져야 한다.

샤미 역시 이러한 상황을 인식하고 자신이 아동 청소년 문학 작가로 평가되거나 자신의 이야기가 교육적으로 해석되는 것에 대해 분명하게 반대 입장을 취한다. 그의 이야기는 아동 청소년 독자뿐만 아니라 성인에게도 적합하며 무엇보다 아랍 문학에는 아동 청소년

99 Rösch (2006b), 32.

문학과 성인 문학의 구별이 없다는 점을 명확히 하고 있는 것이다.

> 난 작가이자 어떤 수식어도 붙지 않는 소설가이지 메르헨 작가이거나 아동 문학 작가가 아니다. 아름다운 내 성인도서가 아동에게도 꽤 괜찮을 것이라고 난 항상 희망한다. 난 그런 개념에 동감할 수 없는데 우리 [아랍] 문화에도 그런 개념이 없기 때문이다. 우리의 경우 이야기들이 한 무리 내에서 전달되는데 그중에 아이들이 있다면 이야기를 좀 더 긴장감 있게 만든다.[100]

또한 그는 상호문화 테마의 아동 청소년 문학이 다분히 교훈적일 것이라는 염려에 대해 아동 청소년 문학은 "교훈적이지만 가르치려고 하지 않고 길을 제시하는 것이 아니라 여러 길을 보여 주고 있으며 지적하듯 손가락을 치켜들지 않아도 된다"[101]고 대응한다.

샤미는 『한줌의 별빛』에서도 동양의 다양한 이야기 형식을 소개하면서 독자를 작품 속으로 인도한다. 작가는 이야기꾼 살림 할아버지를 통해 동양 전통의 이야기 형식인 우화, 메르헨, 환상적이며 지혜로운 이야기를 작품 속에 다양한 형식으로 등장시킨다. 그래서 이주자 작가 샤미는 동양의 서술전통을 독일 문학에 소개해 줌으로써 독일의 문학적 양식을 한층 더 풍부하게 해 주었을 뿐만 아니라, 독일 문학을 아랍의 독자에게도 소개해 줌으로써 동양과 서양을 매개

100 Bavar, 89.
101 Schami (2006), 143.

하는 작가로서 유명하다.[102] 아울러 샤미는 독일인이나 유럽인들에게 잘 알려져 있는 『천일야화』 같은 이야기를 작품 속에 소개하면서 보다 많은 독자층에게 동양의 낯선 모습을 친숙하게 전달하는 동시에 그들의 마음에 다가가 동양에 대한 공감을 갖게 하려는 미학적 의도를 품고 있다.

> 긴장감 있게 서술하면서 동시에 서양의 폭넓은 독자층에 제3세계에 대한 공감을 갖게 하는 것이 큰 문제이다. 눈물샘을 자극하지 않으면서 승리자 사회 독자들의 마음과 머리에 지구상의 패배자에 대한 유대감을 불러일으키는 것이 중요하다. 마음속에 자발적으로 우러나는 공감이야말로 내가 이루고자 하는 가장 큰 목적이다.[103]

이 작품 속에는 또한 다양한 상징기법이 활용되기도 한다. 작품 속에 등장하는 실성한 사람이 쓴 글은 그리스어, 페르시아어, 이탈리아어, 스페인어, 쿠르드어 등 다양한 언어를 사용하는 여러 등장인물의 도움과 번역으로 비로소 해독이 가능해진다. 여기서 주목할 점은 이 이야기를 해독하기 위해서는 각자 조금씩 거들 뿐이지 어떤 헤게모니나 위계체계도 없다는 것이다. 다시 말해 다문화 사회에서는 다양한 문화권의 사람들이 동등한 위치에서 서로 도와주고 협력해야만 상호공존이 가능하다는 의미인 것이다. 이것은 여러 민족이 한 나라에서 평화롭게 살면서 다양한 문화의 교류와 상호작용을

---

102 Rösch (2006b), 29.
103 Schami (1998), 74.

통해 풍요로워지며 전체적인 지평이 확대되는 그런 공존에 대한 샤미의 바람이다.[104]

결국 이 이야기는 무거운 고리를 끊고 먼 하늘로 날아간 "무지갯빛 새(Regenbogenvogel)"에 관한 것이었는데, 이 무지갯빛 새는 여러 민족과 문화의 다채로움을 상징하고, 목에 있는 무거운 고리를 절단하고 하늘을 나는 것은 타민족, 타 문화에 대한 편견을 깬 자유롭고 새로운 만남을 의미한다고 볼 수 있다. 이 무지갯빛 새는 "우리 골목길"과 같은 현실이며 그 속에서 살아가는 다양한 문화권의 조화로운 삶이 되어야 하는 것이다.

> 실성한 자가 삶은 다양한 색을 지닌 무지개라고 하는 것은 맞는 말이야. 많은 사람들은 눈에 띄는 색만 보고서는 이 초록빛 무지개가 정말 멋지다고 소리치지. 초록빛만 본 거지. 그런데 무지개가 초록빛만이라면 얼마나 지루하겠어. 뒤에 은은하게 감춰져 있는 다른 색들이 바로 무지개를 만들어 내는 거야. 우리 골목길도 이 감춰진 색 중에 하나인 거지. (129)

또한 작품 속 시리아인과 미국인 사이의 권투 빅매치는 결국 미국인이 아닌 값싸게 투입된 팔레스타인임이 들통나 조작된 시합으로 폭로되는데, 이 장면은 현재 시리아 정치권의 부정부패를 빗댄 상황으로도 다양하게 해석될 수 있다.

이처럼 어느 다른 작가보다 우화와 상징, 비유, 풍자, 환상적 이

---

104 Biondi/Schami (1983), 97 이하.

야기 등을 많이 활용하고 있는 샤미의 작품은 상호문화적 테마를 전면에 내세우고 있지만 계몽과 감동과 재미가 있는 문학작품이지 다문화 사회에 대해 사실적으로 서술하는 교육적 도큐먼트는 아니다. 그의 문학은 즐거움을 주면서 동시에 "수많은 질문에 대해 성찰의 창을 열어 주고 다른 문화뿐만 아니라, 자기 삶의 다양한 가능성들에 다가가는 창을 열어젖히고"[105] 있는 것이다.

4. 결론

앞에서 고찰한 한국과 독일의 상호문화적 아동 청소년 문학의 세 가지 유형을 통해 아동 청소년 독자의 의식과 태도변화를 위한 3단계 모델을 제시할 수 있다. 상호문화적 아동 청소년 문학의 첫 번째 단계에서는 이주 노동자와 이들의 자녀들이 처한 고통스러운 현실상황에 대해 정보를 제공하고 감정이입을 할 수 있는 이야기를 통해 아동 청소년 독자의 무관심과 둔감함을 깨트림으로써 타자에 대한 공감이나 이해에 민감하게 하는 것이다. 이주사회에서 힘들게 적응해 가는 이주자 자녀의 다양한 감정적 반응이 작품 속에서 표출되면서, 타자에 대한 슬픔과 아픔 그리고 차별적·배타적 사회현실에 대한 분노 등 독자의 정서적 공감이 싹트게 된다.

상호문화적 아동 청소년 문학의 두 번째 단계에서는 한국과 독일의 지배사회에 내재되어 있는 타자에 대한 편견이나 차별과 같은

105 라픽 샤미 인터뷰(http://2012.einestadteinbuch.at/interview).

의식과 태도가 가차 없이 폭로되고 지배사회의 모순과 이중성이 비판됨으로써 치부가 적나라하게 드러나며 아동 청소년 독자는 수치와 불편함을 느끼게 된다. 아울러 아동 청소년 독자는 낯선 시각의 도움으로 자신의 편협한 사고와 태도에 대해 비판적으로 성찰하게 되고, 자신의 시각을 상대화하고 시각의 변화를 일으키는 과정을 겪게 된다. 작품에 따라서는 독자의 공감능력과 시각변화 중 어느 영역에 중점을 두는가에 따라 그 정도가 달라질 수 있지만, 일반적으로 공감능력과 시각변화는 완전히 분리될 성질의 것이 아니어서 두 요소 다 실현되는 경우도 빈번하다.

마지막으로 세 번째 단계에서는 이주자 자녀들의 관점에서 희망적이고 긍정적인 모습과 이들과 지배사회 자녀들 간의 상호적 협력과 공존이 선취되고 전달된다. 이 단계에서는 자국민 자녀들과 이주자 자녀들이 조력자와 희생자의 구도를 넘어 서로가 상대방으로부터 배우게 되고 서로의 도움에 전적으로 의지하게 된다. 다양한 정체성을 지닌 등장인물이 공통의 문제를 서로 협력하며 해결해 나가는 과정이 작품 속에 서술된다. 공동의 영역을 도출하고 확대해 나가는 과정을 통해 다양한 문화권의 개개인들이 서로 공통점과 친밀감을 느끼게 되고 서로 배우면서 상호공존을 실현할 수 있는 가능성을 아동 청소년 독자 역시 인식하고 깨닫게 된다. 다문화 사회 내의 이러한 긍정적인 형상은 다른 시각을 받아들이고 이를 통해 자신의 고착화된 편협한 시각을 성찰하며 자신의 시각을 변화하고 확대할 수 있는 독자에게만 효과적이고 진실되게 전달될 수 있다.

이를 토대로 아동 청소년 문학작품을 활용한 상호문화교육의 3단계 접근방식을 학습목표와 학습과정의 측면에서 제시하면 〈표 4〉

〈표 4〉 아동 청소년 문학작품을 활용한 상호문화교육의 3단계 접근방식

상호문화교육 단계	학습목표	학습과정	자아와 타자의 관계
1단계	정보습득/ 공감능력	타 문화 지식/ 정서적 이해	상호만남
2단계	시각변화	차이 인식/ 상호비판	상호동등
3단계	상호공존	다양성 인정/ 상호학습	상호협력

와 같다.

아동 청소년 문학을 활용한 상호문화교육의 첫 번째 단계 학습목표는 타 문화에 대한 정보습득과 타자에 대한 정서적 공감능력 향상이다. 작품 속에 낯선 타자의 이주 배경과 원인 그리고 이들의 생활방식이 소개되고 이주사회에서 겪는 이들의 사회문화적 처지와 정서적 반응이 섬세하게 묘사된다. 학습자는 이를 통해 지식적 차원에서 타자의 생활방식과 타 문화에 대한 정보를 습득하고 이에 대한 관심과 호기심을 지속적으로 발전시켜 나간다. 아울러 다양한 생활방식의 문화적 연관성을 인식하고 낯선 문화권에서 살아가는 타자의 감정과 처지에 대해 열린 마음과 정서적인 공감능력을 함양해 나간다.

두 번째 단계 학습목표는 기존의 자아상과 타자상에 대해 상호비판적으로 성찰함으로써 시각변화를 이루는 것이다. 작품 속에 편견과 스테레오타입에 관한 다양한 구체적인 사례가 소개되어 고착화된 무의식적인 편견이 의식화되고 지배사회의 모순과 민낯이 폭로되면서 자국문화와 타 문화 사이의 사회문화적 위계질서의 절대적 타당성이 상실된다. 학습자는 이를 통해 서로의 문화적 차이, 즉 각각의 문화가 지향하는 가치체계의 차이를 인식하고 그 차이로 인

해 생기는 모호함과 불확실성을 견디어 내고 받아들인다. 아울러 자국문화와 타 문화에 대한 편견과 민족주의적 사고방식을 비판적으로 인식하고 다른 시각을 통해 자신의 시각을 의문시하면서 우월의식과 절대적 사고체계에 매몰되어 있던 자신의 시각을 변화시키고 확대시킨다.

아동 청소년 문학을 활용한 상호문화교육의 마지막 단계 학습 목표는 상호 간 협력하고 공존하면서 함께 살아가는 방식을 배우고 체득하는 것이다. 작품 속에 인종적·문화적 정체성을 거부하고 정체성의 혼종을 당연시하는 등장인물과 이들의 상호협력적인 관계를 통해 공동의 문제를 해결하고 중첩되는 공동의 영역을 확장해 나가는 과정이 긍정적으로 묘사된다. 이를 통해 학습자는 문화적 가치지향 체계의 다양성을 인정하고 존중하며 다양한 문화권 내 상이한 정체성을 지닌 개개인의 긍정적인 모습을 통해 서로 배우는 과정을 거치게 된다. 그 결과 다양한 문화권의 생활방식과 개개인의 혼종의 정체성은 다문화 사회의 풍요로움을 더해 주는 긍정적인 요인이자 사회문화적 갈등과 문제를 상호 협력하여 조정하고 해결하는 데 핵심적인 역할을 한다는 점을 학습하게 된다.

이런 의미에서 아동 청소년 문학은 타자 및 타 문화 대한 상호문화적 이해를 통해 평화적 상호공존을 모색하는 데 기여하는 바가 크다고 할 수 있다. 그러므로 지금까지 이루어져 온 지역학적 지식이나 정보 전달 중심의 다문화교육 방법에서 벗어나 소수자뿐만 아니라 지배사회의 다수자를 대상으로 마음으로 다가가고 다양한 시각들과 만나 서로에 대한 편협한 시각을 수정하고 변화하는 상호문화적 교육이 이루어져야 할 것이다. 그러나 이러한 상호문화적 아동 청소년 문학의 가치는 교육적 차원으로 환원되거나 축소되어서는 안 된다. 상호문화적 아동 청소년 문학 역시 그 본령은 문학 영역에 해당하기 때문에, 아동 청소년 문학의 문학적·미학적 차원도 동시에 고찰되어야 할 것이다. 끝으로 상호문학적 아동 청소년 작품의 영향은 다문화 사회에 사는 우리의 실제 일상생활 속에 뿌리를 내려야 한다. 그러므로 상호문화적 아동 청소년 문학을 활용하여 학습된 공감능력과 시각변화 그리고 상호문화적 협력과 공존에 관한 인식과 태도는 아동 청소년의 구체적인 생활세계와 직접적으로 연계되어 실제적으로 적용되고 실천되어야 비로소 상호문화교육의 목표가 최종적으로 완성된 것으로 평가될 수 있는 것이다.

참고문헌

Abraham, Ulf/Beisbart, Ortwin: Entgrenzte Fremdwahrnehmung?, in: Hurrelmann, Bettina (Hg.): Das Fremde in der Kinder- Jugendliteratur. Interkulturelle Perspektiven, Weinheim 1998.

Ahrends, Andreas: Interkulturelles Lernen in den Lehrplänen, Kiel 1997.

Albrecht, Jörn: Literarische Übersetzung. Geschichte Theorie Kulturelle Wirkung, Darmstadt 1998.

Alsarras, Nader: Die Orientbilder im Werk Rafik Schamis, Diss. Uni. Heidelberg, 2010.

Antor, Heinz (Hg.): Inter- und Transkulturelle Studien. Theoretische Grundlagen und interdisziplinäre Praxis, Heidelberg 2006.

Apelt, Hans-Peter: Plus Deutsch 1, Ismaning, 1998.

Arens, Hiltrud: Kulturelle Hybridität in der deutschen Minoritätenliteratur der achtziger Jahre, Tübingen 2000.

Bamberger, Richard: Übersetzung von Jugendbüchern, Wien 1963.

Barner, Wilfried (Hg.): Geschichte der deutschen Literatur von 1945 bis zur Gegenwart, München 2006.

Baumann, Barbara (Hg.): Deutsche Literatur in Epochen, Ismaning 1996.

Bausch, Karl-Richard (Hg.): Interkulturelles Lernen im Fremdsprachenunterricht, Tübingen 1994.

Bausch, Karl-Richard/Christ, H./Krumm, H. J. (Hg.): Handbuch Fremdsprachenunterricht, Tübingen 1995.

Bavar, Mansour, A.: Aspekte der deutschsprachigen Migrationsliteratur. Die Darstellung des Einheimischen bei Alev Tekinay und Rafik Schami, München 2004.

Becchi, Anna: Jella Lepman: Die Gründerin der internationalen Jugendbibliothek, in: LIBREAS, 25, 2014.

Bechtel, Mark: Interkulturelles Lernen beim Sprachenlernen im Tandem, Tübingen 2003.

Becker, Jörg: Das Dritte-Welt-Bild in Kinder- und Jugendbüchern der Bundesrepublik Deutschland, Communications 4, 1978.

Becker, Jörg/Rauter, Rosmarie (Hg.): Die Dritte Welt im deutschen Kinderbuch 1967-1977, Wiesbaden 1978.

Beller, M./Leerssen, J. (Hg.): Imagology: The Cultural Construction and Literary Representation of National Characters, Amsterdam 2007.

Berman, A.: The Experience of the Foreign. Culture and Translation in Romantic Germany, Albany 1992.

Bertels, Ursula/Eylert, Sabine/Lütkes, Christiana/de Vries, Sandra: Ethnologie in der Schule. Eine Studie zur Vermittlung interkultureller Kompetenz, Münster 2004.

Beschlüsse der Kultusministerkonferenz: Bildungsstandards für die erste Fremdsprache (Englisch/Französisch) für den mittleren Schulabschluss. (Online)

Biondi, Franco/Schami, Rafik: Literatur der Betroffenheit. Bemerkungen zur Gastarbeiterliteratur, in: Schaffernicht, Christian (Hg.): Zu Hause in der Fremde, Fischerhude 1981.

Biondi, Franco/Schami, Rafik: Ein Gastarbeiter ist ein Türke, Kürbiskern 1, 1983.

Blioumi, Aglaia (Hg.): Migration und Interkulturalität in neueren literarischen Texten, München 2002.

Blioumi, Aglaia: Literatur und Interkulturalität, in: Honnef-Becker, Irmgard (Hg.): Dialog zwischen den Kulturen, Baltmannsweiler 2007.

Boeckmann, Klaus-Börge: Dimensionen von Interkulturalität im Kontext des Fremd- und Zweitsprachenunterrichts, in: Zeitschrift für interkulturellen Fremdsprachenunterricht, 11, 3. (Online)

Bolten, Jürgen: Interkulturelle Kompetenz, Erfurt 2012.

Bolten, Jürgen: Einführung in die interkulturelle Wirtschaftskommunikation, Göttingen 2015.

Bredella, Lothar: Das Verstehen literarischer Texte im Fremdsprachenunterricht, in: Die neueren Sprachen 89, 1990.

Bredella, Lothar (Hg.): Didaktik des Fremdverstehens, Tübingen 1995.

Bredella, Lothar (Hg.): Thema Fremdverstehen, Tübingen 1997.

Bredella, Lothar: Zur Dialektik von Eigenem und Fremdem beim interkulturellen Verstehen, in: Der fremdsprachliche Unterricht Englisch 35, 2001.

Bredella, Lothar: Literarisches und interkulturelles Verstehen, Tübingen 2002.

Bredella, Lothar: Bildung als Interaktion zwischen literarischen Texten und Leser/innen. Zur Begründung der rezeptionsästhetischen Literaturdidaktik, in: Hallet, Wolfgang (Hg.): Neue Ansätze und Konzepte der Literatur- und Kulturdidaktik, Trier 2007.

Bredella, Lothar: Das Verstehen des Anderen. Kulturwissenschaftliche und literaturdidaktische Studien, Tübingen 2010.

Bredella, Lothar: Verstehen Anderer als Bildungsziel des Fremdsprachenlehrens und -lernens, in: Bausch, Karl-Richard (Hg.): Erforschung des Lehrens und Lernens fremder Sprachen, Tübingen 2011.

Bredella, Lothar/Christ, Herbert: Didaktik des Fremdverstehens. Ein Forschungsprogramm im Rahmen der Graduiertenförderung, in: Anglistik, Jg. 5, Heft 2, 1994.

Bredella, Lothar/Delanoy, Werner (Hg.): Interkultureller Fremdsprachenunterricht, Tübingen 1999.

Brunner, Maria E.: Interkulturell, international, intermedial: Kinder und Jugendliche im Spiegel der Literatur, Ffm. 2005.

Brunzel, Peggy: Kulturbezogenes Lernen und Interkulturalität, Tübingen 2002.

Büker, P./Kammler, C. (Hg.): Das Fremde und das Andere. Interpretationen und didaktische Analysen zeitgenössischer Kinder- und Jugendbücher, München 2003.

Bundeszentrale für politische Bildung: Was sind Vorurteile?, in: Informationen zur politischen Bildung, Heft 271, 2006. (Online)

Burwitz-Melzer, Eva: Allmähliche Annäherungen. Fiktionale Texte im interkulturellen Fremdsprachenunterricht der Sekundarstufe I, Tübingen 2003.

Byram, Michael (Hg.): Teaching and Assessing Intercultural Communicative Competence, Clevedon 1997.

Caspari, Daniela: Fremdverstehen durch literarische Texte. Der Beitrag kreativer Verfahren, in: Meißner, Franz-Joseph (Hg.): Bausteine für einen neokommunikativen Französischunterricht, Tübingen 2001.

Caspari, Daniela/Schinschke, Andrea: Leben in mehrenen Kulturen. Zum Einsatz von Kinder- und Jugendbüchern für Ziele des interkulturellen Lernens, in: Französisch heute 31, 4, 2000.

Castelli, Barbara Delli: Fremdsprachen und Übersetzung im interkulturellen Kommunikationsprozess, in: MEROPE Anno XX, N. 53-54, 2008.

Chiellino, Carmine (Hg.): Interkulturelle Literatur in Deutschland, Stuttgart 2000.

Chiellino, Gino: Mein fremder Alltag, Kiel 1984.

Chubb, Karin: Kann Jugendliteratur Schule machen? Überlegungen zur Verwendung von Jugendliteratur in einem lernerzentrierten Fremdsprachenunterricht, in: Deutschunterricht in Südafrika 2, 1985.

Council of Europe: Developing Intercultural Competence through Education, 2014. (Online)

Dahrendorf, Malte: Die Verwendung von Texten der KJL im Fremdsprachenunterricht, in: Heid, Manfred (Hg.): Literarische Texte im kommunikativen Fremdsprachenunterricht, München 1985.

Dankóné Kovács, Réka: Die Aspekte des Fremden in den Kinder- und Jugendromanen von Renate Welsh, University of Debrecen, 2009.

Dawidowski, Christian/Wrobel, Dieter (Hg.): Interkultureller Literaturunterricht, Baltmannsweiler 2006.

Deeken, Annette: Der listige Hakawati. Über den orientalischen Märchenerzähler Rafik Schami, in: Deutschunterricht 48, 1995.

Deutsch. Texte-Literatur-Medien, Berlin 1997.

Deutschbuch 8, Berlin 1998.

Deutschbuch. Handbuch für den Unterricht 7, Berlin 1998.

Die Bundesregierung: Der nationale Integrationsplan. Neue Wege-Neue Chancen, Berlin 2007.

Diehm, Isabell/Radke, Frank-Olaf: Erziehung und Migration. Eine Einführung, Stuttgart 1999.

Ehlers, Swantje (Hg.): Das Lesebuch, Baltmannsweiler 2003.

Ehlers, Swantje: Literarische Texte im Deutsch als Fremd- und Zweitsprache-Unterricht: Gegenstände und Ansätze, in: Krumm, Hans-Jürgen (Hg.): Deutsch als Fremd- und Zweitsprache. Ein internationales Handbuch, Berlin 2010.

El Gendi, A. K.: Die Äquivalenzproblematik bei der literarischen Übersetzung am Beispiel von Taha Husseins "Al-Ayyām", Hamburg 2010.

Esselborn, Karl: Interkulturelle Literatur. Entwicklungen und Tendenzen, in: Honnef-Becker, Irmgard (Hg.): Dialoge zwischen den Kulturen, Baltmannsweiler 2007.

Ewers, Hans-Heino (Hg.): Kinderliteratur im interkulturellen Prozess. Studien zur Allgemeinen und Vergleichenden Kinderliteraturwissenschaft, Stuttgart 1994.

Ewers, Hans-Heino: Literatur für Kinder und Jugendliche, München 2000.

Ewers, Hans-Heino: Crossover und Hybridität in der Literatur. Manuskript des Hauptvortrags auf der 3. Internationalen Fachtagung des indonesischen Germanistenverbands, Bandung 2016.

Fischer, J./Laan, S. Vander: Improving Approaches to Multicultural Education. Teaching Empathy through Role Playing, in: Multicultural Education 9 (4), 2002.

Fooken, Insa/Mikota, Jana (Hg.): Puppen-Menschenbegleiter in Kinderwelten und imaginären Räumen, Göttingen 2014.

Frederking, Volker: Härtlings *Ben liebt Anna*. Identitätsorientierter Umgang mit einem Klassiker der Kinder- und Jugendliteratur im Zeichen von Individualisierung, Pluralisierung und Medialisierung, in: Köppert, Christine (Hg.): Entfaltung innerer Kräfte. Blickpunkte der Deutschdidaktik, Velber 2001.

Freitag, Britta: Literarische und transkulturelle Kompetenzen bei der Figurenkonstruktion und Perspektivenübernahme: Ein Rollenspiel im aufgabenorientierten Literaturunterricht, in: Bredella, Lothar (Hg.): Literaturunterricht, Kompetenzen und Bildung, Trier 2007.

Gansel, Carsten: Moderne Kinder- und Jugendliteratur, Berlin 1999.

Gansel, Carsten: Pluralität und Grenzüberschreitung oder von der (neuen) Lust am Erzählen in der Kinder- und Jugendliteratur und Allgemeinliteratur, in: Cromme, Gabriele (Hg.): Kinder- und Jugendliteratur. Lesen-Verstehen-Vermitteln, Baltmannsweiler 2001.

Geistmann, Christian: Interkulturelle Kompetenz. Eine wichtige und förderbare Fähigkeit in der internationalen Zusammenarbeit, Erlangen-Nürnberg 2002.

Gieß-Stüber, Petra (Hg.): Interkulturelle Erziehung im und durch Sport, Münster 2005.

Griesmayer, Norbert (Hg.): Jenseits von Babylon. Wege zu einer interkulturellen Deutschdidaktik, Innsbruck 2000.

Haas, Gerhard: Eigene Welt-Fremde Welt-Eine Welt. Die Geschichte eines Bewusstseinswandels in der neueren Kinder- und Jugendliteratur, in: Hurrelmann, Bettina (Hg.): Das Fremde in der Kinder- und Jugendliteratur, Weinheim 1998.

Hahn, Alois: "Partizipative" Identitäten, in: Münkler, Herfried (Hg.): Furcht und Faszination. Facetten der Fremdheit, Berlin 1997.

Hallet, Wolfgang (Hg.): Neue Ansätze und Konzepte der Literatur- und Kulturdidaktik, Trier 2007.

Hamm, Horst: Fremdgegangen-freigeschrieben. Eine Einführung in die deutschsprachige Gastarbeiterliteratur, Würzburg 1988.

Härtling, Peter: Benn liebt Anna, Weinheim 1979.

Härtling, Peter: Fünf Überlegungen beim Schreiben von Kinderbüchern, in: Der bunte Hund, Sonderheft, Weinheim 1989.

Härtling, Peter: Djadi, Flüchtlingsjunge, Weinheim 2016.

Heinrich Böll Stiftung (Hg.): Migrationsliteratur. Eine neue deutsche Literatur?, Berlin 2009.

Heinze, Hartmut: Migrantenliteratur in der Bundesrepublik. Bestandsaufnahme und Entwicklungstendenzen zu einer multikulturellen Literatursynthese, Berlin 1986.

Hofmann, Michael: Interkulturelle Literaturwissenschaft, München 2006.

Höhne, Thomas: Bilder von Fremden. Formen der Migrantendarstellung als "der anderen Kultur" in deutschen Schulbüchern von 1981-1997, Ffm. 1999.

Honnef-Becker, Irmgard: Interkulturalität als neue Perspektive der Deutschdidaktik, Nordhausen 2006.

Honnef-Becker, Irmgard (Hg.): Dialog zwischen den Kulturen. Interkulturelle Literatur und ihre Didaktik, Baltmannsweiler 2007.

Hort, Rüdiger: Vorurteile und Stereotype, Saarbrücken 2007.

Hübener, Andrea: Das Lesebuch, in: Lange, Günter/Weinhold, Swantje (Hg.): Grundlagen der Deutschdidaktik, Baltmannsweiler 2005.

Humbolt, Wilhelm: Werke in fünf Bänden. Band 3, Darmstadt 1963.

Hurrelmann, Bettina (Hg.): Das Fremde in der Kinder- und Jugendliteratur. Interkulturelle Perspektiven, Weinheim 1998.

Jäger, Anja: Kultur szenisch erfahren: Interkulturelles Lernen mit Jugendliteratur und szenischen Aufgaben im Fremdsprachenunterricht, Ffm. 2011.

Kara, Yadé: Selam Berlin, Zürich 2003.

Kast, Bernd: Jugendliteratur im kommunikativen Deutschunterricht, Berlin 1985.

Kautz, Ulrich: Handbuch Didaktik des Übersetzens und Dolmetschens, München 2000.

Kiffe, Marion: Landeskunde und interkulturelles Lernen im Fremdsprachenunterricht. Eine Analyse von Englischlehrwerken für die Sekundarstufe I, Aachen 1999.

Kliewer, A. (Hg.): Guck mal übern Tellerrand. KJL aus den südlichen Kontinenten im Deutschunterricht, Baltmannsweiler 2006.

Knapp-Potthoff, Annelie: Interkulturelle Kommunikationsfähigkeit als Lernziel, in: Knapp-Potthoff, Annelie/Liedke, Martina: Aspekte interkultureller Kommunikationsfähigkeit, München 1997.

Koller, Werner: Einführung in die Übersetzungswissenschaft, Wiebelsheim 2001.

Koppensteiner, Jürgen: Literatur im Daf-Unterricht, Wien 2001.

Krüger-Potratz, Marianne: Interkulturelle Bildung. Eine Einführung, Münster 2005.

Krusche, Dietrich/Wierlacher, Alois (Hg.): Hermeneutik der Fremde, München 1990.

Kultusministerkonferenz: Empfehlung "Interkulturelle Bildung und Erziehung in der Schule", Beschluss vom 25. 10. 1996.

Kümmerling-Meibauer, Bettina: Kinder- und Jugendliteratur. Eine Einführung, Darmstadt 2012.

Kurultay, Turgay: Probleme und Strategien bei der kinderliterarischen Übersetzung im Rahmen der interkulturellen Kommunikation, in: Ewers, Hans-Heino (Hg.): Kinderliteratur im interkulturellen Prozeß, Stuttgart 1994.

Leskovec, Andrea: Fremdheit und Literatur, Berlin 2009.

Leskovec, Andrea: Einführung in die interkulturelle Literaturwissenschaft, Darmstadt 2011.

Levý, J.: Die literarische Übersetzung, Ffm. 1969.

Litters, Ulrike: Manifestationen von Kulturunterschieden und ihre Auswirkungen auf die interpersonale Kommunikation, in: Bredella, Lothar (Hg.): Didaktik des Fremdverstehens, Tübingen 1995.

Lönker, Fred (Hg.): Die literarische Übersetzung als Medium der Fremderfahrung, Berlin 1992.

Luchtenberg, Sigrid: Kinder-und Jugendliteratur im interkulturellen Deutschunterricht, in: Lernen in Deutschland 2, 1991.

Maletzke, Gerhard: Interkulturelle Kommunikation. Zur Interaktion zwischen Menschen verschiedener Kulturen, Opladen 1996.

Matthes, Eva/Heinze, C.: Interkulturelles Verstehen und kulturelle Integration durch das Schulbuch? Die Auseinandersetzung mit dem Fremden, Bad Heilbrunn 2004.

Mayer, Karl C.: Glossar Psychiatrie/Psychosomatik/Psychotherapie/Neurologie/Neuropsychologie. (Online)

Mecklenburg, Norbert: Das Mädchen aus der Fremde. Germanistik als interkulturelle Literaturwissenschaft, München 2008.

Ministerium für Bildung, Wissenschaft und Kultur Mecklenburg-Vorpommern (Hg.): Rahmenplan: Interkulturelle Erziehung, 2002.

Nassen, Ulrich: Konfigurationen des Fremden in der Kinder- und Jugendliteratur nach 1945, München 2000.

Nayhauss, Hans-Christoph Graf v.: Aspekte einer interkulturellen Literaturdidaktik, in: Durzak, Manfred (Hg.): Interkulturelle Begegnungen, Würzburg 2004.

Neuland, Eva: Interkulturelle Kommunikation. Perspektiven einer anwendungsorientierten Germanistik, München 2011.

Neumann, Ursula/Reuter, Lutz R.: Interkulturelle Bildung in den Lehrplänen-neuere Entwicklungen, in: Zeitschrift für Pädagogik 50 (6), 2004.

Neuner, Gerhard: Kinder- und Jugendliteratur im DaF-Unterricht, in: Dilbilim 8, 1989.

Nord, Christiane: Translating as a Purposeful Activity, Manchester 1997.

Nöstlinger, Christine: Wir pfeifen auf den Gurkenkönig, Weinheim 1972.

Nünning, Ansgar: Fremdverstehen und Bildung durch neue Weltansichten-Perspektivenvielfalt, Perspektivenwechsel und Perspektivenübernahme durch Literatur, in: Hallet, Wolfgang (Hg.): Neue Ansätze und Konzept der Literatur- und Kulturdidaktik, Trier 2007.

Nünning, Ansgar/Nünning, Vera (Hg.): Konzepte der Kulturwissenschaften, Stuttgart 2003.

Nünning, Ansgar/Surkamp, Carola: Englische Literatur unterrichten. Grundlagen und Methoden, Seelze-Velber 2006.

Oittinen, Riitta: Kinderliteratur, in: Snell-Hornby, Mary (Hg.): Handbuch Translation, Tübingen 1999.

Oittinen, Riitta: Translating for Children, London 2000.

Ören, Aras: Ich anders sprechen lernen, Berlin 1983.

O'Sullivan, Emer: Kinderliterarische Komparatistik, Heidelberg 2000.

O'Sullivan, Emer: Fremdsprachenlernen und Kinder- und Jugendliteratur: Eine kritische Bestandsaufnahme, in: Zeitschrift für Fremdsprachenforschung 13 (1), 2002.

Pascua, Isabel: Translation and Intercultural Education, Meta: Translators' Journal 48, 2003.

Philipps, Carolin: Milchkaffee und Streuselkuchen, Wien 2001.

Pohlmeier, Inga: Deutsch-türkische Erzähltexte im interkulturellen Literaturunterricht, Ffm. 2015.

Reiser, Philumena: Interkulturalität in der Kinder- und Jugendliteratur: Möglichkeiten und Grenzen des interkulturellen Dialogs, Marburg 2006.

Reiss, Katharina: Zur Übersetzung von Kinder- und Jugendbüchern: Theorie und Praxis, in: Lebende Sprachen, Jg. 27, Bd. 1, 1982.

Riegger, Manfred: Empathische Wahrnehmung des kulturell Fremden. Neun Konstruktionsmuster und deren Bedeutung für interkulturelle Bildungsprozesse, in: interculture journal 12/21, 2013.

Rieken-Gerwing, Ingeborg: Gibt es eine Spezifik kinderliterarischen Übersetzens?, Ffm. 1995.

Riemhofer, Andra: Interkulturelle Kinder- und Jugendliteratur in Deutschland: Lesen auf eigene Gefahr, Marburg 2015.

Rinke, Kuno: Politische Bildung und Erdkunde aus der Perspektive einer Einwanderungsgesellschaft. Anforderungen an Schulbücher und Unterricht, in: Internationale Schulbuchforschung 28, 2006.

Robert Bosch Stiftung (Hg.): Fremdsprachenunterricht und Internationale Beziehungen. Stuttgarter Thesen zur Rolle der Landeskunde im Französischunterricht, Gerlingen 1982.

Ropers, Norbert: Vom anderen her denken. Empathie als paradigmatischer Beitrag zur Völkerverständigung, in: Steinweg, Reiner (Hg.): Die vergessene Dimension internationaler Konflikte: Subjektivität, Ffm. 1990.

Rösch, Heidi: Migrationsliteratur im interkulturellen Kontext. Eine didaktische Studie zur Literatur von Aras Ören, Aysel Özakin, Franco Biondi und Rafik Schami, Ffm. 1992.

Rösch, Heidi: Migrationsliteratur im interkulturellen Diskurs. Vortrag zu der Tagung Wanderer-Auswanderer-Flüchtlinge 1998 an der TU Dresden, 1998. (Online)

Rösch, Heidi: Jim Knopf ist nicht schwarz. Anti-/Rassismus in der Kinder- und Jugendliteratur, Baltmannsweiler 2000.

Rösch, Heidi: Was ist interkulturell wertvolle Kinder- und Jugendliteratur?, in: Beiträge Jugendliteratur und Medien, 58. Jg. (2), 2006a.

Rösch, Heidi: Zauber der Zunge. Der Begriff Migrationsliteratur am Beispiel Rafik Schami, in: JuLit 32, 2006b.

Röttger-Rössler, Birgitt: "Tell Me about Love". Kultur und Natur der Liebe, Paderborn 2006.

Rumpf, Horst: Das kaum auszuhaltende Fremde. Über Lernprobleme im Horror vacui, in: Zeitschrift für Pädagogik 44, Heft 3, 1998.

Schäfer, Bernd: Identität und Fremdheit. Sozialpsychologische Aspekte der Eingliederung und Ausgliederung des Fremden, in: JCSW 35, 1994.

Schami, Rafik: Reden wir lieber über die Details. Bemerkungen über die Probleme der Solidarität, in: Kommune 3, 1985.

Schami, Rafik: Vom Zauber der Zunge: Reden gegen das Verstummen, Frauenfeld 1991.

Schami, Rafik: Damals dort und heute hier. Über Fremdsein, Freiburg 1998.

Schami, Rafik: Damaskus im Herzen und Deutschland im Blick, München 2006.

Schami, Rafik: Eine Hand voller Sterne, München 2008.

Schami, Rafik/Torossi, Eleni: Den Trägern der Zukunft erzählen. Ein Plädoyer für Kinderliteratur in der Fremde, in: Die Brücke 28, 1985/86.

Schär, Helene: Kinderbücher aus Afrika, Asien und Lateinamerika, in: Kliewer, Annette (Hg.): Guck mal übern Tellerrand. Kinder- und Jugendliteratur aus den südlichen Kontinenten im Deutschunterricht, Baltmannsweiler 2006.

Scheller, Ingo: Szenisches Spiel. Handbuch für die pädagogische Praxis, Berlin

1998.

Schinschke, Andrea: Literarische Texte im interkulturellen Lernprozess, Tübingen 1995a.

Schinschke, Andrea: Perspektivenübernahme als grundlegende Fähigkeit im Umgang mit Fremden, in: Bredella, L. (Hg.): Didaktik des Fremdverstehens, Tübingen 1995b.

Scholz, Antje: Verständigung als Ziel interkultureller Kommunikation, Münster 2000.

Schreiber, Michael: Übersetzung und Bearbeitung. Zur Differenzierung und Abgrenzung des Übersetzungsbegriffs, Tübingen 1993.

Schulte-Bunert, Ellen: Ausländer in der Bundesrepublik. Texte der Kinder- und Jugendliteratur als stellvertretende Erfahrung im Prozess interkulturellen Lernens, Ffm. 1993.

Simmel, Georg: Soziologie. Untersuchungen über die Formen der Vergesellschaftung. Gesamtausgabe Bd. 11, Ffm. 1995.

Snell-Hornby, Mary (Hg.): Handbuch Translation, Tübingen 1999.

Snell-Hornby, Mary: The Turns of Translation Studies, Amsterdam 2006.

Sölter, Arpad A.: Die Einbeziehung des Fremden. Reflexionen zur kulturellen Fremdheit bei Simmel, Habermas und Huntington, in: Breuer, Ingo/Sölter, A. (Hg.): Der fremde Blick. Perspektiven interkultureller Kommunikation und Hermeneutik, Bozen 1997.

Spinner, Kasper H. (Hg.): Kreativer Deutschunterricht, Seelze-Velber 2008.

Stein, Claudia (Hg.): Guck mal übern Tellerrand. Lies mal, wie die anderen leben: Mädchen in Afrika, Asien und Lateinamerika, Wuppertal 1997.

Stockar, Denise von: Kinderliterarische Übersetzungsprobleme, in: Rutschmann, Verena/Stockar, Denise von (Hg.): Zum Übersetzen von Kinder- und Jugendliteratur, Lausanne 1995.

Stolze, Radegundis: Übersetzungstheorien, Tübingen 2001.

Swiderska, Malgorzata: Vielfalt oder Chaos? Einige Bemerkungen zur Terminologie der literaturwissenschaftlichen Imagologie, in: www.ejournals.eu/ZVPG. (Online)

Tabbert, R.: "Swimmy", "The BFG" und "Janne min vän". Bücher aus fremden Sprachen, ausgezeichnet mit dem Deutschen Jugendliteraturpreis, in: Hurrelmann, B. (Hg.): Das Fremde in der Kinder- und Jugendliteratur. Interkulturelle Perspektiven, Weinheim 1998.

Thomas, Alexander: Psychologie interkulturellen Lernens und Handelns, in: Thomas, A. (Hg.): Kulturvergleichende Psychologie, Göttingen 1993.

Thomas, Alexander (Hg.): Handbuch interkulturelle Kommunikation und Kooperation, Göttingen 2005.

Ulrich, Anna Katharina: Die Kinderliteratur geht fremd, in: Hurrelmann, B. (Hg.): Das Fremde in der Kinder- und Jugendliteratur. Interkulturelle Perspektiven, Weinheim 1998.

Utz, Peter: Das Fremde zwischen den Zeilen-das Fremde zwischen den Sprachen. Eine Interlinearlektüre der Übersetzungen von E. T. A. Hoffmanns Sandmann, in: Neumann, Gerhard (Hg.): Lesbarkeit der Kultur. Literaturwissenschaften zwischen Kulturtechnik und Ethnographie, München 2000.

Vancea, Georgeta: Toleranz und Konflikt. Interkulturelle Dimensionen der deutschsprachigen Gegenwartsliteratur, Heidelberg 2008.

Venuti, Lawrence: The Translator's Invisibility: A History of Translation, London 1995.

Viitanen, Katja: Identität in der Fremde. Dargestellt am Beispiel der deutschen Migrantenliteratur, 2004. (Online)

Waldmann, Günter: Grundzüge von Theorie und Praxis eines produktionsorientierten Literaturunterrichts, in: Hopster, Norbert (Hg.): Handbuch "Deutsch" für Schule und Hochschule, Paderborn 1984.

Weinkauff, Gina: Fremdwahrnehmung. Zur Thematisierung kultureller Alterität in der deutschsprachigen Kinder- und Jugendliteratur seit 1945, München 2006.

Weinrich, Harald: Wege der Sprachkultur, München 1988.

Welsch, Wolfgang: Transkulturalität. Zur veränderten Verfassung heutiger Kulturen, in: Schneider, Irmela/Thomsen, Christian W. (Hg.): Hybridkultur: Medien, Netze, Künste, Köln 1997.

Welsh, Renate: Ülkü, das fremde Mädchen, Wien 1973.

Wierlacher, Alois (Hg.): Kulturthema Fremdheit. Leitbegriffe und Problemfelder kulturwissenschaftlicher Fremdheitsforschung, München 1993.

Wierlacher, Alois (Hg.): Handbuch interkulturelle Germanistik, Stuttgart 2003.

Wierlacher, Alois (Hg.): Gastlichkeit: Rahmenthema der Kulinaristik, Berlin 2011.

Wierlacher, Alois/Albrecht, Corinna: Kulturwissenschaftliche Xenologie, in: Nünning, A./Nünning, V. (Hg.): Einführung in die Kulturwissenschaften, Stuttgart 2008.

Wills, Wolfram: Übersetzungswissenschaft, Darmstadt 1981.

Wintersteiner, Werner: Poetik der Verschiedenheit. Literatur, Bildung, Globalisierung, Klagenfurt 2006a.

Wintersteiner, Werner: Transkulturelle literarische Bildung, Innsbruck 2006b.

Witte, H.: Die Rolle der Kulturkompetenz, in Snell-Hornby, M. (Hg.): Handbuch Translation, Tübingen 1999.

Wranke, Sabrina: Kulturspezifik in der Übersetzung. Untersuchungen am Beispiel der schwedischen Kriminalliteratur Henning Mankells, Marburg 2010.

Yousefi, Hamid Reza: Grundbegriffe der interkulturellen Kommunikation, Konstanz 2014.

Zach, Julia: Die Problematik der Kulturreferenzen im Bereich der Kinderliteratur am Beispiel zweier Bücher von Christine Nöstlinger in spanischer Übersetzung, Wien 2010.

Zaptcioglu, Dilek: Der Mond isst die Sterne auf, Stuttgart 2001.

Zeuner, Ulrich: Landeskunde und interkulturelles Lernen in den verschiedenen Ausbildungsbereichen "Deutsch als Fremdsprache" an der Technischen Universität Dresden, in: Zeitschrift für interkulturellen Fremdsprachenunterricht 2 (1), 1997. (Online)

Zielke-Nadkarni, Andrea: Migrantenliteratur. Kinder- und Jugendliteratur für den Deutschunterricht, in: Cromme, Gabriele (Hg.): Kinder- und Jugendliteratur, Baltmannsweiler 2001.

Zojer, Heidi: Der Interkulturalität auf der Spur. Folgt der interkulturellen Kommunikation und der interkulturellen Germanistik nun die interkulturelle Übersetzung?, in: Lebende Sprachen, Nr. 2, 2001.

강민경: 까만 달걀, in: 벼릿줄: 까만 달걀, 샘터사, 2006.

강수정: 중한 번역에서 문화소의 부등성에 따른 번역 전략, 번역학연구, 제11권 제4호, 2010.

경은정: 공감 화법의 실태와 교육 방안 연구, 인하대학교 박사학위논문, 2015.

교육과학기술부: 국어과 교육과정, 고시 제2011-361호(별책 5), 2011.

교육과학기술부: 2009년 개정 교육과정에 따른 교과 교육과정 적용을 위한 국어과 교과서 집필 기준, 2011.

권오현: 외국문학 수용에 있어서 '상호문화적 이해'의 문제, 독어교육, 제16집, 1998.

권오현: D. 잡츠올루의 청소년소설 『별을 잡아먹는 보름달』에서 이주 가정이 겪는 문화 갈등과 통합, 독어교육, 제43집, 2008.

김경연: 다문화주의와 타자성의 문학적 인식-독일어권 아동청소년문학을 중심으로, 아동청소년문학연구, 제9호, 2011.

김기선 역: 베르톨트 브레히트의 서사극 이론, 한마당, 1989.

김도훈: 문화소의 부등성 보상을 위한 번역전략, 번역학연구, 제7권 제2호, 2006.

김려령: 완득이, 창비, 2008.

김미혜: 다문화 교육을 위한 문학 제재 선정 원리 탐색, 한국언어문화학, 제7권 제2호, 2010.

김봉순: 독일 자국어교육의 현황, 국어교육학연구, 21, 2004.

김상욱: 다문화시대. 동화의 서사, 아동청소년문학연구, 제6호, 2010.

김서정 역: 용의 아이들. 아동 문학 이론의 새로운 지평, 마리아 니콜라예바 저, 문학과지성사, 2002.

김선미/김영순: 다문화교육의 이해, 한국문화사, 2008.

김순미: 정보성 차이를 극복하기 위한 효과적 추가 정보 제공 방법-관련성 이론 중심으로, 번역학연구, 제12권 제1호, 2011.

김옥순 외 역: 다문화교육-이론과 실제, 크리스티네 베네트 저, 학지사, 2009.

김완균: 헤르더의 역사적 이해 방식 연구-감정이입 이론을 중심으로, 독어교육, 제32집, 2005.

김일광: 외로운 지미, 현암사, 2004.

김재영: 코끼리, 실천문학사, 2005.

김재희 역: 교환학생, 크리스티네 뇌스틀링어 저, 동녘, 2004.

김정용: 환상과 현실 사이-독일 청소년 문학의 경향과 한국에서의 수용가능성, 독어교육, 제18집, 1999.

김정용: 독일 청소년 문학교육과 한국에 수용된 독일 청소년 문학, 독어교육, 제36집, 2006.

김정용: 독일 아동·청소년 문학과 문학 교육, 지만지, 2011.

김지원 역: 번역학 이론과 실제, 수잔 바스넷 저, 한신문화사, 2004.

김태철 외: 중학교 국어②, 비상교육, 2013.

김혜숙: 상호문화적 국어교육의 교수-학습 방향 모색, 새국어교육, 93, 2012.

김혜영: 다문화 교육 관점에서 국어 교과서 텍스트 분석, 학습자중심교과교육연구, 제 12권, 2012.
김혜정: 독일의 자국어 교육, 국어교육학연구, 10, 2000.
김효중: 번역학, 민음사, 1998.
김효중: 새로운 번역을 위한 패러다임, 푸른사상, 2004.
노진서: 한-영시에 활용된 문화소의 번역 전략, 이중언어학, 제35호, 2007.
명정: 독일 아동·청소년 문학에 나타난 문화적·인종적 타자 문제 연구, 서울대학교 박사학위논문, 2011.
모경환 외 역: 다문화교육입문, 제임스 뱅크스 저, 아카데미프레스, 2008.
박경숙: 독일의 상호문화교육과 우리나라 다문화교육에 관한 비교연구-초등학교를 중심으로, 경기대학교 석사학위논문, 2013.
박성희: 공감학, 학지사, 2004.
박영민 외: 다문화 시대의 국어교과서 단원 개발을 위한 연구, 청람어문교육, 34, 2006.
박용삼: 번역학. 역사와 이론, 숭실대학교출판부, 2003.
서영지: 상호문화접근법을 적용한 고등학교 프랑스어 수업지도안 개발 연구, 외국어교육연구, 제18권, 2015.
선주원: 다문화 소설에 형상화된 이주 여성에 한 공감 이해와 소설교육, 국어교육, 제 138권, 2012.
설규주 외: 다문화교육의 이해와 실천, 동문사, 2010.
성승은: 영한 아동문학 번역의 특성에 관한 연구-성인대상 번역과의 비교를 중심으로, 한국외국어대학교 박사학위논문, 2010.
송영아: 문학 작품을 활용한 다문화 교육 현황 연구-2009 개정 교육과정 문학 II 교과서를 중심으로, 2013.
송태효: 존재론적 번역비평과 시-앙트완느 베르망의 비평 용어 '낯섦'을 중심으로, 외국문학연구, 27, 2007.
신지선: 이중 독자층이 내재한 아동문학의 번역양상 고찰-『버드나무에 부는 바람』을 중심으로, 번역학연구, 제10권 제3호, 2009.
신지선: 아동문학 번역에서의 명시화 전략: '문학적 감동'과 '문화적 자극'을 고려하여, in: 조의연 엮음: 번역학, 무엇을 연구하는가, 동국대학교출판부, 2012.
오성배: 한국 사회의 소수 민족 '코시안' 아동의 사례를 통한 다문화 교육의 방향 탐색, 교육사회학연구, 제16권 제4호, 2006.
오인수: 괴롭힘을 목격한 주변인의 행동에 영향을 미치는 심리적 요인-공감과 공격성을 중심으로, 초등교육연구, 23, 2010.

유네스코 아시아·태평양 국제이해교육원: 다문화 사회의 이해. 다문화 교육의 현실과 전망, 동녘, 2008.
유혜자 역: 오이대왕, 크리스티네 뇌스틀링어 저, 사계절, 1997.
윤여탁 외: 중학교 국어①, 미래엔, 2013.
윤진 역: 현대사회와 다문화주의, 마르코 마르티니엘로 저, 한울, 2008.
윤진: 낯섦의 번역, 번역의 낯섦-에밀 졸라의 『목로주점』 번역 읽기, 불어불문학연구, 제84집, 2010.
이경수: 프랑스 다문화교육의 이해, 집문당, 2014.
이상락: 블루시아의 가위바위보, in: 김중미 외, 블루시아의 가위바위보, 창비, 2004.
장영은: 독일어권 현대 청소년소설에 나타난 타자성과 다문화성-레나테 벨쉬의 『디다 혹은 낯선 아이』를 중심으로, 코기토, 제71호, 2012.
장한업 역: 유럽의 상호문화교육, 마르틴 압달라-프렛세이 저, 한울아카데미, 2010.
장한업: 프랑스와 한국의 이민자 자녀 교육정책 비교연구, 불어불문학연구, 제82집, 2010.
전성기 역: 번역의 오늘, 마리안네 레더러 저, 고려대학교출판부, 2001.
정연일 역: 번역학 입문-이론과 적용, 제레미 먼데이 저, 한국외국어대학교출판부, 2006.
정영근: 세계화 시대 상호문화교육의 목표와 과제, 한독교육학연구, 제6권 제1호, 2001.
정재림: 문학교과서에 나오는 문학 이론 및 개념의 문제점과 개선 방안-'감정이입'과 '공감' 개념을 중심으로, 한국학연구, 제40집, 2012.
진선희: 다문화 사회의 국어과 교육 방향, 학습자중심교과교육연구, 제10권 제1호, 2010.
창작과비평: 번역, 얻은 것과 잃은 것, 창비어린이, 2006년 봄호.
천병희 역: 시학, 아리스토텔레스 저, 문예출판사, 1987.
최석무: 영문학 작품을 통한 영어교육의 필요성과 방법론, 영미문학교육, 제3호, 1999.
한국아동문학학회: 다문화 사회 속 아동문학의 역할, 학술대회 발표논문, 2008 봄.
한국현대소설학회: 다문화주의와 한국소설, 학술대회 발표논문, 2008 하반기.
한기상 역: 언니가 가출했다, 크리스티네 뇌스틀링어 저, 우리교육, 2007.
한영빈: 독일의 이주통합정책: 패러다임 전환과 성과에 대한 고찰, 다문화사회연구, 제8권 제1호, 2015.
한용택: 문학을 통한 다문화교육, in: 최충옥 외, 다문화교육의 이해, 양서원, 2010.
한철우 외: 중학교 국어①, 비상교육, 2013.

햇살과나무꾼 역: 책 · 어린이 · 어른, 폴 아자르 저, 시공주니어, 2005.
홍은영: 포스트식민적 관점에서 본 상호문화교육, 교육의 이론과 실천, 제17권 제1호, 2012.
홍종열: 유럽의 다문화사회와 상호문화교육에 관한 고찰, 인문과학연구, 제30집, 2012.
황다현: 공감교육을 통한 초등학교 다문화교육 프로그램 개발 및 적용, 한국교원대학교 석사학위논문, 2014.

찾아보기

인명

용어

ㅁ

ㅂ

ㅅ

ㅇ

ㅈ

ㅊ

ㅋ

ㅌ